# MÉMORIAL

## DU CONSEIL

## DE JURISPRUDENCE.

# MÉMORIAL

## DU

## CONSEIL DE JURISPRUDENCE,

Séant à Paris, rue de Monsieur le Prince, nº. 12,
près l'Odéon.

## OU

## TABLEAU ANALYTIQUE.

### *des décisions du Conseil;*

Rédigé par LOUIS-FRANÇOIS-AUBIN LEFEBVRE, ancien
Avocat, Fondateur, en l'an neuf, de l'Université de Jurisprudence, Membre de plusieurs Sociétés savantes, Direc-
teur-général du Conseil.

## TOME SECOND.

L'équité est le retour à la loi naturelle dans
le silence, l'opposition ou l'obscurité des
lois positives.

PORTALIS.

## PARIS,

## AU CONSEIL DE JURISPRUDENCE.

## M. DCCC. XI.

# MÉMORIAL

## D U

## CONSEIL DE JURISPRUDENCE.

-------

### DE L'ÉLOQUENCE JUDICIAIRE.

#### CONSEILS A UN JEUNE AVOCAT.

*Par M. LACRETELLE aîné, ancien Avocat, Membre de l'Institut de France, de l'ancienne Université de Jurisprudence, et du Conseil.*

Mon ami (*c'est un ancien Avocat qui parle*), j'ai vieilli dans la carrière où vous entrez : les fruits de la vieillesse sont tristes comme elle-même. L'expérience ne nous éclaire que pour nous donner des regrets. C'est un trésor que nous amassons sans en jouir : heureux au moins de pouvoir le léguer au jeune homme qui croît et se développe par nos soins !

J'observe d'abord qu'il seroit indigne d'un honnête homme d'employer l'éloquence au barreau, si elle y étoit dangereuse en elle-même. Souffrez donc ici un doute qui peut vous paroître étrange, et laissez-moi discuter une question qui intéresse le plus beau des talens, et la perfection d'une partie de l'ordre civil.

Un peuple, gouverné par l'éloquence dans ses

affaires publiques, l'avoit bannie du sanctuaire des lois : cette précaution sévère ne paroît-elle pas offrir une contradiction, et a-t-elle une véritable sagesse ?

C'eût été une loi sans raison, par conséquent sans force, que celle qui eût exclu l'éloquence des assemblées populaires. Comment auroit-on pu l'y enchaîner ? C'est-là qu'elle n'apperçoit plus qu'une seule autorité, et c'est la sienne ; c'est-là que tout l'excite, et les grands objets et les grands triomphes. On n'anéantit pas d'ailleurs, les facultés de la nature avec des interdictions légales. Direz-vous à un homme doué de l'éloquence : Renonce à cette puissance qui est en toi ; je te défends de m'échauffer ou de m'attendrir ? Il ne seroit ni en vous de maintenir une telle loi, ni en lui de s'y soumettre. Il n'est aucun langage où l'homme éloquent ne porte, même involontairement, son ascendant naturel. Ce qu'il ne diroit pas sous une forme, il le diroit sous une autre ; ce qu'il voudroit taire, on l'entendroit dans les accens d'une ame déchirée ou contrainte ; on le liroit dans ses regards, et jusques dans son silence. En lui tout sait parler, tout sait toucher.

On conçoit plus aisément qu'on ait pu écarter l'éloquence de l'administration de la justice. On peut, dans les jugemens, ne procéder que par des formes fixes et rigoureuses ; on peut y réduire le citoyen à ne dire aux juges que ce qu'il ne pourroient apprendre par eux-mêmes, c'est-à-dire, les faits de la cause ; on peut enfin prescrire des formules qui écartent tous les mouvemens de l'ame. Ainsi, il faudroit, pour ainsi dire, compter aux plaideurs leurs paroles, pour leur interdire l'éloquence.

Mais pour qu'un tel ordre judiciaire ne devienne ni une injustice, ni une oppression, il faudroit que la loi garantît elle-même au citoyen ce qu'elle lui interdit de défendre avec tout ce qu'il y a de sensibilité dans l'ame et de force dans l'esprit; il faut lui avoir rendu l'éloquence inutile, pour avoir le droit de l'en priver.

Comment la rendre inutile? Ce seroit le chef-d'œuvre des bonnes lois unies aux bonnes mœurs.

Supposons un peuple qui nous offre, dans un petit territoire et une constitution libre, la simplicité des mœurs primitives, réunie aux plus utiles connoissances de la civilisation, et surtout cette modération dans les richesses, dans le progrès des sciences et des arts, dans tous les genres de prospérités qui, en retranchant les jouissances qui pourroient corrompre, préviendroit même l'abus des autres; supposons un peuple où les mœurs renforçant toujours les lois, ou les suppléant, celles-ci seroient peu nombreuses, bien liées entre elles, égales pour tous, simples comme toutes les choses bien conçues ou déjà perfectionnées, et dignes d'être jetées, comme les premières notions, dans la mémoire des hommes. Chez un peuple pareil, la science de nos jurisconsultes, l'éloquence de nos orateurs, seroient des avantages inutiles ou funestes, s'ils étoient compatibles avec un état de société si pur et si heureux.

Transportons-nous sur la place publique, et contemplons ici l'œuvre de la justice dans sa belle simplicité. Là, dans un jour solemnel, au milieu des travaux suspendus, quelques vieillards paroissent entre leurs concitoyens rassemblés. Sur un tribunal où de longues vertus, une longue sagesse les ont conduits, ils écoutent ceux qui leur apportent ou des griefs ou des accusations. Chacun parle sans autre talent que le sentiment dont il est affecté, avec la candeur de l'innocence ou le trouble des coupables; car on ne connoît pas encore ici la dissimulation dans le crime, ni l'audace dans la honte. Celui qui mettroit de l'artifice dans ses discours, ne feroit qu'éveiller la défiance : les mœurs simples donnent un jugement sain plutôt qu'un esprit crédule, et la probité démêle le mensonge partout où elle ne retrouve pas sa propre franchise. D'ailleurs le plan de défense où l'on vous circonscrit ici, ne permet ni de grandes impostures, ni de grandes séductions. Nulle discussion étrangère; nuls débats sur la loi.

Après toutes les explications qu'ils ont reçues, les juges éprouvent-ils encore quelques doutes? Suivis du concours du peuple, ils vont tout vérifier de leurs propres yeux. Sont-ils forcés de s'en rapporter à la foi d'autres hommes? Entre le sanctuaire de la justice et le temple de la divinité, il est un lieu inviolable rempli de la majesté du ciel et environné de la crainte de la terre, c'est l'autel du serment. Qui oseroit mentir ici? Un peuple est le témoin, Dieu est le garant. Le parjure lui-même ne trouveroit pas de voix pour proférer le mensonge sacrilége déjà commis dans son cœur.

Enfin, le juge consomme son ministère : il ouvre la loi, qu'il interprète avec autant de simplicité que de soumission, et il déclare ce qu'elle a voulu. Alors le peuple se retire, emportant dans son cœur, avec un plus grand respect, une plus grande confiance pour ses magistrats, une nouvelle leçon sur les règles de la vie civile; et les jugemens, comme les lois, forment sa morale et dirigent sa conduite.

Mais de cette nation, encore assez pure dans ses

mœurs pour avoir cette simplicité dans les lois, passons chez celles qui brillent de tant d'éclat, qui périssent de tant de maux.

Au milieu de toutes les passions naturelles exaltées et de tant de passions factices, au milieu de cette perversité dans les cœurs, de ce rafinement dans les esprits, transportons ce plan de justice que nous venons de tracer, d'admirer et d'aimer. En seroit-il un plus propre à recevoir toute la corruption qui l'environne? Il est des maux qui ne trouvent leurs remèdes que dans d'autres maux. Ici, les lois sont si multipliées, si diverses, si peu d'accord et dans leur but et dans leurs moyens, que souvent le juge ne peut lui seul ni les toutes connoître, ni les bien entendre; ici, les intérêts sur lesquels il faut prononcer sont si compliqués, que c'est déjà un grand travail, un grand art de les démêler; ici, toutes ces formalités dont la justice a été obligée de s'entourer, ajoutent encore à ses lenteurs, à ses difficultés. Dans un état de choses où il y a tant à faire et tant à craindre, abandonnerez-vous le magistrat à sa pénétration, à ses lumières, à son expérience? Que dis-je? est-il toujours sûr ici que le magistrat joindra et l'expérience, et les lumières, et la pénétration? Laisserez-vous le sort des plaideurs à la merci de son examen? Leur défendrez-vous d'invoquer le pouvoir des talens pour se concilier l'esprit de la loi et la raison du juge? Puisque le juge ne peut ni tout voir, ni tout apprendre par lui-même, à qui confierez-vous le complément de son instruction, si ce n'est à la sagacité des intérêts contraires?

Or, dans cette forme d'administrer la justice, il faut choisir entre deux choses; il faut y admettre ou l'éloquence ou la chicane : vous ne pouvez chasser l'une que par l'autre. Eh! pourriez-vous balancer entre ce qu'il y a de plus beau et ce qu'il y a de plus vil?

Pourriez-vous même balancer sur les dangers? L'éloquence est née au sein de la liberté, du besoin, de la gloire : elle a je ne sais quoi de fier qui ne peut entièrement se démentir, elle conserve encore quelque respect d'elle-même dans sa prostitution, mais la chicane s'applaudit de ses bassesses; elle a des ruses dont on ne peut se défendre, parce qu'on ne sait les soupçonner. Que deviendra le juge, lorsque la chicane égarera son esprit dans ses obscurs détours, et qu'elle l'étourdira de son jargon insidieux?

Que s'il faut tant de précautions, et même des précautions si mêlées d'inconvéniens contre les lois d'un tel pays, combien n'en faut-il pas contre ses mœurs! Du sein de tant de vices et de désordres, il s'élève une foule de préjugés, d'intérêts, de passions, d'institutions même funestes aux malheureux, au faible, à l'innocent. Quel opprimé, dans son délaissement, ne doit s'effrayer, lorsqu'il apperçoit contre lui, ou les dignités, ou la faveur, ou la richesse, ou la beauté, ou la réputation? Et souvent toutes ensemble sont conjurées contre lui. Comme tout s'émeut à leur nom! comme tout se glace à la vue de sa misère! Eh bien! qu'il invoque l'éloquence; elle est sa protectrice naturelle; elle puise dans le sentiment de ses forces le courage et la générosité : seule, elle défiera tant d'ennemis, seule elle en triomphera. Cette autorité, que veulent usurper les rangs et les réputations, elle la repousse avec les droits sacrés de la raison, de la vérité, de la justice. Aux abus de l'autorité elle oppose l'ascendant de l'opinion publique; contre les séductions du vice, elle s'arme des derniers cris de la conscience; elle fait pâlir devant l'effrayante image de son déshonneur, ce juge qui ouvroit son cœur à l'iniquité; elle l'arrache au crime par le pressentiment du remords; elle ne se laisse pas même intimider par la majesté du rang suprême : souvent les ministres des autels, les ministres des lois, ont fait entendre de grandes vérités dans ce silence de l'adoration et de la terreur : elle a éclairé l'orgueil et fléchi la colère jusques sur les trônes.

J'aperçois encore une vérité qui doit nous rassurer; c'est que dans nos constitutions et dans nos mœurs, l'éloquence est bien plus puissante pour le bien que pour le mal. Si elle excitoit, chez les anciens des soulèvemens, des séditions; si parmi les révolutions qu'elle y a faites, on peut lui en reprocher de dangereuses et de criminelles, c'est qu'elle agissoit sur la multitude, dont le jugement est aussi faible que ses passions sont impétueuses. Mais parmi nous, elle s'adresse à des magistrats, à des hommes armés par leur propre instruction, contre l'art d'un orateur, et qui conservent le sang-froid de la raison au milieu des enchantemens de l'éloquence. Ainsi, elle ne peut être bien nuisible dans notre barreau, lors même qu'elle consent à y être coupable. Si le juge a senti la mauvaise foi ou aperçu l'erreur dans ses discours, elle le flatte sans le séduire ni le subjuguer; mais il se livre au sentiment qu'elle lui imprime, lorsqu'elle sollicite son cœur pour le parti que sa raison lui indique; et il lui doit peut-être d'apporter plus de zèle et de courage dans la volonté du bien.

Cependant l'éloquence ne nuit-elle pas au moins à la justice par la forme prolongée qu'elle lui donne?

Je conviens que la marche serrée d'une logique rigoureuse, conduiroit plus rapidement et peut-être plus sûrement à la vérité, que la discussion embellie de l'éloquence. Si on vouloit réduire chaque cause à ce qui la constitue uniquement pour de bons esprits, l'exposition en seroit courte et le jugement plus facile. Mais prenez garde que cette manière de rendre la justice , exige des hommes tout à-la-fois supérieurs en vertu et en lumières. Il faut un grand zèle et un grand sens pour ne pas se relàcher un instant, et pour tout saisir dans un genre de travail où tout un système d'idées échappe avec une seule proposition. Or partout où l'on rassemble des hommes qui apportent dans des fonctions communes, des caractères et des esprits différens, peut-on les supposer tous pourvus d'une sagacité si rare, et d'une attention si inébranlable?

Je ne sais si un peu d'enthousiasme ne me séduit pas ; mais il me semble que, sous tous les aspects, le beau ici tient toujours à l'utile. L'éloquence, dans nos tribunaux, est particulièrement un appui accordé aux malheureux. Eh ! quel avantage pour eux de voir les raisons qui sollicitent en leur faveur, s'ennoblir par l'alliance des grandes vues qui peuvent s'y réunir ! ne leur importe-t-il pas d'ailleurs que l'attention de leurs juges, que celle du public, dont la bienveillance est leur meilleure protection, soit retenue sur leur cause, par l'intérêt qu'un orateur sait y répandre ?

Voyez combien d'avantages accessoires l'éloquence sait mêler à des services essentiels ! L'exercice des fonctions de la magistrature est la meilleure école du magistrat. Eh ! quelle noble et heureuse instruction ne peut-il pas puiser dans ces discussions agrandies par la philosophie, animées par l'éloquence! C'est son devoir de ne juger que dans le plus rigoureux examen ; mais c'est sa gloire de considérer les objets d'un point de vue vaste et élevé, et de se proposer ainsi un bien général dans des décisions particulières. N'a-t-il pas besoin aussi que l'éloquence vienne quelquefois relever son génie que l'amour du devoir avoit courbé sur les petits détails ? N'a-t-il pas besoin même qu'elle prévienne, par l'admiration des talens, cet orgueil qui résulte de l'exercice du pouvoir, et qu'elle tempère par l'innocente émotion qu'elle porte dans son cœur, cette fermeté, qui doit faire son caractère, mais qui pourroit dégénérer en une inflexibilité opiniâtre ?

L'éloquence est réservée à quelque chose de plus grand encore. *Jugeons dans la place publique, si nous voulons ne faire de tort à personne*, disoit un roi de Macédoine. Une marche mystérieuse en effet feroit calomnier la justice, et son zèle pourroit décroître dans la solitude. Arbitre universel, elle doit aussi manifester les règles qui la dirigent, et s'enseigner elle-même. Eh ! qui mieux que l'éloquence pourroit proclamer ses instructions et solemniser ses décrets ?

Seroit-il indigne de la justice d'étendre ses vues au-delà des objets qui lui sont propres? Dans une nation qui attend une partie de sa gloire des arts et des talens, la justice doit-elle dédaigner de les encourager, de les ennoblir, en les associant à ses travaux, en habitant au milieu d'eux? Dans quel autre lieu que celui où l'on règle les destinées des hommes, pourroit-on mieux rassembler tout ce qui les éclaire et les honore?

Maintenant, raffermi dans ma conviction de l'utilité de l'éloquence dans notre barreau, c'est avec plus de confiance que je vais chercher avec vous comment vous devez la cultiver et l'exercer.

Tout dépend souvent des premiers regards dont on envisage la carrière où l'on se présente. Votre esprit commence-t-il par s'enfermer dans le cercle des routines; se courbe-t-il sous le joug des préjugés, qui rétrécissent les arts, comme ils déshonorent la législation et corrompent la morale? la mesure de ce qui a été fait sera la mesure de ce qu'il osera faire, ou plutôt il ne saura que dégénérer de ses modèles par une froide imitation; et peut-être de grands talens ne lui serviront pas davantage qu'un tempérament robuste à un homme oisif. Au contraire, apportez-vous dans vos études un génie libre et *enquéteur des ressources,* comme dit Montagne, tout s'agrandit sous vos efforts; une découverte vous conduit à une découverte, un succès à un succès; vous commencez par faire mieux que vous-même, et vous finissez par surpasser les autres.

Formez-vous d'abord une idée juste des objets qui doivent vous occuper. Ne cherchez pas, dans nos constitutions modernes, cette pompe républicaine dont la lecture des anciens orateurs a rempli votre imagination. Oubliez cette tribune d'où un homme éloquent imposoit sa pensée à tout un peuple. Il faut bien que vous consentiez à déchoir de vos espérances, puisque les hommes sont déchus de leur grandeur. Mais si notre éloquence n'a pas les avantages de celle des anciens, ne croyez pas qu'un nouvel ordre de choses lui ait enlevé toute sa gloire. Comparons un moment ces deux espèces d'éloquence, et vous apercevrez des richesses réelles au milieu même de nos pertes.

Il semble que l'homme n'existe que pour être dominé ; il l'est par le génie lorsqu'il n'est pas accablé par la force. Dans les Etats libres, l'éloquence gouverne toute la chose publique, et si elle parle quelquefois pour un particulier, ce particulier est une portion de l'Etat, l'égal de ses juges, et ses juges sont tous ses concitoyens assemblés. Elle a pour mobiles l'espérance des honneurs, l'amour de la patrie, la passion de la gloire, tout ce qu'il y a de plus vif et de plus généreux dans le cœur de l'homme. Elle doit porter dans ses discours l'énergie des sentimens qui l'animent ; elle doit s'y revêtir de la majesté des choses dont elle parle, et de celle des objets dont elle est environnée.

Chez nous l'éloquence a perdu à la fois cet empire, cet éclat, ces grands objets et ces brillantes récompenses. Resserrée dans des enceintes étroites, où la justice se montre dans un plus saint recueillement, mais dans un appareil bien moins auguste ; souvent condamnée à se traîner sur des détails arides et ingrats ; rarement assez fortunée pour rencontrer des objets d'un intérêt général ; esclave d'une foule de lois difficiles à apprendre, non moins difficiles à expliquer ; devant à ses juges, se devant à elle-même de n'employer la voix du sentiment, que pour faire mieux entendre celle de la raison ; privée de ces concours enivrans, où une nation entière assistoit au triomphe du génie ; moins libre dans le développement de ses forces, comme moins exaltée par ses succès : voilà son état parmi nous.

Cependant les ressources qui lui restent, peuvent la consoler. Peut-être même n'a-t-elle perdu que des avantages dangereux. Sa gloire est plus pure aujourd'hui, si elle est moins brillante. Son plus digne emploi seroit-il donc de soulever les passions contre la raison, d'égarer ou de désarmer la justice, de bouleverser l'empire des lois? Elle s'honore aujourd'hui de les servir: c'est leur raison qu'elle explique, c'est-à-dire, tout ce qu'il y a de plus sublime et de plus intéressant dans la politique et la morale; car ces deux sciences touchent la législation dans tous les points. Ce sont les grandes considérations des droits et des devoirs de l'homme, de l'ordre public et des bonnes mœurs, qu'elle invoque et qu'elle fait triompher. N'a-t-elle pas souvent aussi à raconter des événemens frappans, à décrire des scènes intéressantes et à peindre toutes les espèces de passions? Supposez plusieurs des causes que nous retrouvons dans nos recueils, méditées et écrites par des *Pascal* et des *Montesquieu*, et elles formeroient la meilleure histoire du cœur humain. Vous y reconnoîtriez tout ce que les passions savent produire d'ingénieux, de touchant et de terrible. C'est de là que sortiroit toujours une grande moralité qui ne seroit pas en paroles, mais en faits. On y verroit le crime trouvant sans cesse des dangers dans ses précautions, et se précipitant vers sa ruine par son audace. On y verroit la vertu souvent persécutée, mais toujours digne d'être enviée par le vice triomphant. On y verroit les vues de la nature, trompant sans cesse les mauvaises institutions de la société. On y apprendroit les lois, comme on reçoit les véritables leçons des beaux arts, en admirant leurs ouvrages.

Je veux vous épargner ces principes détaillés du goût, que vous saurez acquérir vous-même. Mais il en est un qui tient essentiellement à ces vues générales sur l'art que je me propose de vous développer. Ce principe est de vous proportionner toujours aux sujets que vous traitez. L'observation

de cette règle est le signe du talent véritable. On
ne peut l'enfreindre, sans manquer tout-à-la fois
de justesse dans l'esprit, du tact des convenances,
et des ressources du style ; car les ornemens bizar-
res ne se présentent qu'au défaut des graces simples
et naturelles. Sachez donc tour-à-tour vous élever
avec les grands objets, et descendre avec les petits.
C'est déjà un mérite que de savoir les distinguer;
car les objets du barreau ont rarement une grandeur
propre, c'est par leurs rapports qu'ils s'étendent et
s'ennoblissent. Ils prennent, en quelque sorte, la
mesure de l'esprit qui s'en occupe.

Votre premier soin doit donc être d'étudier
toutes les ressources de votre cause, de la considérer, si je puis m'exprimer ainsi, au-dedans et au-
dehors, pour ne rien perdre de ce qui lui appartient,
et de ce qui peut lui être approprié ; de fixer ainsi
le degré de son élévation et de son intérêt, et alors
de prendre un ton qui s'y rapporte. On dispute encore pour savoir si le beau n'est pas arbitraire ; il
est certain au moins qu'il est relatif. L'esprit de
l'homme est juste en même temps que frivole ; et
un ornement déplacé, loin de lui plaire, le choque
et l'impatiente.

Cependant ne vous enchaînez pas, dans vos premiers écrits, par une réserve trop sévère. La timide
correction ne fait rien attendre de l'esprit d'un
jeune homme, de même qu'une prudence préma-
turée, inquiète sur son caractère. Le génie s'annonce souvent par des élans irréguliers, comme la
générosité par des indiscrétions. Mais connoissez
vos fautes, malgré l'indulgence qui vous les par-
donne, et justifiez-la en ne les commettant plus.

Les arts n'ont des règles que parce qu'ils ont un
but. Dans tout, c'est la fin qui indique les moyens.

Si vous voulez éviter les écarts, interrogez – vous sans cesse sur votre objet. Quel autre objet pouvez-vous vous proposer dans l'éloquence judiciaire, que l'instruction et ensuite la conviction du juge? Subordonnez donc tout à ces vues essentielles. Mais pour vous faire mieux comprendre, il faut vous faire écouter avec plaisir. Pour faire adopter votre pensée, il faut la rendre intéressante ; vous avez besoin que l'esprit juge sur ce que le cœur a senti. Cependant ce plaisir et cet intérêt que vous cherchez à inspirer, seroient des erreurs de l'art, s'ils étoient inutiles à votre dessein. Amenez, si vous voulez, des accessoires intéressans ; mais qu'ils se fondent dans votre plan, comme les graces dans les mouvemens du corps, pour les embellir sans les énerver ; et ne croyez pas avoir fait un ouvrage achevé, tant que les ornemens de votre cause n'en sont pas devenus des moyens.

Il n'est qu'une manière d'orner les petits objets, c'est, en leur laissant toute leur simplicité, de les traiter avec cette facilité qui est, dans tous les genres, mais particulièrement dans celui-ci, le premier charme du style. La facilité du style déguise au lecteur son propre travail, en lui cachant celui de l'écrivain. Du reste, ne cherchez ici que le mérite de la clarté et de la précision. C'est atteindre la perfection dans les choses difficiles et fastidieuses, que de nous en faciliter l'intelligence et de nous en abréger l'examen.

En défendant un autre homme, vous paroissez en quelque sorte jouer un rôle. On est tenté de croire que vous exprimez ce qui est bon à votre cause, et non pas ce qui est dans votre ame. N'imitez pas les Rhéteurs qui déterminoient l'impression de l'éloquence même, s'ils la connoissoient, par l'étalage des formules de l'art; montrez toujours un sentiment qui sort de votre cœur, et une conviction qui remplit votre esprit. Pour cela, n'outrez jamais rien; restez toujours au degré d'attendrissement et de véhémence que votre objet peut sensément inspirer. Sachez même ici vous commander à vous-même, et ne donner à la vérité que les couleurs de la vraisemblance.

Quel est le moyen de réussir dans ce grand point? Mon ami, c'est de vous montrer tel que vous êtes, et par conséquent d'être toujours tel que vous n'ayiez jamais à craindre de vous montrer. Craignez que votre esprit ne se refuse à démentir votre conscience, et ne vous trahisse par des efforts aussi malheureux que coupables. C'est au comédien à changer de caractère, de mœurs et de passions, en revêtant de nouveaux personnages. L'effet, pour lui, consiste à faire oublier l'homme. Celui de l'orateur est de le manifester toujours. N'employez jamais des moyens faux, ni même des moyens frivoles. La vérité ne se discrédite pas moins qu'elle ne se déshonore par le mélange de l'erreur; et l'éloquence, comme la probité, doit avoir une noble franchise.

Les bons esprits gémissent encore au barreau d'un abus qui dégrade également le jurisconsulte et l'orateur. On y a vu des hommes, nés souvent avec un grand sens, mais malheureusement asservis par l'habitude, s'interdire, comme une profanation, le droit de raisonner, ne penser que d'après leurs livres, ne discuter qu'avec des citations, et couvrir ainsi une pauvreté volontaire d'un faste d'emprunt.

Voulez-vous véritablement éclairer et subjuger les esprits? Puisez dans votre propre méditation,

pénétrez-vous de vos preuves, et énoncez-les ensuite comme vous les avez conçues, et non comme
vous les avez trouvées dans les livres. Vos auditeurs, froids et indifférens sous votre doctrine,
céderont à la force plus pressante du raisonnement (1).

Cependant assurez-vous bien de vos connoissances ; éprouvez-les au choc de la contradiction. Il
est des erreurs qu'il faut apprendre, parce qu'il
importe de les détruire. Amassez une vaste science,
mais pour l'employer avec discrétion ; surtout usez
à votre manière des secours étrangers ; que toutes
les idées se naturalisent dans votre tête en y en-
trant. Dédaignez la doctrine, lorsque le sentiment
parle, lorsque la raison suffit ; réservez-là pour
étayer la nouveauté apparente, pour confondre
l'ignorance présomptueuse, et quelquefois pour entraîner, par l'autorité, ceux qui résistent au sentiment et à la raison.

Le remède devient pire que le mal, quand c'est
la médiocrité qui se mêle de réformer.

Quelques écrivains modernes, doués de quelque

______

(1) Pour m'expliquer la loi, vous m'entretenez de tout
ce qui en a été écrit ou pensé, et de tous les cas où elle
a été invoquée, bien ou mal. Au milieu de cette contra-
riété d'avis, de cette abondance de mots, je deviens incertain moi-même.

Mais abandonnez toute cette science, qui m'égare ou
m'importune ; faites-moi comprendre la loi par elle-même ;
développez-moi ses vues, cherchez-les dans la raison qui
a dû la dicter, dans les circonstances ou les motifs qui
l'ont produite ou déterminée. La science des faits est
bien au-dessus de celle des mots ou des opinions ; et ce
que vous aurez observé dans la chose même, est bien
plus sûr que tout ce qu'on a pu vous en apprendre.

esprit, mais dépourvus de vigueur dans la pensée, et de savoir dans leur science, frappés de l'abus que je viens de vous peindre, l'ont corrigé par un abus contraire ; ils ont écrit dans les ouvrages du barreau, comme on ne devroit pas même écrire dans les romans. J'aimerois encore mieux la manière aride et pesante de nos anciens, que ce ton frivole, brillant d'un éclat insipide, adopté par les petits talens, et déjà dédaigné par les gens du monde, quoiqu'il ait été imaginé pour leur plaire.

Sans doute il ne faut pas rendre désagréables par leur style, des ouvrages qui le sont déjà souvent par leur nature. C'est servir la justice elle-même, que d'ennoblir et d'orner les objets que l'on présente à ses regards. Mais la parure qui déshonore n'embellit pas. Une gravité qui n'épouvante point les graces, une solidité soutenue, une sainte austérité dans les principes, mais de l'indulgence pour les foiblesses humaines ; des ornemens décens et non pas une sécheresse orgueilleuse ; le dessein d'intéresser et non pas celui d'amuser ; un genre de plaisanterie qui ne renferme, au fond, que des raisons ingénieusement présentées ; voilà les qualités que le bon goût permet et demande dans les écrits du barreau.

Je dois encore vous prémunir contre un autre écart bien autrement dangereux, auquel la jeunesse du barreau s'est abandonnée, dans ces derniers tems, d'une manière effrayante. Il a déjà beaucoup altéré le respect que l'on doit à votre profession, et il pourroit peut-être porter une atteinte fatale à sa liberté ; c'est cet emportement dans la défense de votre client, qui fait regretter que sa propre passion ait été contrainte d'emprunter un autre organe. Du moins le plaideur ne fait quelquefois que manquer de sagesse, en se livrant à son ressentiment ; mais l'avocat se déshonore, lorsqu'il exhale une fureur qu'il devroit réprimer, une fureur étrangère ; lorsqu'il profane un ministère généreux par des déclamations effrontées. Si un acteur nous peint les passions sur la scène, c'est pour nous en inspirer un effroi salutaire ; mais l'orateur emporté vient accomplir leur excès, et délirer scandaleusement devant les lois. Que dis-je ? il vient perdre celui qu'il croit sauver ; il dénonce un coupable, en se montrant son complice. Redoutable effet du zèle, qui détruit des services par des écarts, et qui fait, par un principe d'honneur, l'office de la bassesse soudoyée !

Ah ! sans doute, il faut de la fermeté à celui qui demande justice pour un autre homme ; du courage, à celui qui doit quelquefois apporter de ces vérités qui font pâlir celui qu'elles accusent, et trembler pour celui qui les dit ; de la véhémence, ainsi que de l'adresse, à celui qui doit combattre des préventions, des préjugés, des passions. Mais on n'arrache pas la victoire par une audace sans règles et sans frein ; c'est par un sage emploi de ses forces qu'on l'obtient, et qu'on la mérite ; et le courage des grandes ames n'est qu'un sang-froid intrépide.

Quel est le genre d'éloquence qui convient le mieux aux discussions judiciaires ? Je m'explique. L'avocat, comme le prédicateur, doit-il convenir avec lui-même de tous les mots de son discours, les confier ensuite à sa mémoire, pour les exprimer dans l'instant marqué, comme il les a rédigés ; ou bien, lui suffit-il, comme à l'académicien, de lire avec goût ce qu'il a écrit avec art ; ou enfin son talent propre et nécessaire n'est-il pas de savoir, après s'être rempli de sa cause, la développer et la discuter d'après ce que son génie lui inspire sur-le-champ ?

Je ne conçois rien de plus frappant, rien de plus capable de doubler le plaisir par la surprise, que le spectacle dont nous jouissons souvent au barreau.

Un orateur a créé un discours pendant qu'il en saisissoit le sujet ; il en a conservé dans sa mémoire tous les élémens ; ils s'y sont rangés, combinés, assortis, de manière qu'il est toujours prêt à les présenter dans un développement plus ou moins long, suivant le temps qu'on lui accorde. Il aperçoit, d'un premier coup-d'œil, dans les faits, les conséquences qui en résultent, ou les lois qui s'y rapportent : dans l'exposition des uns, il fait habilement pressentir les autres ; arrivé à celle-ci, il les explique, les développe comme s'il les avoit long-temps méditées ; il s'enfonce dans leur analyse, creuse dans leur esprit ; ensuite il les appuie, par une application aussi juste qu'adroite, sur la base des faits : il parcourt successivement les objets dans l'ordre et dans l'espace qu'il a fixé et annoncé. Souvent harcelé dans sa marche, il l'interrompt un moment pour livrer un combat, et se retrouve toujours à l'endroit où il a été forcé de s'arrêter. Dans un long discours il ne montre jamais d'embarras, n'en éprouve jamais ; ses idées, en se produisant, se fondent dans les expressions qui leur sont propres, comme les objets se revêtent de couleurs en paroissant au jour : pendant des heures entières il parle d'une manière claire, facile, souvent élégante et hardie ; recevant en quelque sorte l'inspiration de son auditoire même, il l'accable souvent de ces traits heureux et pénétrans, que l'enthousiasme

seul sait fournir. Maître de lui-même, il sait se plier
aux circonstances ; il règle ses efforts sur le degré
de conviction et d'émotion de ses auditeurs; il profite de tout ce que ses yeux observent, de tout ce
que ses paroles opèrent ; il lit dans les regards de
ses juges ; il revient sur un raisonnement pour celui
qui ne l'a pas saisi ; accable de preuves celui qui
doute, échauffe celui qui craint de se déterminer.
En observant l'impression de son discours sur son
adversaire, il peut s'emparer de cette ame attendrie
ou troublée, et le forcer de reconnoître la vérité,
et d'abjurer l'injustice (1).

Je le répète, rien ne frappe plus d'admiration
que ce genre de talent. Il devoit avoir un grand
éclat et un grand empire dans les anciennes répu-
bliques. C'est l'orateur qui le possédoit dans toute
sa perfection, que l'on peut appeler, avec Duvair,
un *dictateur perpétuel* au milieu de ses concitoyens.

Il est des objets sur lesquels les idées s'accu-
mulent à mesure qu'on les considère. Je voudrois
examiner l'éloquence improvisée en elle-même, la
suivre dans ses progrès et dans sa décadence, observer ce qu'elle a été chez les anciens, comment
elle subsiste parmi nous, l'estime que nous en devons faire, et les moyens de lui rendre ou de lui
conserver tout son éclat.

C'est le besoin qui fit naître les langues ; ce sont
les passions qui créèrent l'éloquence.

Supposez au peuple, rassemblé pour discuter de
grands intérêts, de ces intérêts dignes d'échauffer
les ames fortes : bientôt un individu de ce peuple

---

(1) C'est ici un trait arrivé à M. GERBIER, et il ho-
noreroit DÉMOSTHÈNE.

se sentira pressé de jeter au dehors l'agitation qui
le consume. S'il est né avec des organes souples,
une imagination riche et une ame ardente; s'il joint
à une énonciation ferme et rapide des gestes frappans, des intonnations véhémentes, des accens pa-
thétiques, vous le verrez surpasser quelquefois en
grands traits, et toujours en impression, des orateurs éclairés par l'étude de l'art, et jugés avec sa
sagacité.

Telle est l'éloquence de la nature, celle sans laquelle nulle société n'a jamais existé et n'existera
jamais.

Mais tout change dès que cette société s'avance
dans la civilisation; dès que ses mœurs se raffinent,
dès que ses idées s'étendent, dès que les objets qui
l'occupent se compliquent, dès qu'elle apporte dans
leur discussion plus de sagacité que de bonne foi,
dès que les progrès des arts et des sciences, en lui
fournissant une foule d'objets de comparaison, la
rendent plus délicate dans ses sensations, et plus
sévère dans ses jugemens. Alors, en venant écouter
un orateur, elle s'arme de la défiance et de la critique; rebelle à la conviction, elle est avide de
plaisir; avant de peser les raisons, elle juge les paroles. Il faut que l'orateur amasse de vastes connoissances, pour satisfaire à tout ce qu'on attend
de lui, et qu'il s'entoure de toute la séduction des
talens, pour attacher un auditeur toujours prêt à
tomber dans l'ennui ou dans l'impatience; il faut
qu'il étudie profondément le cœur humain, qu'il
perfectionne l'instrument de ses efforts, la langue
dans laquelle il doit s'exprimer; il ne peut plus se
dispenser d'être tout-à-la-fois un philosophe, un
savant, un poète; et l'éloquence, qui n'étoit que le
talent d'énoncer vivement ses idées, devient celui

de les faire aimer et admirer. Alors les orateurs craignent de n'être plus au niveau de l'esprit de leurs auditeurs, en se livrant à l'éloquence d'inspiration.

Démosthène, Cicéron et leurs contemporains ne se sont livrés à l'éloquence subite, qu'en en évitant les occasions : si nous pouvons en croire aux reproches d'un ennemi, le premier de ces grands modèles laissoit toujours voir le travail dans ses discours; c'est ce que Eschine exprimoit, en disant *qu'ils sentoient l'huile.* Quant au second, quoique sa composition soit toujours aussi naturelle que brillante, on remarque cependant que son esprit s'étoit fait un besoin de ce repos réfléchi, dans lequel l'art prodigue ses ressources et ses conseils.

Il résulte de ces idées et de ces faits, que l'éloquence improvisée a existé la première; qu'elle est la seule connue, la seule bonne peut-être chez une nation encore grossière et ignorante; mais qu'elle devient nécessairement rare, insuffisante chez une nation polie et éclairée. Elle se soutint encore dans la Grèce, après la chûte de la liberté et la décadence du goût; mais elle changea de génie comme d'objets. Elle devint le partage des rhétheurs et des sophistes, qui couroient de villes en villes, offrant au peuple de parler pendant un temps prescrit sur un sujet proposé dans le moment même. Mais ils étonnoient bien plus par la fécondité de leur imagination, que par les élans du génie; ils étoient des discoureurs, et non pas des orateurs.

Nos gouvernemens modernes étoient peu propres au développement de cette éloquence. Les délibérations des conseils et des corps, toujours secrètes et froides par leurs formes, ne sont pas susceptibles de grands mouvemens. Mais, dans ce siècle de politesse et de lumières, on y remarque souvent, ainsi que dans les conversations mêmes, une élocution noble et facile.

Parmi les orateurs sacrés, il n'y a plus que les missionnaires, occupés du salut des gens de campagnes, qui sachent faire des discours sans préparation; et cependant ce sont eux qui remuent le plus fortement leurs auditeurs, soit qu'ils trouvent des cœurs mieux disposés, soit qu'il y ait un ascendant plus marqué dans l'éloquence simple sur des hommes simples.

Le seul théâtre, parmi nous, de cette éloquence, c'est le barreau. Elle y trouve autant de facilité qu'elle y présente d'avantages.

Les affaires ne sont que des collections de faits qu'il faut ou combiner entre eux, ou comparer avec des lois.

Or les faits sont celles de nos idées qui se gravent le plus aisément dans la mémoire. Ils naissent les uns des autres; ils se tiennent par des rapports nécessaires : recueillis originairement par les sens, l'esprit qui les entend, qui les lit, qui les examine, croit encore recevoir des sensations; ils le fatiguent moins, parce qu'ils n'ont rien d'abstrait. Comme ils forment une suite d'effets, l'esprit est incessamment dans la recherche de leurs causes; il ne s'en occupe pas, sans concevoir aussitôt quelqu'idée propre à les expliquer, et il se les approprie encore davantage par ce travail même.

Les idées qui s'enchaînent sans peine dans la mémoire sont encore celles que le jugement compare et reproduit le plus facilement. Qu'il soit, d'un autre côté rempli du système général de la jurisprudence, qu'il en possède les dispositions les plus essentielles, la perception des faits attirera, sans efforts, l'application des lois.

Puisque le barreau a encore l'avantage de connoître l'éloquence improvisée, conservons-la comme un précieux dépôt qui nous a été transmis par nos anciens, et même comme un titre de gloire pour l'esprit humain; mais ne la dégradons pas en séparant son usage des grands effets qu'elle doit produire. Déjà elle n'est plus qu'un vain et fatiguant *parlage*, qui chassera insensiblement la raison, la science et le goût du barreau, si on le transporte hors des petits objets, pour lesquels il est propre, et si on lui adjuge les honneurs du talent (1).

L'éloquence improvisée ne peut appartenir qu'au talent supérieur.

Jeune orateur, assurez-vous bien de vos forces, si vous voulez en obtenir les succès. Possédez-vous une grande mémoire, non pas celle qui ne retient que des mots, mais celle où toutes les idées se classent, comme dans un vaste dépôt où le jugement les tient à ses ordres? Avez-vous cette conception rapide qui unit les idées en les recevant, et cette logique ferme et hardie qui saisit les rapports, sans avoir besoin de mesurer les objets? Votre courage s'irrite-t-il, au lieu de s'abattre sous les difficultés? Eprouvez-vous surtout une heureuse facilité à vous affecter promptement; car si la pas-

---

(1) Je sais que ce *parlage* est bien fier de lui-même, et on le voit souvent insulter à l'éloquence. Il est tout simple que la médiocrité s'admire dans sa misérable abondance, tandis que le génie la dédaigne; pour moi, je pense que tout l'éloge de ces féconds diseurs de riens, est renfermé dans ce mot naïf des gens du peuple; *on ne sait où il prend tout ce qu'il dit.*

sion corrompt quelquefois l'intelligence, elle la féconde toujours? Vous êtes-vous souvent surpris, défendant vous-même et les autres, par ces argumens subits et accumulés, qui étouffoient dans l'ame de votre adversaire la faculté de répondre? Votre voix, en s'échappant par des sons terribles ou pénétrans, a-t-elle quelquefois enchaîné la colère, désarmé la vengeance, ou ranimé un courage abattu? Ne vous méprenez pas à ces signes, et reconnoissez en vous-même le génie de l'éloquence.

Etendez votre esprit par l'étude, fortifiez-le par la méditation, familiarisez-le avec les idées abstraites, toujours pénibles à recevoir, à combiner et à reproduire; écrivez beaucoup pour apprendre à enchaîner vos pensées, à les diriger toutes à un seul but, et pour réunir la justesse à la facilité des expressions. Ne croyez pas qu'un froid écrivain puisse être un orateur véhément; n'imaginez pas que votre fécondité puisse suffire à toute la variété de vos sujets, et enrichissez-la encore de tous les trésors du travail, ou plutôt cultivez ensemble deux talens, dont la sensibilité de l'ame et la pénétration de l'esprit sont la source commune. Pliez votre génie à deux marches contraires; livrez-le à son impétueuse abondance pour parler; soumettez-le à la sévérité du goût pour écrire, et par les prodiges divers de l'éloquence, montrez-vous tout-à-la-fois l'heureux disciple de l'art et le favori de la nature.

Voilà les dangers, les avantages et les principes de l'éloquence improvisée.

Voici ce qui caractérise l'éloquence écrite ou préparée.

Elle étonne moins, elle satisfait peut-être davantage. Un homme vient demander silence à d'autres hommes, et leur proposer ses pensées. S'il parle sans préparation, cette fière audace peut me subjuguer; mais s'il se montre plein de l'objet qu'il veut discuter, s'il a tout médité pour s'épargner un embarras dont je serais la victime; si, pour assurer sa gloire, il a songé à augmenter mon instruction et mon plaisir : cette défiance de lui-même, cette attention pour moi me touchent et m'attirent. Sa préparation me promet; et si elle dispense mon jugement de l'indulgence, elle le préserve aussi de cette illusion qui accompagne tout ce qui nous frappe d'abord par la surprise.

Cependant il est à craindre qu'elle ne laisse voir l'art trop à découvert, qu'elle ne substitue les graces à la force, et la symétrie à la majesté. C'est au goût de l'écrivain à le précautionner contre cet abus de l'art, et à donner à sa composition le naturel d'une inspiration subite.

Il importe aussi de rendre un discours médité avec la chaleur et la simplicité de l'éloquence improvisée. La méthode de parler de mémoire, et celle de lire, ont toutes deux leurs inconvéniens. La première conduit souvent à une monotonie ampoulée. Cependant la réforme qui s'est opérée dans la déclamation théâtrale, prouve que le talent peut concilier, dans la prononciation de mémoire, le ton mesuré qui lui est propre, et le ton vrai et senti sans lequel il n'y a ni plaisir, ni effet.

La méthode de lire donne nécessairement à la déclamation quelque chose de froid et de contraint. Si l'auditeur tremble pour l'orateur de mémoire, il s'impatiente de la servitude d'un orateur obligé de lire avant que de parler.

On peut prendre la partie essentielle de ces deux méthodes pour en composer une troisième, qui seroit peut-être la plus convenable pour le barreau. Que l'orateur sache son discours lorsqu'il le lit; qu'il n'ait besoin que de retrouver de temps en temps les mots sur son papier, tandis que les idées se reproduisent dans sa tête; qu'il soit assez maître de son discours pour le refaire encore en le prononçant. Celui qui ne participeroit pas de l'émotion qu'il auroit excitée, qui ne sauroit pas, au besoin, ajouter une réflexion, et se livrer à un mouvement qu'il n'auroit pas médité; celui-là n'est pas né orateur, et doit se retirer d'un ministère qui exige de la fécondité et de la chaleur..

Je laisse à ces esprits qui ne peuvent considérer deux talens différens, sans relever l'un et abaisser l'autre, à décider entre ceux-ci. Cependant, si leur gloire me semble égale, leurs avantages ne me paroissent pas semblables. Le talent de parler efface tout par son éclat, mais cet éclat est rapide; celui d'écrire éternise sa gloire. Le premier confie ses succès à la mémoire infidèle des hommes; le second grave les siens sur des monumens qui les reproduisent. Il est possible qu'il y ait eu, dans l'antiquité, un plus grand orateur que Démosthène; mais. ses titres ont disparu. C'est une ombre que j'imagine ici, pour la comparer à un objet encore vivant et durable.

Quel que soit le genre d'éloquence pour lequel la nature vous a favorisé, si vous voulez remplir toute entière la carrière de l'homme de barreau, vous aspirerez à la gloire, peut-être supérieure, d'enrichir la science que vous cultivez, de quelques bons traités, et vous vous y préparerez dès votre jeunesse. Pour cela, il faut bien concevoir ce que c'est que le jurisconsulte, d'où doivent partir, où doivent se diriger ses études et ses écrits.

Dès que la législation s'étend et s'embarrasse, dès qu'elle est devenue aussi vicieuse dans sa rédaction qu'immense par le nombre de ses dispositions, dès qu'elle ne gouverne plus la société par un système unique, il faut des hommes qui se placent entre les lois et les citoyens, pour enseigner les unes et diriger les autres ; il faut des jurisconsultes. Leur fonction consiste dans une méditation profonde des lois, pour bien saisir leur sens et leurs rapports, pour les interpréter et les concilier ; c'est un foible remède dans un grand mal ; c'est même un remède aussi propre à augmenter le mal qu'à l'adoucir : l'effet dépend de l'espèce des esprits qui se consacrent à cet emploi.

Si vous livrez la science des lois à ces esprits nés esclaves de tout ce qui a été écrit ou fait avant eux ; à ces esprits étrangers à l'art d'enchaîner des idées, comme au don d'en concevoir, vous n'aurez bientôt, pour jurisprudence, qu'un vaste amas de contradictions, de subtilités, de faux principes, de méprises grossières ; toutes les lois seront compilées et commentées ; elles en seront moins connues, moins faciles à entendre, et d'une plus grande ressource pour la chicane. Et comme on ne peut étudier une science que dans les livres qui sont censés l'expliquer, il faudra dévorer à la fois tous les vices de mauvaises lois, et toutes les extravagances des mauvais esprits.

Mais si la science des lois est cultivée par des hommes qui aient médité tout l'ordre social ; qui sachent saisir, dans toutes les lois particulières, leurs principes et leur but ; qui soient dignes d'apercevoir leurs abus, de préparer leur réforme ; qui, lorsqu'ils les interprètent ou les expliquent, leur donnent toute la clarté, toute la simplicité, tout l'accord qu'elles peuvent recevoir ; qui aillent toujours au fond des questions , écartent à jamais ces erreurs, que les premiers regards de la raison repoussent dans les ténèbres de l'école , et qui mettent à la place de ces erreurs des principes lumineux et féconds, quels écrivains pourroient s'acquérir plus de droits à la vénération et à la reconnoissance publique ! La législation leur devra tous ses progrès vers la perfection ; l'administration de la justice, une marche plus sûre et plus noble ; les magistrats, ce repos de la conscience et cette douceur attachés à de grands devoirs, devenus plus faciles ; les citoyens, une partie du respect et de l'amour qu'ils porteront aux lois mêmes.

Malheureusement les jurisconsultes de tous les pays ont été bien rarement des philosophes. Ceux de France n'ont sur les autres que l'humiliante distinction d'avoir beaucoup plus écrit, et beaucoup plus mal. On pourroit mettre pour inscription sur toutes nos bibliothèques de jurisprudence ce titre sérieusement donné à une de nos plus volumineuses rapsodies : *Oceanum juris.*

Qui le croiroit ? Nos meilleurs auteurs en jurisprudence ont paru peu après l'époque de la renaissance des lettres. De grandes révolutions dans la religion, dans les Gouvernemens, dans les mœurs ; la découverte récente des *Pandectes* de *Justinien*, qui firent tout-à-coup rougir les nations de l'Europe de la férocité et de la grossièreté des institutions féodales ; cette lutte même de la barbarie qui finissoit, et de la civilisation qui commençoit ; cette avidité d'instruction et ce besoin de changement qui appartiennent plus particulièrement à ces temps, tout contribuoit à donner aux esprits, dans tous les genres, de l'essor et de la vigueur. Cette époque n'est pas celle des ouvrages perfectionnés; mais c'est celle des plus hardis efforts de l'esprit humain. Les *Cujas*, les *Dumoulin*, et après eux les *Dargentré*, les *Loiseau*, les *Coquille*, et un petit nombre d'autres jurisconsultes, furent des hommes peu communs. On trouve, dans leurs écrits, une vaste connoissance et une méditation profonde de la partie des lois à laquelle chacun d'eux s'étoit particulièrement dévoué; le projet d'y tout éclairer, et même d'y tout simplifier; presque toujours un grand sens, l'énergie d'un esprit ferme et libre, souvent même les traits hardis d'un esprit original, et un grand nombre de vues de réformes sages et courageuses; mais ces qualités précieuses sont dégradées par des défauts qu'on ne peut imputer qu'à leur siècle : un continuel abus de l'érudition; une marche où l'ordre qui est dans les vues, ne se trouve pas dans le développement des idées; des préjugés qui rétrécissent leur génie; des détails sans utilité et sans mérite ; une prolixité qui égare et fatigue ; un style qui a souvent l'empreinte du talent, mais qui conserve toute la pesanteur et la bigarrure des temps, où l'on n'a encore ni le sentiment ni les principes du goût.

Nous serions cependant trop heureux si tous nos livres présentoient ce mélange du bon et du mauvais. Les écrivains des générations suivantes, à un petit nombre près, n'offrent que les défauts de leurs prédécesseurs. Vivant dans un siècle éclairé, ils semblent avoir craint de participer de ses lumières, et ils ont isolé leur science : ils semblent encore avoir défendu à leur esprit de penser, s'être donné le mot pour travailler tous sur un plan aussi rétréci. Non-seulement ils ont fait reculer la jurisprudence, mais ils l'ont encore déshonorée, en substituant aux principes des lois et de la justice éternelle, les décisions incertaines des cas particuliers, afin que tout y devînt arbitraire et contradictoire. Du reste, ils ont encore renchéri sur l'habitude de n'écrire que par *in-folio;* et ils n'ont quitté, dans leur style, la bizarre grossièreté de l'érudition, que pour adopter la sécheresse de la médiocrité ignorante.

Comment donc est-il arrivé que la science des lois, la plus noble, la plus utile de toutes, la plus pressante à perfectionner, ait été jusqu'ici celle qui a le moins participé au progrès des lumières ? Osons tout dire, cela tient au système des études adoptées par une grande partie des hommes du barreau. Obligés de connoître une foule de lois particulières, ils se hâtent d'en charger leur mémoire; ils ne prennent pas le temps d'apprendre et de méditer les principes universels de la raison et de la justice, d'où toutes les lois devroient sortir, et auxquels il faut toujours espérer et s'efforcer de les ramener. A peine se sont-ils enfoncés dans les arides détails de la jurisprudence, qu'ils font une espèce de vœu de n'en plus sortir. On a vu même des avocats puiser un orgueil ridicule dans cette connoissance des choses litigieuses; prendre en dédain la morale, la politique, l'histoire, la littérature, tout ce qui tient à l'étude des lois, tout ce qui augmente sa majesté, son intérêt; estimer *De-nisart,* bien au-dessus de *Montesquieu;* et se croire eux-mêmes égaux à *Bossuet,* lorsqu'ils avoient parlé pendant deux heures sur une question de partique. En général toutes les professions, toutes les études qui doivent absorber l'homme qui s'y applique, exigeroient des esprits déjà nourris des autres connoissances. Toute science que l'on sépare des autres, se rétrécit et se dégrade: elle commu-

nique à l'esprit de l'homme qui la cultive, la sécheresse et la pauvreté où elle tombe elle-même.

Ajoutons encore, comme une grande cause de
la distance où l'étude des lois est restée des autres
sciences, que les livres où il faut l'apprendre ont
presque toujours été faits par des hommes très-
médiocres. Ceux qui avoient acquis de grandes lumières dans la profession d'avocat, se sont livrés
tout entiers à la défense des citoyens, et n'ont en-
richi la jurisprudence, que des discussions que l'on
trouve dans leurs plaidoyers et leurs consultations;
morceaux souvent très-précieux, mais que les com-
pilateurs ont presque toujours négligé de conserver, ou qu'ils ont gâtés, en les employant à leur
manière.

Le temps est venu ou la jurisprudence retrou-
vera de bons écrivains, et des jurisconsultes philosophes. Tous les barreaux, ceux des provinces,
comme celui de la capitale, possèdent de ces hommes à qui il ne manque que de se soustraire un peu
à la confiance publique, pour devenir les restau-
rateurs de leur science. Ne seroit-il pas bien digne
d'eux, de terminer une carrière si utile au public, par
un service qui se communiqueroit encore à la postérité ? Ce seroit aussi un soin bien digne d'un Gouvernement de les y appeler, et d'honorer leurs travaux par des récompenses publiques.

Il me semble que la restauration de la jurisprudence dépend essentiellement de trois choses.

La première seroit de lier toujours les différentes
parties de la jurisprudence entre elles; de chercher
les points où elles se touchent, les règles qui sont
ou peuvent leur devenir communes; de tendre ainsi
à l'unité dans la science, de la préparer; et ensuite
de lier la jurisprudence elle-même, à toutes les

sciences qui l'environnent : elle ne peut regagner ces grandes vues qui dirigent tout un système, de la manière la plus simple, et qui abrègent tous les détails, que par ce genre d'étude et de méditation.

La seconde chose à observer, c'est d'écrire enfin cette science, avec quelque noblesse et quelque intérêt. Les grands progrès d'une science tiennent toujours à ce mérite. Un livre bien fait et bien écrit, en rend-il les principes simples, faciles, intéressans? Bientôt ils deviennent des idées communes et familières. Il est étonnant que l'on ait si mal écrit dans la jurisprudence. Je sais bien qu'elle a une foule de règles positives, sèches et froides par elles-mêmes; qu'elle doit souvent se traîner dans une infinité de détails, qui n'ont rien que de rebutant. Mais ce n'est pas là proprement la jurisprudence : elle consiste essentiellement dans ces grandes règles, qui composent toute l'économie des corps politiques; elle tient par elle-même à tous les grands intérêts de la société, et même à tous les sentimens, à toutes les passions du cœur humain. Les règles particulières, les détails ne lui appartiennent que par leurs relations avec les grands principes de la constitution sociale, et ils se relèvent et s'ennoblissent par cette relation.

Le troisième moyen d'avancer les progrès de l'étude de la jurisprudence, seroit, ce me semble, de commencer par donner de bons livres élémentaires. Il est étrange que ce genre de livres soit celui auquel les hommes supérieurs aient le moins consacré leur génie. Aucun n'est plus important; aucun n'influe davantage sur toute la destinée d'une science, si je puis m'exprimer ainsi, et sur la justesse des esprits qui l'étudient; aucun même ne promet plus de gloire, puisque ces livres peuvent durer autant que la science même, et se répandre par-tout où elle est connue. Les bons livres élémentaires ne manquent dans aucune science, dans aucun art, autant que dans la jurisprudence (1).

Mon ami, la gloire, dans toutes les professions,

---

(1) Il convient de parler ici des deux monumens les plus précieux de notre jurisprudence moderne. Dans le commencement de ce siècle, le chancelier d'*Aguesseau*, qui a annoncé dans une de ses lois de grandes vues pour la perfection de notre jurisprudence, accueillit avec un véritable zèle les projets de deux rédactions des lois romaines. Les deux hommes qui conçurent ce projet en étoient dignes, et ils nous ont laissé deux ouvrages excellens; mais l'un ( *Potier* ), en mettant ce qui nous est parvenu de la législation romaine dans l'ordre où le bon sens le demandoit, n'a fait qu'en faciliter l'étude; l'autre ( *Domat* ) en ne prenant du droit romain que ce que la raison éternelle y a mis, et en perfectionnant par un judicieux développement, par des additions et des corrections, les règles qu'il en tire, a rendu un service encore plus important. Il a fait, par le beau choix des principes, par le complément et l'ordre qu'il leur a donnés, un livre dont plusieurs grandes parties mériteroient de passer toutes entières dans un nouveau code civil. On ne conçoit pas comment le chancelier d'*Aguesseau* a laissé mourir pauvre et ignoré l'auteur du plus utile de nos livres. Il est triste que *Domat* n'ait pas joui pendant sa vie de toute l'estime qu'on lui accorde aujourd'hui. Son mérite est assez grand, pour qu'on ne doive pas craindre de le fixer. Il n'a jamais eu une idée à lui; mais il savoit supérieurement développer, completter, rectifier et classer celles qui lui étoient fournies dans un grand désordre. Il a mis à la tête de son livre un *Traité des lois*, dont l'ordonnance est aussi fort belle, mais qui est rare par la pauvreté, et même par le ridicule des idées. Il n'a pas montré de génie; mais il est digne de servir de modèle pour l'ordre et la distribution des idées aux hommes de génie. Aucun livre, peut-être, n'a jamais été mieux fait dans aucune science.

est le prix d'une conduite noble et sage, autant que
des travaux et des talens. Je croirois n'avoir tra-
vaillé qu'à moitié pour la vôtre, si je ne vous tra-
çois pas aussi les principes et les sentimens qui doivent vous animer et vous diriger.

Pour mériter la confiance publique, sachez souvent vous y refuser. Préférez au futil honneur d'a-
voir fait beaucoup, la satisfaction d'avoir bien fait ;
et ne déposez pas votre réputation dans le chemin
de la fortune. Ne laissez pas non plus flétrir dans
votre ame ce goût qui vous entraîne vers le beau
dans tous les genres. Ne pensez jamais qu'on puisse
être jurisconsulte, sans philosophie, et orateur,
sans littérature. Ne consentez pas à ensevelir votre
nom dans l'enceinte du palais. Des affaires n'ont
qu'un temps ; mais des discours sur ces affaires mêmes, où le sujet a été vu en grand, et développé
avec intérêt, peuvent durer autant que la philosophie et l'éloquence, qui les ont dictés.

Votre profession présente aujourd'hui, et surtout dans le barreau de la capitale, différentes manières de signaler ses talens, et d'acquérir de la
gloire. On peut, à son choix, s'y montrer un orateur dans les grandes causes, ou un esprit précis et
facile dans les petites ; un homme instruit dans toutes les parties de notre droit, ou un savant dans
quelques-unes. Chacun doit céder à l'impulsion de
son penchant. Le penchant est ici le signe des
moyens, comme il est le mobile des efforts.

Mais il est deux genres de mérite, qu'un homme,
à qui la nature a accordé des talens distingués, doit
réunir, pour honorer de la manière qui leur est
propre, les deux âges où l'on a droit à l'attention
de ses semblables.

Tant que l'imagination embellit vos pensées, tant

que le sentiment vivifie vos discours, tant que votre esprit soutient les conceptions vastes et nerveuses, soyez orateur. Mais songez que ces brillantes facultés peuvent vous abandonner avec la vigueur de l'âge. Sachez donc les remplacer par les
présens de l'âge même. Amassez, pour votre vieillesse, de profondes connoissances qu'elle dépensera
glorieusement; rangez vos idées en systêmes, et ti-
rez des résultats de tous vos travaux. Après avoir
été le défenseur de vos concitoyens, devenez digne
d'être leur conseil.

Pour mieux leur ressembler, honorez ces veil-
lards, à qui l'étude et l'expérience, leur gloire et
leurs services, ont décerné pour repos, l'emploi de
la sagesse. La confiance de leurs concitoyens leur a
dressé, dans leurs propres foyers, une sorte de
tribunal où elle les interroge sans cesse, comme
les arbitres du juste et de l'injuste, et comme les
docteurs de la loi, s'ils n'en sont pas les déposi-
taires.

C'est dans ces retraites révérées, que l'infortuné
reçoit des consolations, l'ignorant des conseils,
l'opprimé des secours; que la chicane et l'iniquité
sont toujours dévoilées et proscrites; que la connoissance des hommes s'unit à celle des lois pour
étouffer les desseins funestes, et désarmer les passions; que l'homme obstiné et l'homme dur s'é-
tonnent quelquefois d'avoir fait des sacrifices, l'un
à la raison, l'autre à l'humanité; et que des ennemis
arrivent, avec des projets de vengeance, et se donnent des paroles de paix; c'est-là qu'un homme de
bien repose entre les bonnes actions du jour, et
celles du lendemain; que les mœurs antiques dé-
corent dignement la science profonde; que les réformes de la justice doivent être méditées; que la

discipline du barreau doit trouver des surveillans attentifs, et des défenseurs intrépides; que les préjugés ne doivent pas s'élever contre les innovations utiles; qu'une bienveillance éclairée doit accueillir le mérite inconnu; et que l'auguste vieillesse doit distribuer à propos des éloges solemnels: les éloges des vieillards sont pour les jeunes talens, ce que sont les bénédictions des pères pour les enfans vertueux.

Vous dirai-je toutes les faveurs de la vertu pour les talens qui sont restés fidèles à son culte? Elle leur communique je ne sais quoi de touchant et d'auguste. Elle leur réconcilie des ennemis; elle accroît la sensibilité de leurs adorateurs; elle exerce sur le public une sorte de séduction. Il mêle l'estime de votre personne à l'impression de vos discours; il vous juge comme un objet aimé. Songez que l'admiration est un sentiment pénible; et que l'amour-propre, qui la refuse souvent au génie, a besoin d'être fléchi par l'attrait plus doux des qualités personnelles.

Je souffre à vous dire une triste vérité, avec laquelle il faut pourtant vous familiariser d'avance; c'est que l'envie, et souvent la calomnie viennent fatiguer l'homme de talent, dès que la gloire commence à le récompenser.

Au barreau, ces implacables ennemies du mérite, ne se sont pas encore montrées si lâches et si audacieuses que dans la littérature. Mais si les persécutions y sont moins fréquentes, les causes de dégoût y sont peut-être plus multipliées. Vous aurez à y combattre les prétentions inquiètes de la médiocrité; les dédains du sot orgueil; des préjugés sans nombre, toujours prêts à crier vengeance; des routines accréditées par des exemples puissans, et défendues par des hommes qui les regardent comme les colonnes de leur réputation. Armez-vous donc de courage et de prudence. Regagnez, par des égards sages et adroits, ceux que vos talens auront offensés. Soyez sûr que les égards toujours honorables, ne sont pas moins utiles. Ne vous annoncez pas comme un homme plus occupé à renverser les autres, qu'à s'élever lui-même. Défiez-vous de cette espèce d'enthousiasme, qui tient plutôt d'une tête exaltée que d'une ame forte et sensible. Méritez les avis des hommes sages par une attention reconnoissante, et non par une déférence servile. Restez ferme sur votre conviction, mais ne la· défendez pas contre les ébranlemens qu'on lui porte; sachez même revenir sur elle avec l'inquiétude du doute.

La qualité qui ennoblit le plus l'homme de talent, qui favorise sa gloire par ses plaisirs mêmes, c'est un zèle sincère pour le mérite de ses rivaux. C'est déjà outrager les talens que de ne pas les sentir, et de ne pas adoucir, par une louange empressée, le service amer de la critique. Mais quel nom donner à ces querelles, où la gloire elle-même lance quelquefois les traits de l'envie; où l'on ose démentir l'estime du public, appeler la risée sur le génie, et qui forcent l'homme de bien qui veut encore respecter les arts et les lettres, à s'éloigner de ceux qui les cultivent? Mon ami, vous serez souvent témoin de ces injustices, qui flétrissent leur auteur, et non leur objet. Je ne cherche, en vous y préparant, qu'à diminuer l'impression douloureuse qu'elles doivent laisser dans une ame neuve et tendre, qui embellit encore les hommes de sa propre candeur. Ah! conservez, nourrissez sans cesse en vous cette aimable sensibilité, qui ne peut considérer l'honnête sans attendrissement, le beau sans enthousiasme, qui accepte une vérité nouvelle comme un bienfait, paye d'un sentiment d'amour tous les plaisirs qu'elle reçoit, et a besoin d'épancher l'admiration. Cet heureux caractère devroit annoncer l'homme de talent, comme la bienfaisance annonce l'homme vertueux.

Voilà, mon ami, les conseils que mon expérience peut offrir à votre jeunesse. Ne les regardez pas comme des règles à suivre, mais comme des vues à méditer. J'ai cédé à cette dernière illusion de l'amour propre, qui nous persuade que nous pouvons être de bons guides, dans les choses mêmes où nous serions de mauvais modèles.

---

### *Point de fait.*

Une femme a délaissé son époux et son fils, depuis nombre d'années. Son absence, sans nouvelles, s'est prolongée pendant le cours de sept ans environ.

Jusque-là, le mari s'est abstenu de provoquer la dissolution du mariage par la voie du divorce, déterminé pour cause d'abandon. Il meurt. Sa succession se compose d'une créance active contre les entrepreneurs au service desquels il avoit été attaché. Cette dette est le résultat des gages qui lui avoient été alloués, et des avances qu'il avoit faites à une époque bien postérieure à l'abandon de sa femme.

Les débiteurs repoussent l'action à fin de payement, dirigée par le tuteur déféré à l'enfant, seul héritier du mari, sur le fondement de la non déclaration légale de l'absence de la femme, commune en biens avec le *de cujus*. Ils prétendent qu'ils ne peuvent se libérer valablement, tant que les tribunaux n'auront pas déclaré l'absence, et prononcé l'envoi en possession des biens afférens à la femme, sur la pétition des parties intéressées.

### QUESTION.

Peut-on exciper de l'absence non déclarée d'un cohéritier ou d'un compétiteur au partage, pour s'affranchir du paiement d'une dette héréditaire?

### SOLUTION.

Le Conseil de jurisprudence a été de l'avis de la négative.

Les circonstances qui peuvent déterminer ou modifier l'absence d'un individu, se multipliant et variant à l'infini, il étoit impossible que le législateur pût atteindre, dans sa prévoyante sollicitude, tous les cas particuliers. Il s'est borné à tracer des règles générales, à poser des principes fondamentaux et féconds en conséquence, dont il a laissé l'application à la sagesse discrétionnaire du magistrat. C'est donc dans l'esprit de la loi, et dans la combinaison raisonnée de ses diverses dispositions, qu'il faut chercher la solution de la difficulté soumise à l'examen du Conseil.

Et d'abord, le Code Napoléon n'admet point le divorce déterminé pour cause de l'abandon coupable de la femme envers son mari. En fixant, d'une main sévère, les causes qui peuvent donner naissance à la dissolution de la communauté, on voit qu'il n'en reconnoît pas d'autres que le divorce pour causes déterminées ou par consentement mutuel, la séparation de corps ou de biens, la mort naturelle ou civile. Son silence sur les moyens que les époux avoient le droit d'invoquer sous l'empire de la législation ancienne ou intermédiaire, pour rompre leur communauté, indique suffisamment qu'on ne peut rien suppléer à ceux qu'il a consacrés d'une manière aussi rigoureusement textuelle.

Si l'on interroge les articles 141 et 142 du Code Napoléon, on verra que l'article 141, prévoyant le cas de l'absence présumée du père, concède à la mère une espèce de tutelle provisoire sur les enfans mineurs issus de leur commun mariage, et lui transmet les droits de surveillance et d'administration, attachés à la personne du père. L'article 142, rédigé pour l'hypothèse où la mère seroit décédée six mois après la disparition du père, ou avant la déclaration d'absence de celui-ci, légalement prononcée, investit le conseil de famille du droit de déférer la surveillance des enfans aux ascendans les plus proches, et, à leur défaut, à un tuteur provisoire.

Ainsi, des mesures provisoires créées dans l'intérêt des enfans, six mois seulement après l'absence du père, ne doit-on pas conclure que l'hypothèse prévue par le législateur, est hors de la sphère ordinaire ? S'il a confié l'administration des biens de l'enfant à un tuteur, sans l'assujétir à poursuivre la déclaration d'absence, il a, par cela même, exprimé d'une manière assez explicite son intention prononcée de soustraire les enfans aux formalités prescrites pour le cas de la déclaration d'absence; il a suffisamment fait entendre que, par le seul fait de l'absence ou de la disparition, l'enfant auroit de plein droit l'investiture universelle des biens qui peuvent compéter à l'absent.

Et, dans l'espèce, quelle est la nature du droit

de la femme? C'est un droit purement éventuel, dont l'exercice est entièrement subordonné à la condition du décès du mari. Survit-elle à son époux, il lui est facultatif de renoncer ou d'accepter la communauté. Jusque-là, et au moment même de sa disparition, ce droit est stérile pour elle, elle ne peut l'exercer.

Si donc il est constant qu'il n'est ici question que d'un droit purement éventuel, dont l'exercice est interdit à la mère, au jour de sa disparition, il est évident que l'article 136 du Code Napoléon, reçoit son application directe à l'espèce. Le consultant peut argumenter avec succès de ces dispositions. Cet article appelle à la succession de tout individu dont l'existence n'est pas reconnue, celui avec lequel il auroit eu droit de concourir, ou qui l'auroit recueillie à son défaut. Or, dans la cause, les débiteurs deviennent demandeurs, par leur exception. A ce titre, c'est à eux à produire, par la preuve de l'existence de la mère, un acte qui fasse disparoître les droits acquis à l'enfant. Jusque-là ils sont non recevables et mal fondés. L'enfant concourroit avec la mère, dans le partage des biens de la communauté. Au défaut de sa mère, dont l'existence n'est pas reconnue, il est appelé à recueillir l'universalité des biens.

Et qu'on ne dise pas que l'article 136, invoqué par le consultant, ne s'applique qu'à l'absent déclaré tel par jugement. Il embrasse dans ses dispositions l'absent même présumé; car, pour être habile à succéder, il faut tout à-la-fois survivre au défunt et vouloir se porter héritier; et l'une et l'autre de ces conditions sont défaillantes à l'égard de la femme dont l'existence est aussi incertaine que la volonté. La succession du mari s'est ou-

verte postérieurement à la disparition sans nouvelles. Ce point de fait important et précieux, a
principalement déterminé l'opinion du Conseil ; il
est la base du système qu'il a embrassé, système
au surplus qui n'est autre chose que le résultat
des articles combinés du Code Napoléon, sur la
matière de l'absence.

Vainement opposeroit-on contre la décision,
les dispositions de l'article 113 du Code, qui déclare que le tribunal commettra un notaire pour
représenter le présumé absent dans les inventaires,
comptes et partages dans lesquels il pourroit être
intéressé. Vainement éleveroit-on la prétention que
les dispositions de cet article, paroissent supposer
que les successions doivent s'ouvrir au profit de
l'absent, même après sa disparition. La disposition
de cet article, reçoit son application pour les
partages des successions échues à l'absent avant
son départ, ou même pour celles dont l'ouverture n'auroit eu lieu que depuis, si les parties intéressées consentoient à reconnoître l'existence de
l'absent.

Tous les jurisconsultes qui ont écrit sur cette
matière, ont constamment professé la distinction
dont le consultant peut s'armer dans la cause.
Cette distinction résulte surtout de l'examen réfléchi des discussions dont le titre de l'absence a
été l'objet dans le sein du Conseil d'Etat. Il suffit
à cet égard d'ouvrir l'excellent ouvrage de M. Locré,
pour être convaincu que l'article 136 a trait aux
successions échues postérieurement à la disparition
ou à l'absence, et que les dispositions de l'article
113, ne s'appliquent exclusivement qu'aux successions ouvertes antérieurement à la disparition ou à
l'absence de l'appelé.

Toutes les fois qu'il s'agit de recueillir une succession, ce n'est plus l'intérêt seul de l'absent que l'on doit considérer. L'héritier présent a des droits acquis à exercer; et, comme sa vocation est constante, puisqu'elle est puisée dans la loi, il n'a rien à prouver, il entre en possession de tous les biens héréditaires; il lui suffit que l'absent ne se présente pas, pour recueillir l'universalité de la succession à laquelle il est appelé.

On se tromperoit cependant, si l'on pensoit que la conséquence nécessaire de ce système qui résulte implicitement des dispositions du Code, entraîne, dans un sens absolu, l'exclusion de l'absent de toutes les successions ouvertes postérieurement à son départ. Le législateur l'a consacré, afin de rendre les propriétés moins flottantes et moins incertaines, et d'en faciliter la circulation rapide ; mais il n'a pas voulu ravir à l'absent des droits qui lui étoient acquis. Si l'absent reparoît, ou si l'on produit la preuve légale de sa survie, l'action en pétition d'hérédité lui reste acquise à lui et à ses ayant causes. L'article 137 du Code lui conserve ce droit; il n'en est déchu, aux termes de l'article 2262, que par la prescrisption trentenaire. On voit donc que le Code Napoléon a multiplié les mesures conservatoires nécessaires pour concilier les intérêts individuels et privés, avec ceux réclamés par l'ordre social.

Il est donc suffisamment prouvé que les débiteurs sont mal fondés dans leur exception. L'action dirigée par le consultant pour les contraindre au payement de la créance du père décédé, est légalement introduite. L'enfant est saisi de toute la succession de son père. Il succède tout à-la-fois à sa personne et à ses biens. Son tuteur n'est donc tenu de provoquer l'exécution d'aucune des formalités prescrites pour faire déclarer l'absence, et, par suite, prononcer l'envoi en possession des biens héréditaires.

Il y a plus, les débiteurs courent d'autant moins de danger en se libérant entre les mains du tuteur, que l'article 1240 du Code Napoléon, les met à l'abri de toute attaque ultérieure. Cet article déclare, dans leur intérêt, valables les remboursemens versés de bonne foi entre les mains de l'héritier saisi; et leur bonne foi est constante et certaine, puisqu'ils sont dans l'impossibilité de justifier de l'existence de la mère. Enfin, si l'on considère que le tuteur est constitué par la loi, dans l'obligation de placer ou de faire emploi des capitaux du pupille, et par conséquent d'en assurer la conservation, conservation qui, dans l'espèce, est dans le double intérêt du pupille et des débiteurs; l'action dirigée par le consultant, ne peut qu'être favorablement accueillie par les tribunaux.

***

## QUESTION.

L'associé en commandite qui se permet de gérer ou de faire quelqu'acte d'administration des objets de la société, peut-il être poursuivi à la requête des créanciers de cette société, et condamné solidairement au payement de ses dettes ?

## SOLUTION.

L'ordonnance de 1673 avoit déjà apporté une distinction entre les associés en nom collectif, et les associés en commandite : les premiers étoient tenus solidairement de toutes les dettes de la so-

ciété; les seconds, au contraire, n'en étoient passibles que jusqu'à la concurrence de la part qui
leur compétoit.

« Tous les associés seront obligés solidairement
» aux dettes de la société (titre 4, article 7).

» Les associés en commandite ne seront obligés
» que jusqu'à la concurrence de leur part (art. 8.) »

La loi ne faisoit, à l'égard des derniers, aucune
distinction, s'ils administroient, ou non, les affaires
de la société. Mais la jurisprudence des tribunaux
l'avoit établie, et du moment où l'associé en commandite s'étoit immiscé dans une gestion, ou avoit
administré au nom et pour le compte de la société, il étoit déclaré associé pur et simple, et,
comme tel, condamné au payement solidaire de
toutes les dettes de la société.

Le Code Napoléon a converti en loi la jurisprudence introduite dans tous les tribunaux.

L'article 22 déclare que « tous les associés en
» nom collectif, sont solidaires pour tous les en-
» gagemens de la société. »

L'article 26 : que « l'associé commanditaire
» n'est passible des pertes que jusqu'à concur-
» rence des fonds qu'il a mis ou dû mettre dans
» la société. »

Enfin, les articles 27 et 28 suppléent au silence
de l'ordonnance de 1673, et convertissent en lois
la jurisprudence qui avoit été adoptée :

(Article 27.) « L'associé commanditaire ne peut
» faire aucun acte de gestion, ni être employé
» pour les affaires de la société, même en vertu
» de procuration. »

(L'article 28. ) « En cas de contravention à la
» prohibition mentionnée dans l'article précédent,
» l'associé commanditaire est obligé solidairement

» avec les associés en nom collectif, pour toutes
» les dettes et engagement de la société. »

La loi est précise, et, *ubi lex non distinguit nec
nos distinguere debemus.* La loi embrasse tous les
cas ; en vain voudroit-on prétendre qu'elle n'est
applicable qu'à des sociétés de commerce et non
à un objet particulier, à une entreprise pour laquelle il faut un entrepreneur qui paroisse seul,
qui met seul son nom dans la raison de l'entreprise, et qui contracte seul avec le public : entreprise dont il ne peut surveiller les détails, et dans
laquelle il peut, pour alléger ses travaux, emprunter le secours des associés commanditaires qui ne
sont point connus du public, et ne contractent
point avec lui.

Ce système ne peut être accueilli, la loi est positive, elle embrasse tous les cas sans aucune distinction, et les juges ne peuvent admettre une exception à la règle prescrite.

Du moment où l'associé commanditaire *a été
employé pour les affaires de la société, même
en vertu de procuration*, il est associé pur et
simple, et tenu de toutes les dettes contractées par
la société.

Quant à la preuve, elle est admissible par témoins, dès qu'il ne peut être question que de vérifier un fait : la quotité de la condamnation, qui
sera le résultat de la preuve acquise, ne peut influer en rien dans la circonstance, ni la faire rejeter, et on ne peut dans ce cas appliquer l'article
1341 du Code Napoléon.

---

### QUESTIONS.

Une obligation contractée sous la forme d'une

lettre de change, datée du lieu où elle n'a point été souscrite, par conséquent, entre des particuliers non commerçans, peut-elle être réputée lettre de change, et rendre les tireur et accepteur justiciables des tribunaux de commerce et les soumettre à la contrainte par corps?

La preuve du fait que la lettre de change a été souscrite au lieu où elle étoit payable est-elle admissible?

### SOLUTIONS.

Il est avoué que les tireur et endosseur ne sont point commerçans, que l'obligation n'a pour cause qu'un prêt ordinaire ; qu'elle n'est point « *une opé-* » *ration de change ou de banque* ». Ainsi, la question est de savoir si la dernière disposition de l'art. 632 *sur la compétence des tribunaux de commerce*, est applicable, elle porte : « la loi ré- » pute acte de commerce, toute opération de » change entre toutes personnes, les lettres de change » *ou remise d'argent faites de place en place* ».

La lettre de change dont il s'agit, quoique datée d'Orléans, a été souscrite à Paris, lieu où le payement devoit être fait, acceptée *unico contractu,* quoique l'acceptation soit datée du lendemain. Ainsi, point de *remise d'argent de place en place.*

Déjà l'ordonnance de 1673 avoit prévu ce **cas**; l'art. 2. du titre 12 vouloit que les juges consuls ne pussent connoître des effets souscrits par de simples particuliers, que *lorsqu'il y avoit remise de place en place.* L'art. 3 leur interdisoit dans les mêmes cas la connoissance des billets de change; le billet de change avoit pour cause des lettres de change fournies. Art. 27 titre 5.

Mais les juges consuls, dans plusieurs juridictions, avoient adoptés une jurisprudence contraire, suivant eux il suffisoit que l'acte eût toutes les formes extérieures d'une lettre de change, pour qu'il dut en avoir l'effet. Ils pensoient que la loi prononçant la contrainte par corps contre toutes personnes qui signeroient des lettres de change ou qui y mettroient leur aval, et n'exceptant que les mineurs, femmes ou filles, tout autre devoit être soumis à la contrainte par corps. Ils pensoient encore que l'intérêt du commerce exigeoit cette sévérité, et qu'il devoit suffire que toutes les parties eussent réellement voulu souscrire une lettre de change, pour qu'elle en eût tous les caractères, caractères qu'elle ne pouvoit perdre par la circonstance qu'il n'y auroit pas eû *remise de place en place.*

En vain plusieurs arrêts avoient proscrit cette jurisprudence, les juges consuls avoient peine à s'en détacher.

La loi du 15 germinal an 6 fut même souvent éludée par eux. L'article 2 du titre 1 porte : « toute » stipulation des contraintes par corps énoncée » dans des actes, contrats et transactions quelconques, toute condamnation volontaire qui pro- » nonceroit cette peine, hors le cas où la loi l'a » permis *sont essentiellement nulles* ».

Mais il ne doit plus en être de même depuis la promulgation des nouvelles lois; et on doit croire que les juges des tribunaux de commerce ne s'en écarteront plus; qu'ils se rappelleront que pour qu'un effet soit considéré comme lettre de change, et pour que les tireurs et accepteurs soient soumis à la contrainte par corps, il faut *qu'il y ait remise de place en place,* à défaut de quoi l'acte ne peut plus être qu'un simple mandat, dont la connoissance leur est interdite, et de particulier à particulier non négocians.

Le nouveau Code du commerce ne peut plus donner matière à aucune contestation ; il est trop précis.

L'article 110 en établit les caractères : « La lettre » de change est tirée d'un lieu sur un autre ; elle » énonce l'époque et le lieu où le payement doit » être fait. »

Ainsi, *la remise de place en place* est strictement exigée.

L'article 112 prononce les peines, et détermine les caractères auxquels on doit reconnoître l'infraction à la loi.

« Sont réputées simples promesses, toutes lettres » de change contenant supposition, soit de nom, » *soit de qualité*, soit de domicile, *soit des lieux* » *d'où elles sont tirées* ou dans lesquels elles » sont payables. »

*De qualité*. En vain le tireur d'une lettre de change prendra-t-il la qualité de négociant, s'il n'est pas dans l'un des cas prévus par l'art. 632, il n'en sera pas moins recevable à demander la preuve du défaut de qualité qui lui a été donnée.

*Du lieu*. En vain l'effet porte-t-il la date d'Orléans, la partie a le droit de vérifier qu'il a été souscrit à Paris. Cette preuve ne peut être faite que par témoins, et elle résulte de l'article même qui répute *simples promesses* les obligations déguisées sous la forme de lettres de change *contenant supposition de qualité, des lieux où elles sont tirées*.

Alors c'est une fraude contre la loi, et les faits de fraude peuvent être allégués contre l'énoncé de l'acte, la preuve en est admissible.

La supposition du lieu d'où la lettre de change a été tirée une fois vérifiée, le tribunal de commerce ne peut se dispenser de faire droit sur le déclinatoire, et de renvoyer pardevant les juges qui en doivent connoître.

L'article 636 est impératif : « Lorsque les lettres » de change ne seront réputées que simples pro- » messes, aux termes de l'article 112, le tribunal » de commerce sera tenu de renvoyer au tribunal » civil, *s'il en est requis par le défendeur.* »

Les parties doivent donc nécessairement propo- ser le déclinatoire ; elles doivent le faire dès le pre- mier pas, devant le juge, avant d'entrer en contes- tation sur le fond. Il suit même de là que le défendeur peut consentir à être jugé sur le fond par le tribunal : mais en modifiant son consente- ment, le tribunal ne statuera que comme le fe- roit le tribunal civil, comme il le feroit de droit, aux termes de l'article 637, si le titre portoit « en » même temps la signature d'individus négocians » et d'individus non négocians, » cas auquel le tribunal de commerce a le pouvoir de prononcer entre toutes les parties ; « mais il ne pourra pro- » noncer la contrainte par corps contre les indivi- » dus non négocians. »

La circonstance que la dette a été contractée pour restant d'une dette plus ancienne, dont l'ac- cepteur étoit tenu, et pour laquelle la contrainte par corps avoit été prononcée, ne peut être de quelque considération pour donner aux juges de commerce une autorité, une juridiction que la loi leur refuse.

1.º Le titre est contraire ; il porte : *valeur reçue comptant.*

2.º Il y a changement de débiteur pour la première dette, le créancier n'avoit qu'un seul débiteur, l'accepteur ; ici il y en a deux, le tireur et l'accepteur.

5.° Il y a novation ; elle s'opère « lorsque le dé-
» biteur contracte envers son créancier une nou-
» velle dette qui est substituée à l'ancienne, laquelle
» est éteinte. » ( *Cod. du Comm.*, art. 1271, §. 1.

Il y a plus, il y a ici changement de débiteur :
« Lorsqu'un nouveau débiteur est substitué à l'an-
» cien, » il y a novation.

Ici ce n'est plus l'accepteur qui est principal débiteur, c'est le tireur ; l'accepteur n'est plus considéré que sous la qualité de caution du tireur, et obligé solidairement avec lui par le fait de son acceptation ( Code de commerce, article 121 ). Il contracte, il est vrai, l'obligation d'en payer le montant, mais le tireur reste toujours débiteur principal, et tenu d'en faire les fonds : dans le cas particulier, c'est donc un nouveau débiteur substitué à l'ancien.

Et cette assertion est tellement fondée, qu'ici le tireur pourroit être condamné à indemniser l'accepteur des condamnations qui seroient prononcées contre lui, si celui-ci nioit qu'il a reçu provision pour l'aquittement de la lettre de change ; telle est la disposition de l'article 117 du Code de commerce.

« Soit qu'il y ait ou non acceptation, *le tireur*
» *seul* est tenu de prouver, en cas de dénégation,
» que ceux sur qui la lettre étoit tirée, avoient
» provision à l'échéance, sinon il est tenu de la
» garantir. »

Ainsi la circonstance que la valeur a été fournie, est une créance dont l'accepteur étoit débiteur, et pour laquelle il a été condamné par corps ; elle peut influer en rien sur le sort de l'obligation actuelle, et ne peut faire rejeter le déclinatoire qui peut être proposé, tant par le tireur que par l'endosseur, sauf à eux à examiner lequel des deux est débiteur.

---

### QUESTION.

Les individus condamnés correctionnellement pour cause de vol, ou pour cause d'injures graves proférées contre un fonctionnaire public ; et les femmes publiques ou d'une inconduite notoire, peuvent-ils être admis à porter témoignage en justice ?

### SOLUTION.

La disposition finale du 2.ᵉ paragraphe de l'article 283 du Code de procédure est impérative et textuelle. Elle repousse le témoignage de tous ceux qui ont été condamnés à une peine afflictive ou infamante, ou même à une peine correctionnelle pour cause de vol. Ainsi, les individus produits comme témoins peuvent être reprochés, tant qu'ils sont sous le poids de la condamnation déterminée dans l'article précité. Mais la prévention qui s'élève sur la vérité de leur déposition, règne-t-elle avec la même énergie lorsqu'ils ont expié le délit ou le crime dont ils se sont rendus coupables, en satisfaisant à la condamnation qui les a frappés ? Le crime seul fait la honte ; une flétrissure infamante suit toujours son auteur. La morale et la loi le veulent ainsi dans l'intérêt de l'ordre social. Les expressions mêmes de l'art. 283 ne laissent aucun doute sur l'intention du législateur. Le fait seul de la condamnation suffit pour constituer à jamais le délinquant ou le coupable dans l'incapacité absolue

& mériter la confiance des magistrats. Ses déclarations peuvent toujours être équivoques et suspectes. Sa présence souilleroit le sanctuaire de la justice.

Si le législateur eût voulu rétablir le condamné pour vol dans la plénitude des droits de cité, l'article 283 n'auroit point de réticence à cet égard. Il auroit limité l'extension des termes dans lesquels il est conçu. Son silence dit assez que la suspicion plane au même degré sur la tête du coupable, et qu'il est exclu du droit de porter témoignage, soit lorsqu'il est encore sous le poids de la condamnation qui l'atteint, soit lorsqu'il a subi la peine décernée contre lui.

Sur le second membre de la question soumise à l'examen du Conseil de jurisprudence, on doit appliquer la même décision, quoique le texte de l'article 283 ne semble parler que des condamnés pour vol.

Le maire d'une commune est un fonctionnaire public. Il est le mandataire du souverain, et le représente en quelque sorte dans l'exercice des fonctions attachées à ses attributions. Celui qui se répand en injures graves envers sa personne, outrage le chef auguste dont il est l'organe. Son témoignage ne peut donc être d'aucun poids dans la balance de la justice. Le langage de la vérité est suspect dans sa bouche ; il peut facilement en imposer aux magistrats, puisque déjà il n'a pas craint d'oublier ses devoirs envers l'autorité administrative.

Enfin, sur la troisième question, la loi se tait également relativement à la foi dont pourroit être susceptible le témoignage des femmes perdues de mœurs. Elle abandonne au pouvoir discrétionnaire qu'elle a déféré aux juges, le soin d'apprécier ou de rejeter les déclarations qu'elles peuvent être appelées à faire devant eux. Dans le silence de la loi, ils doivent interroger leur conscience, et balancer avec sagesse l'autorité des lois anciennes pour en admettre l'application ou le rejet dans l'espèce sur laquelle ils doivent prononcer. Parcourons rapidement les dispositions tracées par les lois romaines sur cette matière. Réputées raison écrite, elles sont la source féconde où les magistrats éclairés chercheront toujours à puiser, pour rassurer leur religion et diriger leurs méditations.

Adrien fixoit ainsi les doutes de Varus, lieutenant de Sicile, en lui écrivant : *Tu magis scire potes quanta fides habenda sit testibus qui et cujus dignitatis et existimationis sint.* L. testium, §. 12. ff. de testibus.

La loi des XII Tables proscrivoit le témoignage de tous les individus qu'elle signaloit par ces expressions : *Testes proletarios, capite censos, diabolare conductos ;* c'est-à-dire des prolétaires, des indigens et de ceux exempts de toute charge publique ; elle en présumoit la vénalité et la facile corruption. *V.* la loi 16, *Cod. de testibus.*

La loi 2, ff. *de testib.*, prescrit aux juges de considérer avec soin l'état, la dignité, la profession et les mœurs de ceux produits comme témoins : *In testimoniis autem dignitas, fides, mores, gravitas examinenda est ; et ideò testes qui adversùs fidem suam testationis vacillant, audiendi non sunt.*

Le Conseil ne peut que renvoyer aux lois romaines éparses sous les titres du Code et du Digeste déjà cités. En fixant l'attention des magistrats sur la considération de la moralité des témoins, en déclarant que la conduite de ceux-ci doit être le gage de la foi qu'on peut ajouter à leurs déclarations, ces lois prouvent assez que les prostituées et les gens flétris dans l'opinion publique, doivent être, en thèse générale, écartés des tribunaux ; sauf cependant les cas où, témoins *nécessaires*, le juge doit avoir tel égard que de raison à leurs dépositions.

---

### QUESTION.

Un acte sous signature privée, constitutif d'une pension viagère, dont la création est supposée faite moyennant un capital reçu, est-il légal, lorsqu'il est démontré par un autre acte souscrit à la date de cet acte primitif, que la constitution de la pension n'est autre chose qu'un don opéré sous une condition exécutée ? Cet acte peut-il être considéré comme renfermant tous les élémens d'une donation entre-vifs ou à cause de mort ? est-il nul, faute d'avoir été rédigé devant notaire ?

### SOLUTION.

Le Conseil de jurisprudence estime que, sous aucun rapport, cet acte ne peut être considéré comme donation à cause de mort, puisqu'il affecte dès l'instant même de sa confection les biens de celui qui s'oblige à la prestation de la rente.

D'un autre côté, il ne constitue pas une donation entre-vifs proprement dite, puisqu'il ne transmet au créancier qu'un droit subordonné à l'exécution d'une condition, à celle de garder le célibat, et de rester en domesticité jusqu'à la mort du maître. Cet acte n'ayant point le caractère de la donation, est donc par cela même affranchi des formalités inhérentes aux actes solennels qui doivent être revêtus de l'authenticité notariale.

L'autorité de Furgole vient à l'appui de cette décision. Elle est d'un poids trop imposant pour ne pas rappeler ici l'opinion qu'il a exprimée sur l'article 1.ᵉʳ de l'ordonnance de 1731. « On peut, » dit ce jurisconsulte célèbre, renfermer une libé- » ralité sous toutes les formes d'actes de vente, de » partage, de transaction. Ces actes ne sont assu- » jétis qu'aux formalités qui leur sont propres et » particulières. »

Dans l'espèce, quoique l'exigibilité de la pension stipulée n'ait dû prendre naissance que du jour de la mort du constituant, et sous les conditions ex- primées dans l'acte constitutif de cette prestation viagère, le droit du créancier n'en est pas moins acquis du moment même. *L.* 45, *ff*, *de verb. oblig.* Ainsi le Conseil de jurisprudence n'hésite pas à soutenir que l'acte est à l'abri de toute at- taque.

----

### QUESTION.

Un donataire, institué sous la condition expresse de contracter mariage avec une personne indiquée, peut-il se soustraire à l'exécution de cette condi- tion, et être admis à recueillir l'effet de la dona- tion ?

### SOLUTION.

Telle est l'espèce sur laquelle l'attention du Con- seil de jurisprudence est appelée, et qui a donné naissance à la question. Un immeuble est donné à Paul en totalité, toutefois sous la condition ex- presse que si Pierre épouse Marie, Paul sera tenu de consentir au partage par moitié, entre lui et Pierre, de l'immeuble donné.

La donation étoit donc subordonnée à la condition d'être réductible pour moitié, dans le cas où Pierre épouseroit la personne qui fut l'objet de l'indication spéciale du donateur.

D'un autre côté, Pierre ne pouvoit recueillir la moitié de la donation sans remplir le vœu de la condition. Il s'est refusé à y souscrire. Elle est devenue caduque par le fait du mariage de Marie avec un autre individu. *Quid juris ?*

Il est nécessaire de rappeler, pour fixer la discussion, le texte des articles 953 et 1040 du Code Napoléon, qui en sont le siége. Le premier porte : « que la donation entre-vifs ne pourra être ré- « voquée que pour cause d'inexécution des condi- « tions sous lesquelles elle aura été faite. » La même disposition se rencontre dans l'article 1040, relatif au cas d'une donation testamentaire : « toute » disposition testamentaire faite sous une condi- » tion dépendante d'un événement incertain, et » telle que, dans l'intention du testateur, cette » disposition ne doive être exécutée qu'autant que » l'événement arrivera ou n'arrivera pas, sera ca- » duque, si le légataire décède avant l'accomplis- » sement de la condition. »

Or, dans l'espèce, la condition étoit casuelle à l'égard de Paul, puisqu'il étoit hors de son pouvoir d'en arrêter l'exécution, ou d'en empêcher l'événement. Elle étoit potestative en faveur de Pierre, puisque son exécution étoit soumise à l'effet de sa volonté ; ou plutôt elle étoit d'un caractère mixte, puisqu'elle dépendoit également de la volonté de Marie.

La condition imposée à Pierre n'étoit ni contraire aux bonnes mœurs, ni prohibée par les lois.

Vainement Pierre invoqueroit-il la loi du 5 septembre 1792, qui répute non écrite toute clause dont l'effet seroit de gêner la liberté de se marier avec telle personne, ou d'embrasser tel état.

On doit remarquer ici que Paul est donataire de la totalité de l'immeuble. La réduction de la donation ne peut et ne doit être déterminée, d'après le vœu du donateur, que par l'événement prévu du cas où Pierre épouseroit Marie. Par conséquent, si la condition devoit être réputée non écrite, la nullité en devoit être prononcée en sa faveur. De l'intention formellement exprimée par la donateur, il suit encore que la donation repose essentiellement sur la tête de Paul. Elle ne peut subir aucune modification, si Pierre ne s'unit à Marie. Ainsi la donation n'est point atteinte par aucune disposition législative irritante, ou par celles qui prohibent les clauses qui tendent à entraver les mariages, toujours favorables aux yeux de la loi.

D'ailleurs, dans l'espèce proposée, ne seroit-il pas dérisoire que Pierre put être admis à réclamer l'exécution d'une disposition contre le vœu explicitement déclaré du donateur? Ne seroit-il pas étrange qu'il vint s'approprier un don conditionnel, en se dérobant à l'accomplissement de la condition sous la foi de laquelle il a été contracté? Les contrats sont la loi des parties; ils doivent être exécutés de bonne foi par ceux qui les ont spontanément formés. Autoriser Pierre à violer ainsi l'intention du contrat, ce seroit en opérer la subversion, puisque la révocation de la donation jusqu'à concurrence de moitié, ne peut avoir lieu que sous l'accomplissement de la condition prévue.

Il est inutile d'invoquer ici la loi 12 au Code *de*

*Nuptiis.* Elle est sans application à l'espèce. Cette loi n'a pour objet que les père et mère; elle ne parle pas des étrangers qui ont été dans la prévoyance de la novelle 22, chap. 44, dont le texte est ainsi conçu : *Nec filium quidem familias invitam ad uxorem ducendam cogi legum disciplina permittit. Igitur sicut desideras, observatis juris præceptis, sociare conjugio tuo quem volueris non impedieris.*

On peut consulter à cet égard, Guypape, question 145, Cujas, sur la loi 12 précitée et Ferrière, dans ses notes sur la question agitée par Guypape.

Toutefois le conseil de jurisprudence doit observer que tous les auteurs, qui ont écrit sur la matière, ne raisonnent que dans l'hypothèse où la condition, qui peut être un obstacle au mariage ou l'entraver, est imposée par une clause testamentaire. Leur opinion est différente de celle qu'ils expriment dans cette hypothèse, lorsqu'une condition de cette nature est insérée dans une donation entre-vifs. Dans ce dernier cas, ils pensent que celui qui a accepté un don conditionnel, ne peut s'en assurer la conservation, s'il n'accomplit pas la condition à laquelle son existence est entièrement subordonnée, et à plus forte raison qu'il est déchu du droit d'obtenir la révocation d'un don fait en faveur d'un tiers, s'il s'affranchit de l'exécution de la condition sous laquelle ce droit lui a été exclusivement concédé. Pourquoi cette différence? elle résulte de la nature même des choses. La donation entre-vifs est un contrat synallagmatique. Les parties sont libres d'apposer à leurs libéralités toutes les conditions qu'elles jugent convenables, pourvu que ces conditions soient en harmonie avec les bonnes mœurs et permises par la loi.

Spontanément stipulées , elles sont exécutoires contre les contractans, qui ne peuvent les modifier qu'avec le même concours de volonté respective qui a présidé à la perfection de la convention.

Les articles 953 et 1040 du Code Napoléon concourent donc ici avec les lois romaines et l'autorité des jurisconsultes , pour appuyer l'opinion du conseil de jurisprudence , sur cette question.

------------

## QUESTION.

Des arbitres qui, après avoir entendu les parties colitigantes, refusent de juger, sans avoir cependant dressé procès-verbal de l'acceptation des fonctions qui leur sont déférées, peuvent-ils être poursuivis comme coupables de déni de justice ?

## SOLUTION.

Le conseil de jurisprudence soutient la négative.

La prise à partie, suite nécessaire du déni de justice, est une voie extraordinaire qui n'est ouverte aux parties contre les juges que dans des circonstances extrêmement limitées. Le législateur, en organisant cette loi sévère, a eu soin de spécifier les cas dans lesquels un plaideur doit être admis à traduire en justice son propre juge, et a posé la barrière que le respect dû à la magistrature doit empêcher de franchir.

Les causes légitimes de prise à partie sont déterminées d'une manière précise dans les articles 505 et suivans du Code de procédure civile. Le dol, la fraude, la concussion qu'on prétendroit avoir été commis, soit dans le cours de l'instruction, soit lors du jugement, le déni de justice caractérisé, sont les causes qui peuvent y donner naissance. Les juges peuvent encore être poursuivis pour le paiement de dommages intérêts, lorsque la loi les déclare responsables sous cette peine.

Il y a déni de justice, non seulement lorsque les juges refusent de juger les affaires en état et en tour d'être jugées, mais encore lorsque, refusant de répondre les requêtes que les parties doivent leur présenter, ils mettent obstacle à ce qu'elles puissent obtenir justice.

Mais des arbitres sont des juges volontaires; ils tiennent leur mission des parties qui les ont appelés à prononcer sur leurs intérêts respectifs : ils ne peuvent être assimilés en tout point aux juges proprement dits, qui ont reçu du souverain le droit de veiller à l'application et à l'exécution des lois, ils sont hors du cercle dans lequel se trouvent placés les membres des tribunaux. Si le compromis qui les a créés ne contient pas, de la part des parties, une réserve expresse d'appeler de la sentence arbitrale, la voie de l'appel ou le recours en cassation est fermé sans retour aux parties qui se sont livrées à la discrétion entière de leur jugement. Ainsi la sentence des arbitres ne peut subir tous les degrés de juridiction inhérente aux décisions judiciaires, si les parties ont oublié d'en faire la réserve expresse.

Il y a plus : le caractère et les qualités qui se rencontrent dans la personne des arbitres, n'existent pas dans celle des juges. En effet, les arbitres peuvent être dispensés de suivre les règles de droit; ils sont amiables compositeurs. (Art. 1019 du Code de procédure). Le compromis expire par le refus de l'un des arbitres, (1012 dudit). L'un des arbitres peut renoncer aux fonctions qui lui sont déférées, tant que les opérations ne sont pas commencées, ( 1014 dudit ); ils ne peuvent être recusés ou forcés de s'abstenir, si ce n'est pour cause survenue depuis le compromis, etc.

On ne peut donc argumenter des règles qui concernent exclusivement les membres des tribunaux ordinaires, pour en faire une application similaire aux juges créés par la volonté des parties.

D'ailleurs la prise à partie est une loi de rigueur. Sous ce rapport seul, elle n'est point susceptible d'être étendue à des cas qui ne sont pas textuellement écrits dans la loi.

Le Code de procédure ne détermine pas quels sont les juges auxquels pourroit être déféré la connoissance de l'action en déni de justice dirigée contre des arbitres. Son silence à cet égard prouve qu'il la refuse aux parties intéressées qui voudroient l'intenter.

Et devant quels juges adsesseroit-on la demande en permission de prendre à partie des arbitres? La Cour de cassation a plusieurs fois jugé que les sentences arbitrales étant hors du cercle ordinaire des jugemens, n'étoient pas placées dans la sphère des attributions qui lui sont propres.

Sera-ce devant une cour d'appel; mais celle-ci ne doit connoître que du bien ou du mal jugé; elle ne pourroit statuer sur le mérite de la sentence dont on voudroit appeler, qu'autant, ainsi qu'on l'a dit plus haut, que les parties auroient fait réserve du droit d'appeler.

Le conseil de jurisprudence se croit donc fondé à penser que l'arrêt d'une cour d'appel qui accorderoit, à l'une des parties, la permission d'assigner, dans ce cas, n'échapperoit point à la cassation.

## CAUSE CÉLÈBRE.

Si un enfant encore couvert de ce masque informe qui laisse invisibles ou douteux les traits qui caractérisent sa figure; si cet enfant, dans cet état, venoit à s'égarer; si après quelques années d'intervalle ses père et mère venoient à apprendre qu'il existe, non loin de là, un jeune homme sans famille, recueilli par une personne généreuse, précisément à l'époque de la disparition : quelle émotion! quelle fortunée nouvelle! C'est lui, s'écrieroient les époux; volons..... Déjà ils seroient dans la chaumière où il respire; tous trois seroient entrelacés; tout ce que l'ame peut payer de tribut à la Providence, tout ce que le cœur et les entrailles peuvent prodiguer à la nature formeroient un de ces concerts qui plaisent tant aux dieux pénates, et que ne viendroient jamais troubler ni le soupçon ni l'inquiétude.

Mais si des signes ineffaçables, dont l'enfant égaré portoit l'empreinte, ne distinguoient point le jeune homme que ses parens cherchent à reconnoître; si ce jeune homme pouvoit appartenir à une autre famille qui a éprouvé le même malheur, dans le même temps et dans les mêmes circonstances, alors le deuil et le désespoir rentreroient dans l'ame de ceux qui avoient d'avance rendu au ciel des actions de graces pour un bienfait qui, hélas! n'auroit été qu'une illusion.

La cause dont nous rendons compte présente cette question :

L'individu qui réclame son état est-il *Louis-Réné-Auguste Voyneau*, ou bien....

Un jugement rendu le 24 nivose par le tribunal

de Fontenay, attribue *Auguste* à la dame Voyneau.

Appel et jugement affirmatif.

Lors de ces instances, le sieur Voyneau étoit
émigré.

Amnistié, il forme tierce-opposition à ce jugement.

La Cour d'appel de Poitiers, saisie de cette nouvelle contestation, le déclare non-recevable dans sa
tierce-opposition.

Cet arrêt, rendu le 25 juillet 1806, porte : ·

« Considérant que lorsque la partie de Fromen-
» tin a réclamé l'état et le nom d'enfant légitime
» du sieur Voyneau et de la dame son épouse, et
» qu'il s'est fait maintenir en possession de son état,
» par les jugemens des tribunaux civils des dépar-
» temens de la Vendée et des Deux-Sèvres, l'un
» confirmatif de l'autre, le sieur Voyneau étoit
» émigré, et par conséquent mort civilement ;

» Considérant que, pendant que le sieur Voy-
» neau étoit aussi émigré et mort civilement, les
» droits de la paternité résidoient dans la personne
» de son épouse, comme ceux de sa maternité ;

» Considérant que la partie de Fromentin ne
» pouvoit réclamer son état que contre la dame
» Voyneau, qui étoit alors la représentante de son
» mari, et seule capable pour défendre à la ques-
» tion d'état dont il s'agissoit ;

» Considérant que la voie de la tierce-opposition
» est interdite à ceux qui ont été représentés ;

» Considérant que la chose jugée contre la dame
» Voyneau, relativement à la question d'état dont
» il s'agissoit, l'est irrévocablement contre le sieur
» Voyneau lui-même, comme représenté par la
» dame son épouse, pendant le temps de son émi-

» gration et de sa mort civile, et que le jugement,
» objet de la tierce-opposition, est un de ces actes
» qu'il doit respecter après son amnistie, au forme
» du Sénatus-Consulte du 6 floréal an 10, et de
» l'avis du Conseil- d'Etat du 11 prairial an 12, ledit
» jugement étant revêtu de sa forme extérieure et
» matérielle. »

La Cour déclare le sieur Voyneau non-recevable dans son opposition.

Pourvoi en cassation de la part du sieur Voyneau.

Pour lui plaidoit M. *Chabroud.*

Pour *Auguste*, M. *Loiseau.*

Nous ne pourrions pas rendre exactement le discours du premier de ces orateurs, parce que nous n'en avons entendu que la péroraison.

Le plaidoyer du second étant sous nos yeux, nous met à même d'en transmettre les principaux traits à nos lecteurs. Voici son début :

« Si *Auguste* est réellement le fils d'un misé-
» rable meûnier, s'il a été frauduleusement substi-
» tué au véritable fils du sieur Voyneau, s'il est un
» *intrus* que des campagnards exaltés, que des
» plébéïens malveillans, que des juges prévarica-
» teurs ont introduit dans une famille opulente,
» contre les lois de la nature et contre le vœu de
» l'ordre social, contre le cri encore plus puissant
» de leur conscience, il faut qu'il descende hon-
» teusement du rang qu'il a usurpé ; il faut qu'il
» soit ignominieusement expulsé de cette famille
» honorable ; il faut qu'il soit renvoyé sans pitié
» dans la cabane de son père.

» Mais si cet enfant est réellement *Auguste*
» Voyneau. . . . . . . . . . . . . . .
» il n'y aura qu'un mouvement dans le conseil

» des sages ; la Cour s'empressera de rejeter le
» pourvoi. »

Ce sont les faits et les preuves qui doivent fixer
la balance pour l'un des points de l'alternative pré-
sentés par M. Loiseau. Les faits qu'il articule sont
du plus grand intérêt.

## FAITS.

Du mariage du sieur Voyneau avec la demoiselle Mousorbier étoient issus deux enfans, une
fille nommé *Benjamine*, et un garçon appelé
*Louis-René Auguste*, né le 9 septembre 1789,
avec un signe assez saillant sur le sein droit.

En 1792, le sieur Voyneau quitta sa patrie, sa
femme et ses enfans.

Ils furent envoyés d'abord à Fontenay, chez les
demoiselles Voyneau, leurs tantes.

Là, Auguste fait une chûte, qui lui cause une
large cicatrice au front.

Au mois de mars 1793, époque où la guerre de
la Vendée étoit si terrible, on déguise ces enfans
en paysans ; on les confie à la femme Pellegrin,
fermière, qui demeuroit sur la route de Fontenay,
à Lougère.

En juillet, même année, la dame Voyneau les
reprend, les emmène à Roche-sur-Yon, d'où elle
est obligée de fuir à l'approche de l'armée des
Sables.

Après le passage de la Loire par les insurgés, la
dame Voyneau se représente avec sa fille, mais
Auguste avoit disparu.

Qu'est-il devenu ?

Sa mère dit l'avoir confié à une Rose Seguin,
ancienne femme-de-chambre de sa mère, et sou-

tient que tous deux ont été égorgés le 27 février 1791, dans le village de Fauconnerie.

Ce village fut en effet saccagé ce jour-là; mais Auguste fut-il du nombre des victimes?

Dans un autre village, également incendié, Saint-Pezannes, des commissaires aux subsistances trouvent parmi des cadavres, encore fumans, trois enfans que la mort avoit épargnés.

Ces commissaires les prennent en pitié, et les emmènent à Nantes.

La dame Clavier, marchande, voit arriver ces enfans, en prend un avec elle, et lui tient lieu de mère.

Le 4 août 1796, Jean Martineau, ancien domestique du sieur Voyneau, étant à Nantes, y rencontre par hasard cet enfant, et le reconnoît pour le petit Auguste.

A son retour, il annonce ce miracle à la dame Voyneau, à toute la famille. La mère n'en est point émue : une tante, transporté de joie, part pour Nantes, regarde Auguste, examine ses traits, sa cicatrice, son signe, et s'écrie : *C'est mon petit neveu!*

La dame Voineau, pressée par la voix publique d'aller vérifier cette reconnoissance, part nonchalamment, visite Auguste à la lueur des flambeaux; elle voit les traits, les signes, trouve une parfaite ressemblance; mais son cœur reste froid; elle refuse de le reconduire sous le toît paternel.

La dame Clavier, chargée de deux enfans légitimes, cherche inutilement la famille d'Auguste ailleurs que dans la dame Voyneau, et se détermine à confier à la justice le sort de ce jeune homme.

Le frère de la dame Voyneau est nommé tuteur. La demande est formée.

La dame Clavier et ses filles entendues, déclarent que : « L'enfant confié à leurs soins sembloit
» déguisé; qu'il avoit une robe d'étoffe grise mé-
» langée, une chemisette de laine blanche, une
» chemise de toile très-fine, des bas de laine gris,
» un tablier de futaine bleue et un bonnet de
» laine blanc ».

Grégoire Pasty, fils d'un meunier, également disparu, n'avoit ni souliers, ni bas, ni chemise, ni bonnet.

A peine Auguste est-il parmi des parens dont il revoit la parure, qu'il demande un ruban pour ceindre sa tête.

A table, on demande à l'enfant comme il se nomme. Il bégaye *Nau*, *Nau*, ce qui est précisément la finale de Voyneau, et n'a aucun rapport avec le nom de *Pasty*.

Après dîner, voyant servir du café sans qu'on lui en offrît, il demande du café pour *Nau;* ce qui suppose des habitudes que n'a pas le fils d'un meunier.

Un instant après, on dirige les regards d'Auguste sur deux tableaux de famille. Après avoir examiné un instant le portrait d'homme, il s'écrie : *C'est papa.*

Parmi les reconnoissances, il en est deux remarquables. Justine Bonnard voit à Nantes un enfant revenant de l'école, dit : *Voilà Auguste.*

L'enfant voyant un vieux domestique de sa mère, s'écrie : *Tu es Lapierre.*

A ces circonstances principales, et qui semblent devoir former une preuve irrévocable, on oppose :

Que le petit Grégoire Pasty aimoit qu'on l'appelât *Jeanneau*, et en prononçoit à peine la dernière syllabe;

Qu'Auguste avoit eu la petite-vérole ayant d'être égaré dans la Vendée, et que l'enfant trouvé à Saint-Pezanne l'ayant eu depuis, il est impossible qu'il y ait identité d'individus.

(Cette allégation est contestée par la dame Clavier, qui déclare qu'Auguste n'a pas eu, chez elle, la petite-vérole, mais qu'à son arrivée il en avoit encore des marques récentes);

Que la dame Dorieux, après avoir reconnu l'enfant, le renie en dernier lieu;

Que des témoins produits par la dame Voyneau ont positivement attesté le massacre d'Auguste. (Ces témoins l'avoient d'abord fixé, ce massacre, en 1795; ils se sont rétractés sur l'époque, mais encore ont-ils avancé d'un an la date de cet événement);

Que le médecin qui avoit pansé la cicatrice d'Auguste le reconnoît d'abord, mais ensuite il déclare que ce n'est pas lui;

Que la veuve Pasty déclare qu'Auguste est son fils. Mais M. Loiseau fait remarquer que cette femme, qui s'attribue la maternité, n'en manifeste aucun élan, et qu'elle n'éprouve aucune émotion à l'aspect de celui qu'elle nomme son fils.

Une circonstance remarquable, c'est qu'Auguste montra une connoissance exacte des mêmes lieux, des mêmes maisons, des mêmes chambres, des mêmes jardins. A quoi on répond que ce souvenir n'est que l'effet d'un manége exercé par les protecteurs de l'enfant.

Mais quel intérêt a la dame Clavier et ses partisans, pour faire entrer cet enfant plutôt dans la famille de Voyneau, que dans celle d'un meunier?

« C'est, dit-on, parce que les patriotes sont bien-

» aise de voir l'enfant d'un rustre entrer dans la fa-
» mille d'un aristocrate. »

Les tribunaux n'ont fait aucun état de ce motif, et la dame Voyneau est déclarée mère d'Auguste.

M. Voyneau en sera-t-il le père ? La fin de
non-recevoir, que la cour d'appel de Poitiers a
adoptée, sera-t-elle sanctionnée par la Cour suprême ?

M. Loiseau, soutenant l'affirmative, s'appuyoit
sur trois bases principales, savoir :

1.° Que Voyneau n'avoit pas dû être appelé
dans l'instance principale;

2.° Qu'au besoin, il y auroit été suffisamment
représenté par son épouse;

3.° Que n'étant rentré en France qu'en vertu
d'une amnistie; il doit respecter tous les actes judiciaires rendus en son absence.

Il est certain qu'on ne pouvoit appeler dans
l'instance un émigré qui avoit alors perdu ses
droits civils, et qui, dans sa patrie natale, n'étoit
capable d'aucun acte, ni par lui, ni par procureur.
Mais la mort civile cessant, celui qui vient de recouvrer son existence peut-il ressaisir le passé quant
à l'exercice de ses droits naturels ?

M. Loiseau soutenoit que la fatalité avoit tout
embrassé; que le sieur Voyneau ne pouvoit pas
plus faire examiner de nouveau si l'enfant attribué
à sa femme est ou non son fils, que de revenir sur
les actes, transaction, etc., déclarés irrévocables
par le sénatus-consulte du 6 floréal an 10.

L'orateur distinguoit entre les prévenus d'émigration qui se sont fait réintégrer en vertu de certi-
ficat de résidence, et les amnistiés qui ont obtenu,

au lieu de justification , la rémission du crime politique dont ils étoient convaincus.

Les premiers ont été rétablis dans leurs droits , même *pour le passé* , et les ont exercés comme s'ils n'avoient jamais été inscrits sur la liste fatale.

Mais, ajoute M. Loiseau , il en est bien autrement des amnistiés. Pour eux , le délit a été reconnu exister ; la mort civile a été envisagée comme légitimement encourue ; en sorte que si on leur a pardonné, si on leur a fait grace , c'est seulement pour *l'avenir*.

C'est dans ce sens que le Conseil d'Etat a arrêté son avis du 11 prairial an 12 , relatif aux *divorces prononcés pour émigration*.

C'est dans ce sens que la Cour suprême a appliqué la même fin de non - recevoir contre les époux *émigrés*, qui demandoient la nullité des divorces prononcés pendant leur absence, et qu'elle use des principes que les parlemens avoient consacrés à l'égard des condamnés dont la peine avoit été abolie par la grace et par la faveur du prince.

M. Loiseau passant de ces autorités aux lois romaines , trouvoit dans celles-ci la confirmation de celles-là.

*Rescripta contra jus elicita refutari præcipimus nisi forte sit aliquid , quod non lœdat alium. Loi* 7 , *ff. de precibus imperatori.*

*Nec avus neptem suam liberare potestate cogitur , nec in cujusquam injuriam beneficia tribuere moris est nostri. L.* 4 , *Cod. de mancipationibus liberorum.*

A Rome , comme en France , les principes et la loi veilloient à ce qu'une grace accordée par le prince ne pût jamais préjudicier aux droits des tiers. C'étoit toujours comme parmi nous *solvo jure alieno.*

L'équité ne permet pas, en effet, que l'acte de clémence, qui soustrait le coupable au châtiment, retombe sur qui que ce soit ; autrement ce seroit imposer en quelque sorte à l'innocent l'expiation de la faute dont se trouveroit relevé l'individu favorisé de l'indulgence, d'où résulteroit une subversion funeste dont M. Loiseau décrit fortement les malheurs.

M. Merlin, dans ses questions de droit, tom. 4, pag. 164, pense que les amnistiés doivent être rétablis dans la puissance paternelle qu'ils avoient à l'instant de leur émigration.

L'avocat d'*Auguste*, loin de redouter cette opinion, à laquelle il rend hommage, l'invoque dans sa cause ; il déclare que son client se soumet à cette puissance paternelle, fixée dans la personne du sieur Voyneau, et pour démontrer que ce dernier en est irrévocablement revêtu, M. Loiseau cite un arrêt de la Cour suprême, rendu le 6 avril 1808, lequel décide que l'enfant émancipé ne doit pas être rétabli sous la puissance de son père, parce qu'un nouveau statut personnel ne peut enlever à cet enfant *son droit* acquis précédemment.

Il cite un autre arrêt du 13 brumaire an 9, décidant que la promulgation d'une nouvelle loi ne pouvoit même porter atteinte à l'autorité de la chose jugée.

De cette jurisprudence, M. Loiseau conclut que la filiation d'Auguste ne peut varier, qu'elle lui est acquise par des arrêts en dernier ressort, qu'elle repose sur l'autorité de la chose jugée, et que la fin de non-recevoir est par conséquent invincible ; *res judicata pro veritate habetur.*

« Et de qui cet enfant a-t-il acquis son droit, sa
» filiation, son identité, continue M. Loiseau ? Il
» les a acquis de la seule personne qui eût alors
» qualité pour agir ; du seul possesseur, du seul
» contradicteur légitime, d'une femme qui cumu-
» loit tous les droits de paternité et de maternité.
» La cause de cet enfant est aujourd'hui la même
» que s'il avoit plaidé contre son père et sa mère
» réunis ; par conséquent, l'arrêt qu'il a obtenu
» est inattaquable par l'un comme par l'autre de
» ses adversaires. »

Nous n'avons pas cru devoir analyser les trois propositions développées dans le playdoyer ; la principale, la seule décisive, est celle qui a donné lieu à la dicussion que nous venons d'indiquer par quelques passages. Toutes trois ont été traitées par M. Loiseau avec une force de logique supérieure, avec une sagesse rare dans un jeune orateur qui pouvoit être emporté par une imagination impé-tueuse qu'il a su réprimer à-propos.

« A présent j'ai rempli ma tâche, dit l'orateur,
» j'ai fait des efforts qui m'étoient commandés par
» le cri de l'innocent opprimé et par le respect
» dû au malheur. — Si ces efforts n'ont pas ré-
» pondu à mes désirs et à l'importance de la cause,
» vous daignerez y suppléer.

« Auguste, jeune et malheureux, a plaidé con-
» tre sa mère ; il a triomphé : il a plaidé contre
» son père, il a encore triomphé ; lui ravirez-vous
» dans un instant le fruit de tous ses succès ? Vous
» qui êtes les premiers ministres de la justice, dé-
» truirez-vous ses plus beaux monumens ?

» Daignez examiner, Messieurs, si vous cassiez
» l'arrêt attaqué, quelles seroient les suites de
» votre décision ! vous verriez encore une fois une
» Cour d'appel livrée pendant quinze audiences
» aux débats les plus scandaleux ! vous verriez
» encore une fois une foule stipendiée investir l'au-
» ditoire et constamment couvrir, par son tumul-
» tueux murmure, la voix du défenseur de l'or-
» phelin ! vous verriez encore une fois un père
» verser des larmes *factices* sur l'ombre sanglante
» d'un fils qui est existant et qui lui tend les bras !
» vous verriez encore une fois une femme récla-
» mer comme sien l'enfant d'une étrangère, et une
» mère repousser comme étranger un enfant qu'elle
» sait lui appartenir !

» Et si, en employant tous ces déplorables
» moyens, le sieur Voyneau faisoit enfin succom-
» ber *Auguste*, vous verriez le même individu
» être enfant légitime de sa mère, et être étranger
» à son mari ! n'être qu'un *demi-enfant*, n'être
» que pour moitié fils, frère, neveu et parent !

» Ou si, parce que la filiation est *indivisible*,
» la rétractation demandée par le père profitoit à
» la mère, si Auguste étoit entièrement expulsé
» du rang qu'il occupe, vous verriez un enfant
» sans père ni mère, sans frère ni sœur, sans pa-
» rens et sans famille ; vous verriez, en un mot,
» un effet sans cause.

» Non, Messieurs, de telles considérations, ap-
» puyées d'ailleurs par la force, par l'autorité des
» principes, vous détermineront à rejeter le pour-
» voi du sieur Voyneau.

» Il est vrai qu'après ce rejet il pourra encore,
» vaincu par la justice, s'insurger contre la loi ;
» qu'il pourra un jour frustrer Auguste du patri-

» moine qu'elle lui réserve ; que dés à présent il
» le privera du plus grand bonheur que puisse
» goûter un enfant, celui d'embrasser son père ,
» de recevoir les tendres carresses de sa mère.
» Mais aussi que ne doit-on pas attendre de l'em-
» pire du temps ? Le temps use tout, il use jus-
» qu'aux passions les plus violentes ; il calmera
» sans doute le ressentiment et la haine des au-
» teurs d'Auguste.

» D'ailleurs, en ce moment, cet enfant est au
» service de sa Majesté ; à la dernière bataille, il
» s'est couvert de gloire : il donne les plus hautes
» espérances. Bientôt, peut-être, le sieur Voy-
» neau sera honoré d'avoir pour fils un tel guer-
» rier ; il sera glorieux de reconnoître son sang
» dans le sang d'un brave, et la plus douce affec-
» tion remplacera l'aveuglement le plus funeste. »

## ARRÊT.

La Cour,

Vu l'article 2, titre 5, de l'ordonnance de
1667,

Considérant que le droit du sieur Voyneau, de
défendre l'état d'un enfant né de son mariage,
et par conséquent de repousser un individu auquel il impute d'avoir cherché et de chercher encore à se faire substituer à cet enfant, a précédé
son émigration ; que ce droit ne peut être mis hors
de la classe de ceux qui lui ont été restitués par
son amnistie ;

Considérant qu'un tel droit ne peut se trouver
anéanti par un arrêt rendu pendant son émigration, à la charge de son épouse, seule en cause, sans
qu'il y ait été appelé, ni personne représentant
soit lui-même, soit sa famille ;

D'où il suit que la Cour d'appel de Poitiers, en admettant la fin de non-recevoir avancée contre le sieur Voyneau, a faussement appliqué le sénatus-consulte du 6 floréal an 10, et violé l'article 2 du titre 5 de l'ordonnace de 1667.

CASSE, etc.

Du 7 février 1806.

---

### QUESTIONS.

Une femme mariée, séparée volontairement, peut-elle avoir un autre domicile que celui de son mari ?

La succession est-elle ouverte au lieu où elle est décédée, ou au domicile du mari ?

### SOLUTIONS.

La femme mariée, tant que le mariage existe, ne fait qu'une seule et même personne avec son mari ; elle est placée par la loi sous son autorité, et ne peut avoir d'autre domicile que le sien, elle est obligée d'habiter avec lui, de le suivre : telle est la disposition de l'article 108 du Code Napoléon, puisé dans les règles du Droit romain, loi 38, ff. §. 9, *ad municipal. et de incolis* (1), dans la loi unique au Code *de Mulieribus et in quo loco*.

Elle conserve le domicile après la mort de son mari, tant qu'elle n'a pas notifié son intention d'en changer, conformément à l'article 3 ; et déjà cette

---

(1) *Item rescripserunt mulierem, quandiu nupta est incolam ejusdem civitatis videri, cujus maritus ejus est, et ibi, unde originem trahit non cogi muneribus fungi.*

obligation étoit prescrite par la loi 38 , §. 3 , *ad municipal. et de incolis.*

La femme séparée judiciairement, et autorisée par la justice à vivre comme telle , peut seule se choisir un autre domicile par-tout où il désire se fixer : à son égard les motifs de la loi cessent.

L'orateur du Tribunat devant le Corps législatif, lors de la présentation de la loi, s'est expliqué ainsi : « Le devoir la tient auprès de son mari; elle » ne peut en être légitimement éloignée que par » la séparation de corps , le divorce ou la mort; » elle peut être forcée de retourner avec lui : elle » ne peut par conséquent avoir de résidence dis- » tincte que par l'effet d'une espèce de délit de sa » part, ou d'une tolérance momentanée de celui » qui a lié son sort au sien. »

Aucune séparation de corps ne peut avoir lieu du consentement mutuel des époux (article 307), La dignité du mariage, le sort des enfans tiennent trop essentiellement à l'ordre public, pour que la loi ait voulu en abandonner l'effet à leurs caprices.

Il suit de ces principes que la séparation volontaire étant proscrite, la femme séparée volontairement ne perd point le domicile de son mari ; et elle ne peut en acquérir un autre que dans le cas seulement où son mari choisiroit son domicile hors du royaume.

Hors de son domicile le mari ne doit point d'alimens à son épouse , *loi 21 , ff. de Donat. inter virum et uxorem; loi 13, ff. de Annuis legatis.* Barthole , sur cette loi, et Denisart (*verbo* femme) rapportent plusieurs arrêts qui ont condamné la femme à retourner avec son mari; un, entre autres (*verbo* séparation), du 11 avril 1753, a autorisé

le mari à faire saisir et arrêter sa femme par-tout
où il la trouveroit.

La jurisprudence de la Cour d'appel de Paris est
la même : cette Cour a rendu de semblables arrêts
les 29 mai 1808 et 12 avril 1810.

La dame D. a quitté Clermont, son mari et son
enfant depuis plusieurs années; elle a habité différentes villes : son mari ayant fixé son domicile à
Paris, elle est morte éloignée de lui, n'ayant pu
avoir d'autre domicile que celui de son mari. C'est
en ce domicile que sa succession est ouverte, et
c'est là où doivent se porter les demandes relatives
à sa succession.

_______

### QUESTION.

La donation faite à un mineur, acceptée par son
tuteur, en son nom, dans l'acte même de donation,
sans au préalable y avoir été autorisé par le conseil
de famille, est-elle nulle ?

### SOLUTION.

La donation entre-vifs doit être acceptée par
celui au profit duquel elle est faite, ou par celui
auquel la loi donne le droit de le représenter : le
concours de la volonté du donateur et du donataire est indispensable pour que l'acte puisse obtenir le consentement mutuel nécessaire pour rendre
valide une convention ou obligation. *Loi* 1, *ff.* §. 2,
*de pactis.*

Ainsi il y a nécessité de l'acceptation, pour et au
nom du mineur, par celui qui a le droit de le représenter : son tuteur.

Le consentement du tuteur est-il assujéti à quelque formalité ?

L'article 935 du Code porte : « La donation
» faite à un mineur non émancipé devra être ac-
» ceptée par son tuteur, *conformément à l'ar-*
» *ticle 463, au titre de la minorité, de la tu-*
» *telle et de l'émancipation.* » Il n'y a d'exception qu'en faveur des père et mère du mineur
émancipé, qui peuvent autoriser l'acceptation du
pupile sans être forcés de requérir l'autorisation
du conseil de famille.

Mais la difficulté vient de l'article 463, auquel
l'article 935 se réfère. Il porte : « la donation faite
» au mineur ne pourra être acceptée par le tuteur
» qu'avec l'autorisation du conseil de famille. »

Doit-on conclure de cet article, que le tuteur
ayant accepté sans autorisation de ce conseil, sans
le consulter, l'acceptation qu'il a faite de son chef
est nulle ? Non. Ce qui prouve cette assertion, c'est
que lorsque le législateur a voulu prononcer sa
nullité, il l'a soigneusement exprimée par-tout où
il l'a cru nécessaire ; et qu'ici, soit dans l'article 935,
soit dans l'article 463, il n'a point prescrit l'autorisation du conseil de famille, *à peine de nullité.*

Il ne l'a point prononcée, parce que cette peine
tourneroit entièrement au préjudice du mineur
que la loi a voulu favoriser, au point qu'elle permet
généralement à tous ses ascendans d'accepter en
son nom sans les assujétir à aucune formalité.

Il n'en seroit pas de même si la donation renfermoit une obligation à la charge du mineur ; le
tuteur n'auroit pas pu obliger les biens du mineur
pour l'exécution de l'obligation : en ce cas, il les
auroit affectés sans l'autorisation du conseil de famille.

La donation acceptée formellement par le tuteur, quoique non autorisée par un conseil de

famille, est valable; et les héritiers du donateur ne peuvent la contester.

Il y a plus, c'est que le donateur même ne pourroit pas opposer ce défaut pour annuler la donation qu'il a faite au profit du mineur; à plus forte raison ses héritiers ne le peuvent pas.

« Les personnes capables de s'engager ne peu- » vent opposer l'incapacité du mineur, de l'in- » terdit avec qui elles ont contracté (art. 1125). »

## QUESTION.

Des héritiers collatéraux sont-ils fondés à demander la nullité du legs universel fait au profit d'un tiers, en offrant de prouver que le légataire universel, quoique qualifié, dans son acte de naissance, fils d'un père inconnu, est cependant enfant adultérin du testateur?

## SOLUTION.

Il est vrai en principe que l'intérêt est la mesure des actions, que celui qui est intéressé à écarter un concurrent, a le droit de proposer contre lui toutes les actions qui peuvent être intentées avec succès.

Il est encore vrai que, par le Code Napoléon, article 908, l'enfant adultérin ne peut recevoir, par donation ou autrement, rien au-de-là de ce qui lui est assuré par la loi, rien au-de-là des alimens que l'article 762 lui accorde.

Mais, pour parvenir à appliquer ces dispositions au légataire institué, le collatéral évincé est-il recevable à proposer l'incapacité du légataire, et à soutenir que, quoique dénommé dans son acte de naissance, sous la qualité de fils *d'un père in-*

*connu,* il est cependant fils du testateur, ce qui changeroit sa qualité d'enfant naturel en celle *d'enfant adultérin ?*

Tous les sophismes qu'on pourroit proposer en faveur du collatéral, viennent échouer contre les dispositions de l'article 340 du Code Napoléon, « la recherche de la paternité est interdite » ; les preuves de l'état d'un enfant ne sont laissées ni à l'arbitrage des parties, ni même à la prudence des magistrats; elles sont toutes déterminées par la loi, « nul ne peut réclamer un état contraire à celui » que lui donne son titre de naissance et la pos- » session conforme à ce titre », ( art. 322 ).

Dans le cas particulier, l'enfant ne pourroit pas lui-même réclamer un titre contraire à celui que lui assure son acte de naissance, de fils naturel de demoiselle D. et d'un père inconnu, et supposer qu'il est fils du sieur B. ; par la même raison, le collatéral ne peut pas donner à cet enfant le sieur B. pour père, lui attribuer une paternité que l'acte de naissance repousse ; car « *nul ne peut contes-* » *ter* l'état de celui qui a une possession conforme » à son titre de naissance. » (deuxième alinéa de l'art. 322.)

Or l'enfant n'a jamais eu une possession d'état autre que celle que lui donnoit son titre, enfant naturel de la demoiselle D. : si celle-ci, devenue commensale du sieur B., a obtenu la permission d'avoir son enfant près d'elle, si le sieur B. a pris de l'amitié pour cet enfant, on ne peut pas supposer qu'il l'ait fait à autre titre que celui de la bien-faisance.

Ainsi le legs universel fait au profit de l'enfant ne peut être contesté.

# ÉLÉMENT DU BONHEUR.

## ÊTRE AVEC UN AUTRE.

*Fragment de principes de législation, par M. de MONTLAUSIER, ex-Constituant, Membre de l'ancienne Université de jurisprudence et du Conseil.*

Je vous suppose dans les plus belles contrées de la terre, soit sur les bords d'un fleuve, soit au milieu de ces forêts éternellement vertes, dont les arbres enchaînés l'un à l'autre par des cordons de lianc, offrent aux regards tout ce qui peut se concevoir de plus magnifique. Je suppose auprès de vous les parfums de l'Orient, les fleurs les plus suaves, les mets les plus exquis, les fruits les plus succulens : vous contenterez-vous, dans cette situation, du bonheur de faire votre volonté?

Faire sa volonté est certainement pour l'homme son premier attrait. Il exerce par ce moyen toutes ses facultés, il développe tous ses talens, il semble jouir de toute son existence ; mais bientôt il s'aperçoit qu'il lui faut quelque chose de plus. *Væ soli*, disent avec raison les écritures. Etre seul est un malheur dont l'imagination ne peut supporter l'idée. Ce n'est qu'aux portes de l'enfer qu'on a pu écrire : *lasciate ogni speranza*. L'homme qu'on enferme dans un cachot, y entre avec ses espérances ; il y vit avec ses souvenirs : isolez-le entièrement, il mourra. Les ténèbres sont effrayantes, parce qu'elles nous isolent : l'homme viril a peine à les supporter; l'enfant, plus foible, en est accablé.

Les animaux craignent, ainsi que l'homme, cet état d'isolement. Le cheval hennit dès qu'on le sépare du compagnon qu'on lui a donné. Le chien qui a perdu son maître gémit comme l'agneau qui a perdu sa mère. Le lion gémit de même et succombe s'il vient à perdre l'ami qu'il s'étoit fait dans sa captivité.

De grands philosophes n'ont vu que des préjugés dans tous ces effets. Les liens du sang, ceux de l'amour et de l'amitié, n'ont été regardés que comme les douces illusions des ames tendres. Ah! ces liens ont leurs attaches aux principes mêmes de la vie. Dans les temps ordinaires, l'oiseau surpris par l'oiseleur peut s'accoutumer à la captivité ; il meurt si c'est dans la saison des amours. Considérez cette mère éplorée au moment où elle vient de perdre son fils. Observez, si vous pouvez, le déchirement que cause dans ses entrailles cette nouvelle et terrible séparation.

On n'a pas mieux raisonné sur le sentiment qui porte le Noir, acheté en Afrique, à se donner la mort. On l'a attribué à l'horreur de la servitude. Qui ne sait que la servitude est un état familier à ces hommes? L'incertitude de sa destinée, sa séparation de tout ce qui lui étoit cher, voilà ce qui porte le nègre au désespoir et au suicide. Cette première douleur vient-elle à s'émousser? la vie rentre dans son cœur avec l'espérance. Etabli ensuite dans sa case avec une femme et des enfans, il s'accommode à sa condition, il est heureux.

Qui de nous n'a pu observer de ces villageois qu'une certaine bienfaisance a cru combler de bonheur, en les faisant entrer au service d'une maison opulente? Au milieu de cette magnificence inaccoutumée, souvent l'ennui les gagne, un dégoût invincible les saisit. Loin d'un père, d'une mère, d'une sœur qu'ils chérissoient, leur condition leur paroît insupportable ; ils redemandent la misère qu'on leur a fait abandonner, et bientôt on les voit déposer leurs riches vêtemens, pour aller recommencer avec des haillons la carrière de leurs travaux et de leurs peines. Que de précautions n'a-t-il pas fallu prendre pour écarter des Suisses expatriés, les accens de ce chant rustique auquel ils ont été accoutumés dès leur enfance, et qui leur rappelle leurs parens, leurs foyers, leurs montagnes ? On sait de quel transport fut saisi parmi nous un jeune Otaïtien, lorsqu'il aperçut au jardin des Plantes un arbre de son pays.

Les législateurs me paroissent bien plus savans, à cet égard, que les philosophes. La force du sentiment que je décris ne leur a point échappé. Elle a été très-bien calculée dans toutes les institutions. L'excommunication, chez les premiers chrétiens, a été une peine décernée par la religion. Chez les Germains elle a été une peine décernée par l'honneur. Chez tous les peuples, l'exil et l'emprisonnement sont des espèces d'excommunications prononcées par la loi. Il en est de même de l'homme en état de démence, il ne souffre point. L'effroi que cause sa situation ne provient que de l'espèce d'excommunication qui en est le partage. En effet, l'homme en démence n'entend plus ses semblables. Il ne peut recevoir leurs affections et les rendre ; il n'a ni mémoire ni espérance, il n'existe pour lui ni passé ni avenir.

Cette simple observation manifeste une grande vérité ; c'est qu'il ne suffit pas d'être *parmi* les hommes pour être *avec* eux. On peut être seul auprès d'une personne, auprès de deux, de trois, de mille. Un Européen, transporté au milieu des rues de Pékin ou d'Ispahan, y pourra considérer tant qu'il voudra cette foule de passans, de mœurs, de conditions et de costumes différens ; il s'y trouvera presque aussi isolé que celui qui, tombé au fond de la mer, recevroit la faculté d'y considérer les êtres qui en parcourent en tout sens les espaces.

D'un côté, cet état d'isolement où se trouve tout individu hors de son pays, cause une douleur qui mène quelquefois à la mort, sous le nom de mal du pays ; de l'autre, il a donné lieu parmi les hommes à un sentiment particulier de pitié, connu sous le nom d'*hospitalité*. Cette vertu, négligée parmi les nations civilisées, est sacrée pour tous les peuples qui appartiennent aux premiers temps de la nature. Un homme séparé de sa femme, de ses enfans, de son pays, présente l'idée d'une si grande infortune, que tout le monde est ému de compassion à sa vue. Le sauvage qui boit dans le crâne de son ennemi, et qui a mangé sa chair, est touché du malheur d'un étranger. Il le reçoit chez lui avec transport.

Le même effet peut s'observer dans ce qu'on appelle société. Vous êtes avec votre ami ; vous lui parlez alors de choses qui vous intéressent ; un homme avec qui vous êtes moins lié survient, puis un second, puis un troisième ; la conversation languit dans la même proportion que la confiance se retire, et vous êtes d'autant plus seul, qu'il est venu plus de personnes s'interposer entre vous et votre ami. Combien de fois on se trouve ainsi isolé au milieu de ces êtres indifférens qui s'entassent chaque jour régulièrement les uns auprès des autres, et qui s'appellent pompeusement le monde ? Ah ! si dans cette foule étrangère à vos sentimens et à toutes vos habitudes, il se présente par hasard un ami qui vous protége de sa parole, qui vous appuie de son affection, ne vous semblera-t-il pas que vous avez reçu une sorte d'hospitalité?

*Etre avec un autre* est donc un élément essentiel du bonheur. Il faut que l'homme s'unisse à ses semblables pour sa nourriture et pour sa défense. Il lui faut des associés pour ses plaisirs, il lui en faut pour se construire des remparts commodes contre l'inclémence des saisons; il lui faut encore une compagne qui entre dans son cœur, et qui se mêle en quelque sorte à son sang et à sa vie. Les expéditions de la chasse et les expéditions de la guerre, la culture des champs et celle des jardins, la construction des maisons et celle des vêtemens, les intérêts de la propriété, ceux de la famille, les délices de l'amitié, les voluptés de l'amour, tout entraîne l'homme à l'union et à la société. De cette source se produisent sous divers rapports les mouvemens de son cœur, ceux de son esprit, ceux de ses organes. Son esprit peut s'élever très-haut, mais il a besoin de l'esprit des autres. Son cœur est susceptible de grands mouvemens; mais son enthousiasme veut se nourrir de tous les autres enthousiasmes. Ses organes sont susceptibles des chefs-d'œuvres de l'art, mais ils ne peuvent vaincre, que par le nombre et le concert, les obstacles immenses que leur opposent les objets matériels.

### *Différentes manières d'être avec un autre.*

J'ai dit, dans le chapitre précédent, qu'on peut être seul au milieu du monde. *Etre auprès* n'est pas la même chose qu'*être avec.* La présence et la co-existence ont ainsi des caractères différens. Ce qui fait qu'il y a dans la nature des juxta-positions de corps brutes sans adhérence, fait qu'il y a dans le monde des rassemblemens d'hommes sans union.

L'union elle-même est susceptible d'une multitude de variétés. L'évangile dit qu'une femme quittera son père et sa mère pour suivre son époux : c'est que la co-existence de mari et de femme est plus forte que celle de mère et de fille. Un mari et sa femme, un père et sa fille, un frère et sa sœur, un parent, un ami, un serviteur, un associé nous représentent dans les attachemens humains une échelle qui semble correspondre à celle des affinités chimiques. Ces nuances semblent, d'un autre côté, parallèles à celles de la pudeur. Une femme en a moins avec son mari ; elle en a davantage avec son père ou son frère. Dans certains pays elle embrasse son parent ; dans d'autres, un étranger ne peut, sans l'offenser, ni la regarder, ni lui toucher la main.

L'orgueil n'est pas moins délicat, à cet égard, que la pudeur. Toucher la main à un autre homme, suppose une sorte de familiarité. L'orgueil ne s'offense pas seulement du contact ; il redoute la présence. Personne n'ignore que l'élévation de la naissance, ainsi que celle du pouvoir, aiment à tenir à une certaine distance le commun des hommes. Dans les premiers temps de Rome, un patricien ne pouvoit épouser une plébéienne. Le même usage fut long-temps admis chez les Visigoths. Dans les mœurs des Européens il est convenu qu'un homme d'un rang élevé ne mange, ni s'allie, ni s'établit en familiarité avec des individus d'un rang subalterne. Dans l'orient, les précautions en ce genre sont poussées à l'extrême. Le regard d'une femme ne doit point y rencontrer le regard d'un homme : que dis-je ? un brame et un naïre, allant à la pagode, se croiroient souillés par la rencontre d'un homme d'une caste inférieure.

C'est ainsi que se retrouvent dans la différence des rangs des dispositions qui semblent propres à la différence des affections. Les êtres qui se haïssent s'efforcent, autant qu'ils peuvent, de n'être pas les uns auprès des autres. Le contact seul de notre ennemi, ou de quelque chose de lui, nous est odieux. Les amis cherchent au contraire le plus qu'ils peuvent, à se rapprocher. Il y a du bonheur à être près de son ami, ou à posséder quelque chose de lui. La présence a ainsi un effet qui tend à former ou à cimenter l'union ; l'absence, au contraire, amène peu-à-peu l'oubli et la séparation totale : tel est l'empire de l'habitude.

L'instinct du cœur ne se trompe jamais à cet égard. Est-on absent de ce qu'on aime, on repousse la présence de tout ce qui est indifférent. Dans l'éloignement d'un être chéri, ce n'est pas la société qui vous console, c'est la solitude. Le deuil est le bien de la douleur. Oh ! combien ils vous font de mal ceux dont l'imprudente amitié s'efforce de vous arracher prématurément à votre tristesse !

L'isolement que j'ai décrit précédemment comme le comble de l'infortune, peut donc, en certains cas, devenir un moyen de bonheur ; mais alors c'est en nous faisant exister davantage avec ce que nous chérissons. On peut être seul au milieu du monde ; on peut être en société dans la plus profonde solitude. Nous ne sommes pas seuls au moment où nos pensées nous rappellent les personnes que nous aimons. Si nos vœux s'attachent fortement à leurs destinées ; s'ils les accompagnent dans leurs actions, dans leurs désirs, dans leurs projets, nous sommes réellement avec elles. L'homme qu'on dit amoureux à la folie ne fait cette impression sur ceux qui l'observent, que parce qu'il aime à s'isoler: Il a peur de n'être pas assez avec sa maîtresse, si quelqu'autre chose l'occupe, ou veut être avec lui.

Toutes nos passions, à mesure qu'elles prennent un grand caractère, ont pour premier effet de nous isoler. L'anachorète recherche comme l'amant les lieux solitaires et le silence de la nuit. L'Ecriture dit : *Je le conduirai dans la solitude, et là je parlerai à son cœur.* On ne sait aujourd'hui ce que veulent dire ces expressions : *Dieu soit avec vous.... Je suis avec vous tous les jours de la vie, jusqu'à la consommation des siècles. Être avec Dieu* semble n'avoir plus aucun sens, même pour nos dévots. Il faut être familiarisé avec l'antiquité ascétique, pour avoir une idée de cet état d'extâse : félicité pure et céleste pour laquelle les brachmanes de l'Inde, les mages de Perse, les gymnosophistes d'Éthiopie, les thérapeutes d'Alexandrie, les pythagoriciens, les religieux du mont Carmel et du mont Cassin, ceux de Cîteaux et de la Thébaïde firent de si célèbres et de si douloureux sacrifices.

Les autres passions ont le même caractère. L'ambitieux veut être sans cesse avec l'objet de son ambition ; l'homme haineux avec celui de sa colère. L'exemple connu d'Archimède nous fait voir que le philosophe lui-même peut vivre avec l'objet de ses méditations, de manière à se trouver étranger au reste du monde.

Si ces observations sont justes, il s'ensuit qu'on est avec un autre plus ou moins, suivant le degré d'attrait qui meut, l'espèce de lien qui attache, ou le caractère même des communications. L'homme léger veut être *peu* avec beaucoup de monde. L'homme sensible veut être *beaucoup* avec peu de personnes. La co - existence peut être entière ; comme entre deux amis, lorsque tous les sentimens sont confondus : ce qui est rare. Elle est plus complette entre deux époux dont le sang et la vie même sont unis ; elle ne l'est pas moins entre un enfant et les auteurs de ses jours. Ce n'est pas seulement lorsque l'enfant est dans le sein de sa mère, qu'il participe à sa vie. Produit hors de son sein, il ne cesse d'être avec elle ; elle ne cesse d'être avec lui. La co - existence peut devenir telle, qu'elle triomphe de l'éloignement et de l'absence. Le miracle des sympathies franchit souvent des distances considérables. L'union vive des sexes, l'union plus calme des parens et de leurs enfans ; celle des frères, et sur-tout des frères gémeaux, en offrent des exemples.

Les co-existences de religion, de gouvernement et de patrie, les co-existences d'opinions, de sectes, de mœurs et de lumières, de plaisir ou de goût, d'intérêt ou d'affaires, tout ce qui peut unir les cœurs par quelque côté de crainte ou d'espérances, compose autant de différentes manières d'être ensemble. Quand ces co - existences sont d'accord entre elles, nous sommes en paix avec nous-mêmes et avec nos semblables. Viennent - elles à être en opposition, notre vie est dans un état de crise.

> Le choix d'Albe et de Rome ôtent toute douceur
> Aux noms jadis si doux de beau-frère et de sœur.
> . . . . . . . . . . . . . . . . . . . . . . . . . . .
> Albe vous a nommé, je ne vous connois plus.

Le sentiment de la patrie peut se trouver ainsi aux prises avec le sentiment de famille ; le sentiment d'intérêt avec celui d'amitié ; celui de religion avec les uns et les autres. Les co - existences

d'opinions, de plaisirs et de goût, n'étant que par-
tielles, leurs oppositions sembleroient devoir causer moins de déchirement ; mais elles ne se mon-
trent que trop souvent avec les banières du fana-
tisme. Les plus petits intérêts peuvent troubler les
familles et les empires. Telles sont parmi les hommes les différentes manières d'être ensemble. Quand
on veut réfléchir aux effets du son, de l'électricité,
de la lumière, on croit apercevoir un principe général qui met ensemble tous les êtres, et qui ordonne toutes les communications de l'univers.
Quand on réfléchit d'un autre côté à la contagion
et à la sympathie, à la nature de l'enthousiasme, de
l'esprit public et des passions populaires, on est
forcé d'admettre des règles particulières d'où s'ordonnent les communications humaines. C'est sur
ces deux points que je vais porter l'attention du
lecteur.

## Principe général des communications dans l'univers.

Tous les êtres agissent les uns sur les autres ;
tous les êtres se communiquent. Deux corps brutes
ne sont pas plutôt en présence l'un de l'autre,
qu'ils agissent et se communiquent de mille manières. Éloignés, ils se communiquent encore.

Jeté sur la terre comme les autres êtres, l'homme
participe sans doute à cette loi générale; mais,
outre les relations qui lui sont communes avec
tout le reste de l'univers, la nature particulière de
son existence lui en donne encore une infinité
d'autres qui lui sont propres. Etre matériel, il a
ses communications comme les autres êtres matériels : être organisé, il en a de nouvelles par ses

sens : être intellectuel, il en a encore d'un autre ordre par son intelligence.

Comme tout ce qui existe est intimement lié, et que toutes les existences particulières sont co-ordonnées à la vie générale, il ne se produit aucun son qui ne retentisse dans tout l'univers, aucun trait de lumière qui ne se répande dans tous les espaces, aucune commotion qui n'agite toute la terre.

L'homme reçoit comme un centre toutes ces actions. Ce qui fait, dans une belle nuit, que la lumière des astres arrive à notre œil de toutes les parties du ciel, fait, de même, que de tous les points de l'univers le mouvement arrive jusqu'à nous. Il n'y a point de prodige à ce que nous soyions avertis à des distances immenses de ce qui se passe dans des lieux éloignés; ou si c'est un prodige, il existe dans la nature des choses. Néanmoins, dans le cours ordinaire de la vie, nous ne distinguons que les mouvemens qui nous frappent de près. Notre sensibilité est telle, qu'elle ne nous fournit de perceptions que pour les choses environnantes. Emporté par l'ardeur du combat, le guerrier ne sent pas toujours le coup mortel qui le blesse; dans le petit tourbillon de notre sphère, pressés par l'action vive des objets qui nous touchent, il ne nous reste aucune conscience de ce qui nous arrive des objets éloignés.

L'homme reçoit ainsi des impressions, sans recevoir toujours des sensations. Le son a beau retentir dans une cavité particulière de la tête, la lumière a beau arriver et subir ses différentes réfractions dans les humeurs crystallines, le choc des corps a beau déplacer ou déchirer l'enveloppe qui recouvre les houpes nerveuses; tant que, par une cause ou par une autre, l'ame reste étrangère à ces mouvemens, il n'existe pas de sensation. La sensation a lieu, lorsque l'ame est atteinte. C'est alors que l'homme peut commencer à se rendre compte de ses communications. Il peut même, jusqu'à un certain point, les augmenter ou les restreindre, les diminuer ou les multiplier. Il peut voir ou regarder, toucher ou sentir, agir ou éprouver. Mu par la volonté, le regard va au devant des émissions lumineuses des corps, l'odorat recherche les émanations odorantes, la main s'avance pour s'assurer des formes. Les sens sont les avenues ordinaires par lesquelles l'ame reçoit les communications des êtres, et par lesquelles elle leur transmet les siennes.

Cependant, quoique nos communications avec les objets extérieurs ayent, par nos organes, une route déterminée et connue, il ne s'ensuit pas que l'ame ou, si l'on aime mieux, le sens intérieur, ne puisse s'en créer d'autres, ou même correspondre directement avec les objets. Les phénomènes de l'état extatique, ceux du somnambulisme, de la catalepsie, de certaines affections nerveuses, quelques accidens même de l'état de folie, semblent nous montrer que l'ame peut échapper à la dépendance des sens, et recevoir, de la part des objets, des communications particulières. Ce que nous savons des divers instincts des animaux relativement aux intempéries de l'air, et surtout dans les grandes crises de la nature; les prodiges que l'Ecriture sainte et la Philosophie ancienne, s'accordent à nous raconter, à l'égard des songes et des oracles, peuvent favoriser cette supposition.

Je n'ignore pas que ces idées ont peu de faveur. Je sais qu'on se moque beaucoup sur ce point de la croyance des peuples anciens; mais avec tout l'avantage que s'arroge la Philosophie nouvelle, je ne vois pas qu'elle m'éclaircisse mieux les mystères de la nature. Ce dont je suis sûr au moins, c'est qu'elle n'a rien de satisfaisant à m'apprendre sur la cause de nos communications. Je pourrois en citer pour preuve tout ce qu'on a écrit sur les épidémies. On les attribue généralement à une qualité de l'air atmosphérique. Qui fait donc ici qu'elles attaquent les animaux et non pas les hommes, là les hommes et non pas les animaux? Ne puis-je croire, en certains cas, qu'elles sont l'effet d'un contact secret et particulier qui lient tous les individus d'une même espèce? Des effets de ce contact se remarquent dans les sympathies. Pourquoi une mère ressent-elle quelquefois les douleurs de son fils absent? Pourquoi deux frères gémaux éloignés l'un de l'autre, sont-ils atteints de la même impression? Pourquoi, au milieu d'un grand rassemblement d'hommes, la douleur et les larmes, l'ennui et les baillemens, la joie et le rire paroissent-ils contagieux? Quelle est la cause de cet enthousiasme particulier qui agite les hommes assemblés, qui les anime d'une même vie, et qui semble donner à de grandes corporations l'esprit, les passions, la foiblesse des individus?

L'action de la volonté, les communications du mouvement présentent d'un autre côté une série de phénomènes qui demeurent inexplicables avec les principes généralement admis. Je n'ai point à rappeler les doctrines puériles établies dans les écoles sur la communication du mouvement. Ce n'est pas seulement dans la nature que le mouvement m'étonne; c'est par sa création et sa circulation rapide en moi au premier acte de ma volonté.

L'anatomie apprend que c'est par la contraction
de tel muscle qu'on parvient à produire tel mouvement. Ceux qui ne savent pas l'anatomie n'en
produisent pas moins en eux tous les mouvemens
qui leur sont nécessaires. L'union intime de mon
bras avec le reste de mon organisation, peut me
faire comprendre à quelques égards, la facilité avec
laquelle ma volonté y porte son action. Il s'ensuit
que tout ce qui est intimement uni peut être atteint
de la même action, vibré des mêmes mouvemens.
Il s'ensuit encore qu'en parvenant à établir avec
un autre la même harmonie, ou une harmonie
approchante de celle qui résulte de mon organisation, ma volonté pourroit avoir sur lui quelque
chose de l'action que j'ai sur moi-même.

Quelles vastes conséquences ne peut-on pas tirer
de cette simple réflexion! quelle lumière ne peut-
elle pas jeter sur les phénomènes les plus extraor-
dinaires! Qu'on me parle tant qu'on voudra de ces
pyramides qui depuis tant de siècles fatiguent la
terre de leur poids inutile : ce n'est pas là que je
trouve les véritables merveilles de l'homme. Son
empire sur lui-même, cette puissance par laquelle
il impose ses goûts et ses caprices à une multitude
d'animaux qu'il parvient à dresser et à dompter,
cette magie avec laquelle un grand homme commande à tout un peuple, et dispose de ses mouvemens : c'est-là; c'est dans tous les miracles de la
volonté; c'est dans l'action secrète de cette volonté,
non-seulement sur les êtres sensibles, avec lesquels
nous avons des rapports habituels, mais peut-être
encore sur des êtres inanimés que je trouve l'excel-
lence et la supériorité de notre nature.

Encore une fois, je n'ignore pas que je tiens à
cet égard une route depuis long-temps abandonnée.

Pour arriver à quelque connoissance positive, peut-être faut-il la reprendre ; peut-être faut-il moins se moquer de l'ignorance des anciens, et moins vanter notre science moderne ; peut-être faut-il mettre plus de circonspection à rejeter comme préjugé ce qui a obtenu l'assentiment de tous les pays et de tous les siècles ; peut-être enfin faut-il revenir à ignorer une grande partie des choses que nous croyons savoir, et à apprendre une grande partie de celles que nous nous sommes obstinés pendant long-temps à vouloir ignorer.

Cette disposition me paroît indispensable pour remonter jusqu'à la hauteur des origines ; elle ne l'est pas de même, si on veut se restreindre à la simple description des phénomènes. Voici, j'espère, ce qu'on ne contestera point : c'est que tout a besoin de s'unir dans la nature ; tout tend à se rassembler et à se confondre. Les existences particulières sont, en quelque sorte, des violations de l'ordre universel. Tout revient d'instinct à l'union ; une force dans l'univers sépare et forme des individus ; une autre force les détruit et les ramène à l'existence générale. Tels sont les phénomènes de la mort et de la vie. L'homme physique obéit à cette loi commune ; l'homme moral la subit à son tour : et elle n'a pas été portée pour l'homme seul ; elle est imposée à l'universalité des êtres.

*Du caractère des communications humaines.*

Les minéraux se communiquent dans les entrailles de la terre. Une masse de rochers, en apparence brute et inerte, renferme une multitude de mixtes, entre lesquels règne une correspondance très-active. La physique a regardé comme un miracle les communications du fer et de l'aimant : c'est la loi de toute la nature.

Les communications des animaux sont presque aussi simples. Les abeilles et les éléphans, les castors et les fournis, les oiseaux qui voyagent en troupe dans les airs, ceux qui paissent tranquillement sur la surface de la terre, savent combiner leurs mouvemens, concerter de grandes opérations sans le secours de nos gestes, ni de nos sons articulés.

Les hommes seuls sont hors de cette règle. Lorsque toute la nature s'entend et se correspond en silence, ils ne savent rien faire entre eux sans le secours de la parole. Qui fait que l'homme seul a besoin de donner un son à ce qu'il pense, une couleur à ce qu'il désire? Si nous étions calmes et purs, ah! sans doute, nous nous entendrions par cela seul que nous nous observerions intérieurement! le langage n'existeroit pas : il seroit inutile. Mais dans le bruit que font au dedans de nous les mouvemens discordans qui nous agitent, il faut bien qu'on nous répète à voix haute des impressions que nous n'avons pas la faculté de discerner. Les signes sont venus ainsi au secours de la pensée; le langage s'est formé; l'esprit avec son aide s'est rendu le médiateur de toutes les transactions humaines, et il est devenu, comme l'argent, une valeur, en devenant le moyen d'échange de toutes les valeurs.

D'autres signes ont concouru en même-tems avec le langage. Ces signes ont exprimé le respect ou l'arrogance, l'ennui ou la satisfaction, la joie ou la douleur : on leur attache en général une grande importance par la corélation qu'on leur suppose avec l'état réel de l'ame.

Ici, la première pensée qui doit frapper l'esprit c'est que ces signes extérieurs ne font que nous transmettre des mouvemens ; ils n'en ont pas qui leur soit propre. Ces formes qui nous font tant d'illusion, qui usurpent si facilement notre empressement et notre reconnoissance, ne sont pourtant que des formes. La parole n'est pas la pensée, le rire n'est pas la joie, le baillement n'est pas l'ennui, les larmes même ne sont pas la douleur ; en un mot, les signes ne sont de véritables communications que parce qu'ils font supposer que l'ame elle-même s'épanche. Par l'intermède des signes, c'est la substance de l'ame qui se donne ou se refuse, se produit ou se retire, atteint ou est atteinte. Voyez comme le langage a eu à cet égard un mouvement juste ! On appelle réservé celui qui se communique peu ; dissipé, celui qui se prodigue ; et on dit qu'il se prostitue lorsqu'il se communique sans choix et sans distinction. Remarquez d'un autre côté comme une parole, un simple trait de bonté, nous font quelquefois une impression extrême ; c'est qu'une simple attention a quelquefois plus d'épanchement d'ame qu'un immense bienfait.

La première et la plus importante des qualités pour nos communications, c'est leur vérité. L'ame sans doute a le droit de se produire plus ou moins, de se donner avec plus ou moins d'abandon, plus ou moins de réserve ; mais lorsqu'elle ne fait que se montrer sans se donner, lorsqu'elle offre les apparences de quelques formes en échange de réalités ; ce manège, qui, suivant ces différens modes, prend le nom de ruse, de finesse, de duplicité, compose le domaine du mensonge. Une chose, suivant moi, fait beaucoup d'honneur à l'esprit humain : c'est qu'indépendamment de nos intérêts, le mensonge présente toujours en soi quelque chose d'odieux. L'empirique qui trompe le peuple, l'histrion qui ne trompe personne, le hableur qui finit par se tromper lui-même : tous ces personnages sont peu considérés. Là mal-adresse même en ce genre n'est que ridicule ; l'habileté est vile.

Une autre chose fait honneur au cœur humain : c'est que le mensonge présente toujours dans son émission quelque chose de violent et de forcé. Une discordance, qu'on peut remarquer dans les gestes et dans le son de la voix, trahit la bouche faussaire. Une révolte intérieure désavoue la parole ; la prononciation se trouble ; la rougeur couvre le visage : ces effets s'aperçoivent surtout dans les enfans et dans les personnes dont l'innocence n'est pas encore altérée.

L'art et l'habitude peuvent, jusqu'à un certain point, masquer ces symptômes : rarement ils parviennent à les effacer entièrement. Des hommes calmes et d'une grande attention n'y seroient pas trompés. Si nous sommes si facilement dupes de nos semblables, c'est que nos passions sont presque toujours d'intelligence avec eux. Nous attribuons souvent aux autres l'art que nous mettons nous-mêmes à nous tromper. Les animaux nous ressemblent sur ce point : c'est dans les grands froids, dans les momens de disette, lorsque la faim les tourmente que nos pièges obtiennent un grand effet. Dès qu'on a connu contre l'oiseau de la nuit la haine des habitans des bois, il est devenu facile de leur dresser des embûches. Il faut s'y prendre d'abord avec beaucoup d'art : leur colère une fois animée, l'art n'est plus nécessaire, une aveugle fureur les précipite dans vos mains.

Pour des hommes qui auroient la force de s'observer intérieurement, le mensonge auroit donc rarement de l'effet; des nuances difficiles à préciser par le langage seroient bien vîte aperçues par le sentiment. Enflez tant que vous voudrez le son de votre voix; exagérez vos gestes et vos expressions; le cœur est peu ému auprès d'une émotion qui n'est pas véritable. Voyez ces unions vulgaires qu'il plaît à quelques hommes de décorer du nom d'amour : de faibles sentimens sont bientôt épuisés; les sources d'un cœur indifférent sont bientôt taries. Quoi qu'on fasse alors pour tromper la personne qu'on veut encore honorer de ce soin, on parviendra difficilement à lui faire illusion; il est un moment ou, même avec le délire des sens, l'ame n'est plus satisfaite; elle se sent abandonnée, le mal-aise survient; et comme on a soupiré pour s'unir, on soupire pour se séparer.

Quelque odieux que paroisse le mensonge, il n'en forme pas moins la base des communications qui se sont établies sur la scène du monde. Dans ce vaste tourbillon, si chaque individu n'apportoit que la portion de mouvement que la nature lui a donnée, il ne pourroit y suffire. L'amour-propre a voulu y suppléer; il a mis l'esprit à la place du cœur; la ruse est venue au secours de l'impuissance; elle a établi dans la société deux espèces de faussetés : la galanterie qui, comme le remarque Montesquieu, n'est pas l'amour, mais le délicat, le léger mensonge de l'amour, et la politesse qu'on peut regarder de même comme le gracieux mensonge de l'amitié. Il n'arrive sûrement à personne de s'y méprendre;

il n'arrive à personne de regarder un compliment comme un éloge; un salut, comme une marque de respect; une question sur la santé, comme un témoignage d'intérêt. On peut se donner ainsi des faussetés en échange d'autres faussetés : ce commerce peut même s'appeler une fiction plutôt qu'un mensonge. Et néanmoins quelque ingénieuses que puissent être toutes ces recherches, on finit par s'en lasser. Le langage d'un homme du monde peut avoir de la grace : on lui préférera souvent l'accent sauvage et vrai d'un homme de la nature.

Nos communications, pour avoir de la valeur, doivent d'abord être sincères; si elles ont en outre de la modestie dans leurs formes, de la bonté dans leur objet, ce second caractère en augmentera le prix. Qu'on nous permette à cet égard quelques réflexions.

C'est une chose assez curieuse que d'observer les mouvemens de deux enfans qu'on place l'un auprès de l'autre pour la première fois : voyez la manière dont ils s'envisagent, le sérieux et l'attention silencieuse avec laquelle ils se recherchent et s'examinent. Une pantomime presque semblable s'établit entre deux hommes inconnus lorsqu'ils s'abordent: leur premier mouvement est de se craindre; le second, de se mettre en garde et de chercher à se défendre. Soit qu'une timidité intérieure dans l'homme s'effraie de toute communication nouvelle, de même que la pudeur s'effraie de tout contact nouveau; soit que notre orgueil se joignant à notre foiblesse, nous mette naturellement en garde contre toute impression nouvelle; toujours est-il vrai que notre premier mouvement est de la repousser. *Un homme défend ses lumières*, dit Montagne, *ou comme vraies ou comme siennes.*

L'esprit, sans doute, doit captiver la raison; mais il faut qu'elle puisse l'aborder. La bonté doit aussi gagner le cœur; mais il faut qu'elle puisse y pénétrer.

L'humilité seule peut calmer la timidité qui est au dedans de nous, et l'orgueil qui est au dehors. L'instinct a été à cet égard une espèce de génie. Il a fait précéder les communications des hommes, des formes douces de la soumission et du respect; des formules de politesse ont été convenues; des signes de vénération et d'obéissance ont été consacrés; les révérences par génuflexion et par prostration se sont introduites parmi tous les peuples : elles sont devenues un préliminaire nécessaire entre les hommes, toutes les fois qu'ils se sont abordés.

Les formes brusques, ainsi que les formes orgueilleuses, empêchent donc nécessairement l'effet de nos communications : elles ont quelque chose qui alarme. Les formes de la haine l'empêcheront plus certainement encore : elles ont quelque chose qui irrite. Les injures et les malédictions sont les premières communications de la haine. Les ames cherchent alors à entrer dans les ames, pour se tourmenter réciproquement. La haine s'assouvit en arrachant la vie, comme l'amour en la donnant.

Cet état de guerre peut offrir quelques momens de volupté; mais il nous entoure de dangers, il nous fait abhorrer de tout ce qui nous entoure; il arme contre nous la vengeance publique ou les vengeances particulières; il nous isole de tout amour et de toute protection. La bonté, l'indulgence, toutes les communications douces, nous ouvrent au contraire tous les accès; elles nous gagnent tous les sentimens.

Reprenons. J'ai voulu considérer les signes de

nos communications, et dans leur nature et dans leur progrès ; dans leur nature, ils doivent être sincères, leurs formes doivent être modestes, leur intention bienfaisante ; dans leur progrès, c'est par l'humilité qu'on aborde les hommes, c'est par l'esprit qu'on les pénètre, c'est par la bonté qu'on les gagne et qu'on les conserve.

----

### QUESTIONS.

L'acquéreur des biens d'un prêtre qui a émigré pour se soustraire à la déportation, qui a été autorisé, par un arrêté de l'administration centrale, à payer directement entre les mains des héritiers, a-t-il été valablement libéré ?

Cet arrêté a-t-il pu être rapporté par le préfet, et obliger l'acquéreur à payer à l'administration du domaine ?

### SOLUTIONS.

La question a été provoquée par un décompte arrêté par M. le directeur des domaines, accueilli par arrêté du préfet du 25 décembre 1809.

Le prêtre avoit refusé le serment exigé par la loi du 26 décembre 1790. Soumis à la réclusion, mandat d'arrêt est décerné contre lui : il s'évade sur la fin de juin 1793, et meurt au mois de septembre suivant, réputé émigré.

Le 24 fructidor an 4, l'un des héritiers se rend adjudicataire des biens et fait des payemens.

La loi du 26 fructidor est promulguée, les héritiers font prononcer la radiation du prêtre, par arrêté du 24 prairial an 5, cet arrêté avoit en même temps autorisé l'acquéreur à retenir et à payer à son cohéritier les deux tiers du restant du prix.

La loi du 22 fructidor an 3 a changé la législation quant aux prêtres réclus ou déportés.

Les articles 1, 2, 3 et 4 lèvent la confiscation prononcée sauf modification, ordonne la remise des biens, ou *leur valeur*, sans délai, soit à l'ecclésiástique, soit aux héritiers.

L'article 5 statue sur le payement du prix, et renvoie à l'article 21 de la loi du 21 prairial an 3. L'article 6 déclare « que les dispositions des ar-» ticles précédens ne sont point applicables aux » ecclésiastiques soumis à la déportation, *lors-» qu'ils seront sortis* du territoire de la répu-» blique ou pays réunis, *sans y avoir été auto-» risés, invités, ou contraints par une loi.* »

Le mandat d'arrêt n'étoit donc ni une *invitation ni une contrainte*, qui pouvoit autoriser le prêtre *à sortir du territoire de la république.* Il étoit donc émigré ; et à son égard c'étoit la loi du 21 prairial an 3 qu'il falloit consulter.

L'article 1.er de la loi du 12 prairial au 4 explique la première partie des dispositions de l'article 6 de la loi du 22 fructidor an 3 ; il statue « que » l'exception (contenue en cet article) n'est point » applicable aux ecclésiastiques qui, en raison de » leurs infirmités, étant sujets à la réclusion, ont » préféré la déportation, *et ont fait la déclara-» tion conformément à l'article 2 de la loi du* » 26 *août* 1792. En conséquence leurs biens ou » leur valeur seront remis aux héritiers présomp-» tifs, comme il est expliqué aux articles 3, 4 et 5 » de la loi du 22 fructidor.

Le prêtre n'ayant point fait de déclaration, les héritiers ne pouvoient invoquer cette loi : celle du 21 prairial an 3 leur étoit seule applicable. « L'ar-» ticle 10 autorise les parens, qui prétendront que

» les noms de leurs parens ont été mal-à-propos
» inscrits, *à se pourvoir en radiation.* » Ici les
parens l'ont demandé et obtenu avec justice.

Quant au mode de restitution, c'étoit l'article 21
que l'administration centrale devoit consulter et
appliquer. « Les ventes de meubles et immeubles
» des condamnés, faites antérieurement à la pro-
» mulgation du décret de surséance du 30 ven-
» tose, sont confirmées ; le prix seul, *qui a été ou*
» *qui sera payé au trésor public*, sera restitué
» au conjoint survivant ou aux héritiers. »

La loi est précise ; elle est impérative. Loin de
décider que les héritiers seront autorisés à recevoir
des mains de l'acquéreur, elle veut au contraire,
comme le fait ensuite la loi du 22 fructidor, art. 5,
que l'héritier ait seulement le droit de demander
la restitution et le remboursement de ce qui a été
*ou devra être exigé ou permis au nom de la ré-*
*publique.*

Ainsi, soit qu'on se décide par l'une ou par
l'autre de ces lois, l'acquéreur, quoique réunis-
sant la qualité de cohéritier, devoit solder entre les
mains du receveur, sauf ensuite à venir, concur-
remment avec les autres héritiers, demander et obtenir la restitution.

L'administration centrale ne pouvoit modifier
les dispositions de la loi, ni autoriser les héritiers
à recevoir directement de l'acquéreur ; le directeur
des domaines a donc pu ne pas se conformer à la
décision de l'administration centrale, présenter un
décompte, et M. le préfet en ordonner le payement : il s'est conformé en cela à la décision du
ministre des finances, du 26 prairial an 12, qui
porte « que les prêtres déportés, lorsqu'ils étoient
« inscrits sur la liste des émigrés, sont soumis à

» toutes les dispositions de la loi concernant les » émigrés », à l'arrêté du 29 messidor an 8, et au sénatus-consulte du 6 floréal an 10, qui prohibent toute restitution de fruits et de prix des ventes perçus antérieurement à l'amnistie accordée.

---

## Point de fait.

Dame Marie-Madeleine-Modeste Guillebert, épouse civilement séparée du sieur Adrien-Louis, Sombret, et cohéritière, sous la coutume de Châteauneuf, en Thimerais, d'Adrien-Robert Guillebert de Thiouville son père, lequel étoit cohéritier de Louis Aubert d'Armanville, décédé sans postérité le 10 juin 1771, et en son vivant appelé à recueillir, quant aux propres paternels, la succession de Louis Dussart, second du nom, a soumis à l'examen et à la décision du conseil de jurisprudence les questions suivantes :

### PREMIÈRE QUESTION.

La dame Sombret, qui a formé sa tierce opposition contre les jugemens et arrêts des 25 juillet et 14 mai 1779, est-elle bien ou mal fondée dans cette tierce opposition, en tant qu'elle auroit pour objet, non de réclamer la terre de la Puisaye, mais seulement les 320 arpens de bois acquis par le susdit Louis Dussart, premier du nom, suivant deux actes, l'un sous seing-privé de 1701, et l'autre notarié du 11 décembre 1702?

Est-elle encore recevable à former cette même tierce-opposition?

### SOLUTION.

Sur la première question, l'affirmative ne peut

souffrir de difficulté sérieuse pour peu qu'on veuille remonter aux vrais principes sur la matière.

C'est une maxime reconnue par tous nos auteurs normands que le mari est seigneur et maître de tous les meubles appartenant à sa femme, ou qui lui ont été par elle apportés lors des épousailles, s'il n'a été fait aucune réserve à son profit personnel dans le traité de mariage. On peut consulter à cet égard Terrien au chap. 7, titre 7; Flaust au titre des conventions matrimoniales, page 314 du volume premier qui remarque expressément : «Qu'il
» est resté dans notre jurisprudence que tous les
» meubles et tous les effets mobiliers de la future
» appartiennent au mari de plein droit quand ils
» n'ont pas été réservés ou mis en dot».

Une foule d'arrêts ont confirmé ces principes, comme on peut s'en convaincre par celui du 14 août 1629, rapporté par Bérault sous l'art. 405 de la coutume, où nous lisons, pages 114 et 115 :

« A une veuve ayant six enfans, élue leur tu-
» trice, les meubles, pour la part des mineurs, ap-
» préciés par les parens à 600 liv., lui sont dé-
» laissés pour le prix.

» Il advient que se remariant avec Desvaux,
» elle lui porte tous ses meubles sans exprimer,
» dans son contrat de mariage, qu'elle les lui
» donne, mais seulement dit qu'elle emportera
» ses bagues et joyaux, si le mari décède le pre-
» mier sans enfans de ce second mariage; elle,
» étant décédée la première, le tuteur des enfans
» du premier mariage demande audit Desvaux,
» second mari, les six parts des meubles de leur
» mère qu'elle a eus de son premier mari, la sep-
» tième lui demeurant, suivant la coutume,
» d'après l'art. 405, qui se doit entendre tant de

» meubles que d'immeubles, et que la femme
» n'avoit donné à lui second mari rien de meuble
» ni d'immeuble ».

Le second mari disoit : « Que c'est une maxime
» commune que qui épouse la femme, épouse les
» dettes, en considération qu'elle lui porte tous
» ses meubles, que lui ayant été tous portés par
» elle, sans rien réserver, tout lui appartient.
» Autre chose séroit si elle lui en avoit fait don
» exprès, auquel cas seulement il le faudroit ré-
» duire au septième (la part de l'enfant) tant du
» meuble que de l'immeuble; qu'il faisoit néan-
» moins offre de s'y contenter par estimation de
» l'un et de l'autre.

» La cour, par ledit arrêt, a adjugé tous les
» meubles audit Desvaux, second mari, si le tu-
» teur desdits enfans ne veut accepter son offre ».

Houard, auteur du Dictionnaire du droit nor-
mand, cite, à l'appui de cet arrêt, une jurisprudence plus rapprochée de nous.

Au paragraphe 7 de la 3e section, *verbo* Don-
mobil, page 629, après avoir rappelé les dispositions du réglement du 26 mars 1738, par lequel la
Cour décida « que le mari ou ses héritiers ne
» pourroient prétendre don mobil sur les immeu-
» bles de la femme, à moins qu'il n'en ait été fait
» donation expresse par le contrat de mariage,
» ajoute :

» Ce réglement ne parlant que des immeubles,
» fait clairement entendre que ses dispositions ne
» doivent pas être suivies à l'égard des meubles;
» et en effet, poursuit-il, quand un père donne à
» sa fille et à son gendre une somme mobiliaire,
» par leur contrat de mariage, sans stipuler si
» elle tiendra nature de dot ou de don mobil, elle

» appartient en intégrité au mari. Arrêt du 26
» août 1751.

» Depuis le réglement du 16 mars 1738, ajoute
» le même auteur, étant certain que lorsque le
» don mobil n'est point expressément accordé, le
» mari n'en peut prétendre, il faut en revenir aux
» règles qui permettent aux pères de marier leurs
» filles sans leur rien donner, et aux filles majeures
» de ne se rien réserver sur les meubles pour leur
» dot; car dès que cette réserve n'est faite ni par
» le père, ni par la fille jouissant de ses droits, ils
» sont de droit présumés n'avoir pas eu intention
» de la faire ».

Enfin, dans le même ouvrage, on trouve un
autre arrêt sous la date du 1er mars 1728, dans
l'espèce suivante :

Marthe Poullain, veuve de René Montpinçon,
écuyer, sieur Defontenay, et tutrice de quatre enfans issus de leur mariage, en contracta un second
avec Antoine Leverrier. Le traité de leurs conventions matrimoniales ne renfermoit aucune donation de meubles; il n'y fut pas même employé
que la femme apportoit les meubles à son second
mari; au contraire, elle n'en fit faire inventaire que
quelques jours après la signature du contrat de
mariage. Le sieur Leverrier l'épousa avec ses droits,
parce qu'elle lui mettroit aux mains les contrats
d'iceux la veille de ses épousailles.

Le sieur Leverrier mourut en 1699, et laissa
pour héritière une fille que Jean-François de Gau-
tier, écuyer, sieur de Montreuil, épousa dans la
suite.

La dame Poullain fit adjourner, devant le baillif
de Falaise, le 9 avril 1704, le sieur de Montreuil
et le baron de Longey, héritier de Jean-François

Leverrier, qui avoit été tuteur des enfans de son premier lit, pour avoir répétition des meubles contenus dans son inventaire et des arrérages de sa dot et de son douaire échus au jour de son mariage avec ledit sieur Leverrier son second mari.

Le sieur de Longey ayant évoqué l'instance aux requêtes du palais, il fut rendu sentence le 13 juin 1716, par laquelle la dame Poullain fut déboutée de son action avec dépens; sentence qui fut pleinement confirmée par l'arrêt susdit du 1er mars 1728.

« La donation, disoit le défenseur du sieur de » Montreuil, pour soutenir le bien jugé de la sen » tence des requêtes du palais, la donation est né » cessaire pour les immeubles de la femme, mais » non pour les meubles.

» Ce n'est point à droit de don mobil que le » mari peut les prétendre; ils lui sont dus de droit » commun par la loi *et jure mariti*, si la femme » ne se les a réservés à son profit.

» L'art. 390 de la coutume oblige le mari à rem » placer la moitié des meubles qui écherra à la » femme, constant le mariage, mais aucun ne pres » crit le remploi de ceux qu'elle a quand elle se » marie: cela prouve qu'ils appartiennent au mari ».

Voilà donc les vrais principes sur la matière; jus tement appliqués à la cause, ils doivent servir à établir l'affirmative sur la première question pro posée.

Pour y réussir nous considérerons la nature et l'objet des prétentions de la dame Sombret, con sultante, en remontant aux principes mêmes de son action.

Il paroît que Louis Dussart, premier du nom, né et domicilié en Normandie, se maria deux fois;

qu'il épousa en décembre 1696, Angélique de Normanville, et en mai 1702, Antoinette Bigot de Sommesnil ; que , du premier mariage , sortirent deux enfans, savoir : Barthélemi, qui mourut en 1745, et Louis, second du nom, qui est décédé en 1770 ; que , du second mariage , il n'y eut qu'un enfant, nommé Léopold, qui est décédé, sans établissement et sans postérité , en 1748 ; qu'enfin Angélique de Normanville , première femme de Louis Dussart, premier du nom, mourut le 14 avril 1701, et que ce dernier décéda en 1728, après lui avoir survécu vingt-sept années.

Dans l'opulence, Angélique de Normanville, dit le rédacteur du mémoire imprimé que nous analysons, voulut avantager son futur. En conséquence, par son traité de mariage du 1.ᵉʳ décembre 1696, passé devant le notaire de Caudebec en Normandie , « elle lui a présentement fait don, par
» don mobil, pour lui et les siens, de tout et au-
» tant que les coutumes où sont et seront situés
» ses immeubles présens et à venir, permettent
» de donner, enfans ou non enfans, pour par lui
» en disposer comme de biens propres.

» Et au cas que ledit futur aille de vie à décès, (disposition bien essentielle à saisir dans l'espèce)
» elle aura et remportera , par privilége, ses
» bagues et joyaux, chambre garnie, ses linges et
» habits à son usage, son carosse et ses chevaux,
» ou la somme de 10,000 liv. à son choix, »

Cette réserve des bagues et joyaux est la seule stipulée au traité de mariage , quoiqu'elle possédât différens objets mobiliers ; car on dit qu'elle étoit créancière, conjointement avec Jourdaine de Normanville sa sœur, sur un sieur Desguets de Bauche ;

1.º D'une rente au cours annuel de 250 liv. arréragée de 75 à 80 années ;

2.º D'une somme principale de 323 liv. 10 s.;

3.º Enfin d'une autre somme de 400 liv.

Ces créances ne furent, à ce qu'il paroît, liqui-
dées et acquittées en partie qu'après le décès d'Angélique de Normanville, ainsi que l'établissent deux
actes, l'un, sous seing privé, du 9 novembre 1701,
l'autre, devant notaire, portant date du 11 décembre 1702.

Par le premier de ces actes, celui sous seing, il
est dit : « le sieur Desguets de Bauche abandonne,
» sur et tant moins de ce qu'il doit d'arrérages à
» la dame de Rohan, la superficie de tous les
» bois qu'il possède à la Puisaye, ladite superficie
» évaluée la somme de 9000 liv.; et à Louis Dus-
» sart, seigneur de Thiouville et de la Puisaye,
» tuteur de ses enfans, avec Angélique de Nor-
» manville, *le fonds* de tous lesdits bois, au
» nombre de 320 arpens, évalués 12,000 liv.; ce
» qui est accepté tant par la dame de Rohan que
» par ledit seigneur Dussart, *pour eux et leurs*
» *hoirs ;* le tout à déduire sur et tant moins de
» ce qu'il leur doit d'arrérages, reconnoissant,
» ledit sieur Desguets de Bauche, qu'il reçoit pré-
» sentement comptant 5000 liv. payées par égale
» portion, par les acquéreurs, pour vin de la pré-
» sente cession. »

Il est à présumer que quelques observations relatives à la valeur réelle des objets vendus par le premier contrat, donnèrent lieu à de nouvelles conditions lorsque le marché fut passé devant notaire, le
11 décembre 1702.

En effet, il est dit par ce deuxième contrat passé
en Normandie, devant le notaire de Caudebec :

« Le seigneur de Bauche a , par ces présentes ,
» vendu , quitté , cédé et délaissé à noble dame
» Jourdaine de Normanville, veuve du seigneur de
» Rohan , fille et cohéritière en la succession du
» seigneur Isaac de Normanville, la superficie ,
» tonture et dépouille de tous les bois possédés
» par ledit seigneur de Bauche, dans la paroisse de
» la Puisaye, évaluées à la somme de 10,500 liv.

» Et à Messire Louis Dussart , chevalier, sei-
» gneur de Thiouville, haut-justicier de la Puy-
» saye, tant en son nom que comme tuteur na-
» turel de ses enfans sortis de son mariage avec
» feue dame Angélique de Normanville, aussi fille
» et cohéritière en la succession dudit seigneur
» Isaac de Normanville, le fonds de tous les bois
» possédés par ledit seigneur de Bauche, et géné-
» ralement tout ce qui peut lui appartenir dans
» ladite paroisse de la Puisaye; ce que ladite dame
» de Rohan et ledit seigneur Dussart ont acceptés
» *pour eux et leurs hoirs.....* Ledit fonds estimé
» pareille somme de 10,500 liv. franchement ve-
» nant , ainsi que ladite somme de 10,500 liv.
» pour ladite superficie , à l'acquit et décharge
» dudit seigneur de Bauche; le tout à déduire sur
» et tant moins de ce qui est dû d'arrérages à la-
» dite dame de Rohan et audit seigneur Dussart,
» aux qualités susdites ; et , au moyen desdites
» ventes, ladite dame de Rohan et ledit seigneur
» Dussart renoncent à jamais inquiéter ledit sei-
» gneur de Bauche pour son fait et regard, se
» réservant seulement, ladite dame et ledit sei-
» gneur Dussart, à poursuivre les autres cohéri-
» tiers dudit seigneur de Bauche ; comme ils avi-
» seront bien être pour ce qui reste dû de leurs
» créances.

» Et pour le vin de la présente vente, ledit
» seigneur de Bauche a reconnu avoir reçu comp-
» tant la somme de 3000 liv. payée par égale por-
» tion par la dame de Rohan et ledit seigneur
» Dussart. »

Comme on le voit, la vente et cession du fonds
et de la superficie des susdits bois, est également
portée dans les deux actes à 24,000 livres; la
seule différence qui existe est celle qui porte dans
l'un la superficie à 9000 liv. au lieu de 10,400 liv.,
et le fonds à 12,000 liv. au lieu de 10,500 liv.

Une autre différence encore qu'on y peut remarquer, c'est que, dans le premier, Louis Dussart
y est qualifié tuteur de ses enfans, et que, dans le
second, on l'y fait stipuler tant en son nom que
comme leur tuteur naturel.

Quoiqu'il en soit, et ainsi qu'il apparoît par une
foule d'actes relatés au mémoire imprimé, Louis
Dussart se regardoit, aux termes de la donation
stipulée en son contrat de mariage avec Angélique
de Normanville, comme propriétaire dela terre de
la Puisaye; et, quoique remarié, il vécut en parfaite intelligence avec les enfans du premier lit, et
leurs droits sont restés confondus par l'effet de l'in-
divis.

A la mort de Louis Dussart, premier du nom,
arrivée, comme nous l'avons déjà remarqué, en
1728; il n'y eut aucun partage entre les enfans du
premier et du second mariage.

Le décès même de Barthélemi, l'aîné des trois
enfans, ne changea rien à la situation des survivans,
qui continuèrent à vivre ensemble et à jouir en
commun de leur fortune.

Léopold, seul enfant du second mariage, étant
mort en 1748, Louis Dussart, deuxième du nom,

confondit dans sa main et les droits qui lui appartenoient du chef d'Angélique de Normanville sa mère, et ceux qui lui appartenoient du chef de Louis Dussart son père.

Louis, second du nom, décéda sans postérité le 30 mai 1770.

Dans cet état de confusion, le partage de succession à faire entre collatéraux obligeoit à distinguer les biens dévolus à la ligne paternelle et à la ligne maternelle.

Les héritiers paternels, au droit desquels se présente aujourd'hui la consultante, ont originairement et mal à propos confondu, dans leur réclamation, et les 320 arpens de bois, acquis par Louis Dussart, premier du nom, en 1701 et 1702, et la terre de la Puisaye elle-même, dont il se regardoit comme propriétaire, d'après la donation insérée au traité de mariage du 1.er décembre 1696, mais qui malheureusement est devenue nulle, faute d'insinuation.

Par sentence du 25 juillet 1776, le bailliage de Rouen adjugea la totalité de la terre de la Puisaye aux héritiers maternels avec les trois quarts des bois, l'autre quart fut déclaré appartenant aux paternels.

Sur l'appel respectivement interjeté, la sentence a été pleinement confirmée, quant à la terre de la Puisaye, et infirmée, quant au quart des bois, pour les adjuger en entier aux susdits héritiers maternels.

C'est contre cet arrêt que la consultante, comme héritière sous la coutume de Châteauneuf, jusqu'ici non appelée et non représentée, se pourvoit par tierce-opposition, mais pour faire rapporter ledit arrêt au chef seulement où il adjuge aux héritiers maternels les 320 arpens de bois acquis par Louis Dussart, premier du nom, et naturellement dévolus aux héritiers de la ligne paternelle.

En restreignant ainsi sa demande et ses prétentions, elle ne peut douter de leur succès au fond.

Pour s'en convaincre, il ne faut que se reporter aux contrats de 1701 et 1702, par lesquels Louis Dussart, premier du nom, a nommément acquis, *et pour lui et ses hoirs*, le fonds de 320 arpens de bois, appartenant à Desguets de Bauche, dont il a payé le prix par une somme de 1500 liv. fournie de ses propres deniers, et par celle de 10,500 l. dont il a tenu quitte ledit de Bauche qui les lui devoit.

En effet, de quoi se composoit cette dernière somme ? Evidemment des intérêts d'une rente due à sa femme, et arréragée depuis 75 à 80 ans.

Or, ces arrérages dus avant, durant et depuis la dissolution du mariage, par le décès de la femme, étoient amobilisés et appartenoient au mari, à divers titres.

Pour la partie échue antérieurement au mariage, ils lui appartenoient comme meubles non réservés au profit de la femme qui n'avoit, au traité de mariage, stipulé de remport que celui de ses linges et habits, de ses bagues et joyaux, au cas du prédécès du mari, lequel n'avoit point eu lieu.

Louis Dussart se trouvoit donc précisément au cas de l'arrêt du 16 août 1629, rendu au profit de Desvaux, et rapporté par Bérault, lequel arrêt a jugé que le défaut de réserve, dans le contrat, des meubles de la femme, les acquiert *de plein droit au mari*. Il étoit encore dans le vœu de l'arrêt du 26 mars 1751, qui déclare qu'au cas d'une dona-

tion par contrat de mariage, d'une somme mobiliaire, sans y stipuler si elle tiendra nature de dot
ou de don mobil, elle appartient en intégrité au
mari ; enfin, il étoit dans l'espèce même de l'arrêt
du 1.<sup>er</sup> mars 1728, qui a jugé que les meubles non
réservés par la femme, *quoiqu'elle en eût fait
inventaire après la signature du contrat*, et
quoiqu'il n'y eût eu aucune donation au profit du
mari, n'en sont pas moins acquis à ce dernier, par
la seule force de la loi, par l'autorité même du
droit commun, *jure mariti*.

Décisions d'autant plus applicables à l'espèce,
que Louis Dussart étoit, lors du décès d'Angélique
de Normanville, domicilié dans le ressort de la
coutume de Châteauneuf, en Thimerais, où, suivant l'article 66 de cette même coutume,

« Entre nobles, tous les meubles appartiennent
» au survivant. »

Ce qui s'entend, dit le commentateur, au coutumier général, soit qu'il y ait enfans ou non.

Parce que, comme l'annonce l'article 135 de la
même coutume,

« Si le père ou la mère prend la garde des en-
» fans mineurs d'ans, orphelins de père ou de mère,
» s'ils sont nobles, les meubles appartiennent au
» survivant de son chef, et les fruits des héritages
» sont audit père ou mère gardien seulement. »

Par la seule force du traité de mariage (passé en
Normandie où les époux sont nés et étoient domiciliés alors), qui ne contenoit aucune réserve du
mobilier appartenant à la femme à l'époque de
l'union desdits époux ; par l'autorité du droit commun qui attribue au mari la propriété de ce même
mobilier ; enfin, par la disposition même de la loi
du domicile qu'habitoient les mêmes époux lors du

décès d'Angélique de Normanville, il est incontestable que les arrérages de la rente échue, soit antérieurement, soit durant, soit après le mariage, appartenoient à Louis Dussart, premier du nom ; que conséquemment, en donnant quittance et décharge des 10,500 liv. que lui devoit le sieur de Bauche, son vendeur, pour raison de ces arrérages, et en payant à ce dernier en outre une somme de 1500 liv., de ses propres deniers, pour vin du marché, il a véritablement acquis, pour lui-même, de son propre argent, le fonds des 320 arpens de bois vendus par les contrats de 1701 et 1702 ; que conséquemment ces bois sont devenus, dans la succession de son fils, second du nom, un propre paternel naissant, qui, à aucun titre, ne pouvoit être légalement adjugé aux héritiers de la ligne maternelle.

Vainement les adversaires de la consultante exciperoient des qualités énoncées aux actes de 1701 et 1702, où Louis Dussart, dans le premier, a stipulé comme tuteur de ses enfans, et, dans le second, tant en son nom personnel que comme leur tuteur naturel.

Dès que les actes portoient quittance au profit du vendeur, il falloit bien que ce dernier fût à l'abri de toutes inquiétudes qu'auroit pu inspirer la minorité des enfans de celle à qui la rente étoit originairement due, et il étoit dans l'ordre et la justice que l'acquéreur traitât ou simplement comme tuteur de ses enfans, ou tant en son nom que comme leur tuteur naturel. En effet, le vendeur, qui se libéroit d'arrérages dus avant, durant et depuis le mariage, pouvoit ignorer les droits réels du mari à ces mêmes arrérages, et vouloit, sans doute, établir sa sûreté quant au payement d'iceux.

Au reste, dès que le droit des enfans ne pouvoit rien changer à celui de l'acquéreur, qui seul étoit propriétaire desdits arrérages et maître d'en faire l'emploi à son profit comme bon lui sembloit, l'énonciation des qualités sous lesquelles traitoit cet acquéreur, n'étoient évidemment d'aucune influence pour déterminer la nature du contrat en lui-même; ce n'en étoit pas moins une acquisition de Louis Dussart, premier du nom, puisqu'il en payoit le prix intégral, et par les 1500 liv. qu'il donnoit en pot de vin, et par la remise de 10,500 l. qui lui étoient dus.

A ces vérités, qui sortent des stipulations mêmes des contrats de vente, on ne sauroit rien opposer de raisonnable, et quelles que soient les subtilités dont on s'appuie pour résister à leur ascendant, elles s'évanouiront toujours au flambeau d'une discussion judicieuse.

Il en faut donc conclure définitivement que la sentence et l'arrêt qui ont privé les auteurs de la consultante de ces 320 arpents de bois, acquis des propres deniers de Louis Dussart, premier du nom, ont réellement blessé tous les droits de la justice, et que leur dispositif, en ce chef, doit être rapporté, sur la demande que forme la dame Sombret par la voie de la tierce-opposition, si elle est encore dans le temps de droit pour la prendre; et c'est ici la seconde question qui nous reste à examiner.

## SECONDE QUESTION.

La tierce-opposition est-elle encore recevable ?

### SOLUTION.

Pour donner la solution de cette seconde question, il faut considérer l'objet de la demande que la consultante introduit par cette voie, pour faire rapporter à son égard les sentences et arrêt de 1776 et 1779, lors desquels elle n'a jamais été appelée, et qui ne lui ont jamais été signifiés.

Il est évident qu'elle agit ici par pétition d'hérédité, pour se faire restituer de son chef, suivant la coutume de Châteauneuf, comme héritière au paternel dans la succession de Louis Dussart, deuxième du nom, les 320 arpens de bois qui, dans cette même succession, étoient un propre paternel naissant, et que l'arrêt de 1779 a, mal à propos et au mépris des droits établis par la coutume de Normandie, sous l'empire de laquelle Louis Dussart, premier du nom, et Angélique de Normanville étoient mariés, adjugé à la ligne maternelle.

Or, cette action, mixte de sa nature, ne pouvoit d'après le droit commun de la France, se prescrire que par une possession constante et paisible de trente années révolues, comme l'atteste la jurisprudence rapportée par Ferrière et Dénisard, *verbo* Pétition d'hérédité. On peut aussi, sur la question, consulter Pothier, au traité du Domaine de propriété, page 577, et la coutume de Paris, article 118.

Ainsi toute la question se réduit ici au point de savoir si les héritiers maternels peuvent se prévaloir de cette prescription par une possession paisible et légitime durant trente années consécutives.

L'arrêt de la Cour, qui adjuge aux héritiers de

la ligne maternelle. les propres dévolus à la ligne paternelle, est du 14 mai 1779; celui du Grand-Conseil, qui rejette le pourvoi des héritiers paternels, remonte au 10 mai 1780; ainsi, indépendamment des nouvelles tentatives formées par ces derniers au Conseil des dépêches, dont on ne nous produit point la décision définitive, les héritiers maternels n'ont pu se dire en possession paisible des biens de Louis Dussart, affectés à la ligne paternelle, qu'à partir du 10 mai 1780.

Or, depuis cette époque à celle du 14 octobre 1809, date de l'assignation pour procéder sur la tierce-opposition de la consultante, on ne compte que vingt-neuf années et cinq mois révolus.

A joindre que, née en Normandie le 9 janvier 1760 dans une province où l'on n'atteignoit sa majorité qu'après vingt années accomplies, c'est-à-dire, la vingt-unième année de son âge, la dame consultante n'est devenue majeure que le 9 janvier 1781.

Dans cet état de choses, comme il est de principe reconnu que la minorité suspend toute prescription trentenaire, il est évident que celle des héritiers maternels n'auroit pu commencer qu'à partir du 9 janvier 1781, et, comme de cette dernière époque au 14 octobre 1809, on ne peut compter que vingt-huit ans neuf mois et cinq jours, leur possession seroit incomplette pour acquérir.

Pour établir cette doctrine, il ne faut que consulter les auteurs qui ont écrit sur la matière, et notamment le nouveau Répertoire de Jurisprudence, rédigé sous les yeux de M. Merlin, aux mots *pétition d'hérédité* et *prescription*, où tous les principes de décision en faveur de la dame consultante, sont très-longuement et très-savamment développés. Le rapport de ces autorités imposantes ne seroit ici d'aucune utilité. Il faut les voir dans leur ensemble pour en recueillir tout le fruit, et nous nous contentons d'y renvoyer pour ne pas, à pure perte, multiplier les citations.

En résumant, le Conseil pense donc que la dame consultante est réellement bien fondée à réclamer, comme propre parternel, dans la succession de Louis Dussart, deuxième du nom, les 320 arpens de bois que la sentence de 1776, et notamment l'arrêt de 1779, ont mal à propos adjugés à la ligne maternelle, et qu'elle est encore dans le temps de droit pour réclamer, par la voie de la tierce-opposition, contre des jugemens où elle devoit être personnellement appelée à discuter ses moyens, parce que, par la coutume de Châteauneuf, sous l'empire de laquelle sont situés les susdits 320 arpens de bois, elle étoit héritière avec son frère; elle a été au même instant, saisie des droits appartenant à son père; qu'enfin les héritiers, sous cette coutume, ne sont pas héritiers solidaires et susceptibles d'être représentés par un seul valablement assigné pour les autres.

La consultante doit donc attendre un plein succès de sa tierce-opposition à la Cour.

---

### Point de fait.

Un mariage est célébré en pays de droit écrit, vers le commencement de 1776. Les époux ne font point de contrat; ils s'unissent sans constitution dotale.

Sur la fin de l'année 1788, le mari dont tous les biens étoient insuffisans pour l'acquittement de ses dettes, donne quittance à ses nombreux créanciers, et déclare qu'il a reçu, tant en argent qu'en effets mobiliers, une valeur de 2000 fr. pour dot verbalement constituée au profit de sa femme.

Le régime hypothécaire de l'an 7 est proclamé. Ni les créanciers ni la femme ne font inscrire dans les délais successivement accordés par la loi.

Cependant, l'un des créanciers du mari s'inscrit en vertu d'une hypothèque judiciaire. La femme prend ensuite inscription, en vertu de l'acte souscrit en 1788. Enfin, un autre créancier du mari s'inscrit pour l'hypothèque résultant d'un titre obligatoire antérieur au mariage.

L'expropriation du mari se consomme. Le prix intégral de ses immeubles n'a pas suffi pour acquitter le quart des créances inscrites. Une discussion s'élève entre les créanciers, relativement à la préférence qu'ils prétendent avoir respectivement l'un sur l'autre. Par le procès-verbal d'ordre, le premier créancier est colloqué au premier ordre. A l'audience, les premiers juges accordent la préférence à la femme. En cet état de choses, l'appel reste indécis.

### QUESTIONS.

1.re La déclaration faite par le mari, onze ans après la célébration du mariage, suffit-elle pour justifier l'existence d'une constitution dotale qu'il prétend avoir été stipulée en faveur de sa femme ?

2.e Cette déclaration, quoique obligatoire à l'égard du mari, peut-elle être opposée aux créanciers en fraude desquels elle a été faite ?

3.e L'inscription prise par la femme, hors des délais de faveur accordés aux créanciers pour conserver la date de leurs titres, produit-elle l'effet virtuel de lui assurer le droit de primer les créanciers qui ont pris inscription avant elle?

### SOLUTIONS.

Sur la première question, le Conseil de jurisprudence a considéré qu'en pays de droit écrit, la dot étoit donnée au mari pour soutenir les charges du mariage. La dot pouvoit embrasser la généralité des biens de la femme, ou seulement une partie. Les priviléges varioient en raison des deux cas.

Au premier cas, le mari étoit maître de la dot. La femme conservoit seulement l'administration de ses paraphernaux. *L.* 9, §. 3; *ff. de jure dot. L.* 8, *C. de fact. conv.*

Les lois romaines obligeoient le père à doter sa fille. Ce principe élémentaire de la législation de Rome, abrogé par le Code Napoléon, est consacré dans la loi 7, *C. de dote promissá.* De là l'action accordée à la fille contre son père, pour le contraindre à la délivrance de la dot. *Qui liberos habent in potestate, vel qui dotem dare non volunt, ex constitutione D. Servi et Antonini, coguntur in matrimonium collocare et dotare.* L. 19, ff. de ritu nupt. et n. 115, §. 11.

Ces dispositions législatives expliquent assez les raisons qui déterminèrent la faveur privilégiée attachée à la dot de la femme, et les précautions prises pour assurer l'exercice du droit de retour.

Les seuls biens que la femme possédoit ou acquéroit au jour de la célébration de son mariage, faisoient partie de sa dot; à moins que, par une stipulation expresse, il n'eût été déclaré que les biens qui lui échoiroient par la suite seroient dotaux. *L.* 7, *de auro et argento legato.*

Parcourons maintenant les conséquences de ces principes.

La dot doit être expressément constituée. Donnée par le père, elle doit être déterminée par un acte ou par le juge, proportionnellement aux facultés du père. Elle ne peut donc être constituée verbalement. La preuve vocale est inadmissible pour en constater l'existence.

D'où il suit qu'en l'absence d'un acte constitutif de la dot, la déclaration du mari faite plusieurs années après le mariage, et postérieurement à la mort du père, pour justifier que la dot lui avoit été verbalement promise, ne peut, ainsi que la quittance qu'il en a délivrée, être opposée aux créanciers antérieurs qui avoient des droits acquis sur les biens.

En un mot, on ne peut imprimer à cette donation simulée les priviléges affectés par les lois romaines à la dot de la femme; priviléges dont l'effet étoit d'accorder à la femme le droit de primer les créanciers même antérieurs à la célébration du mariage, et qui tous sont formellement consacrés par les lois. 1 *ff. Sol. mat,* 2 et 70 *ff. de jure dotium,* 85. *ff. de reg. jur. ult. Cod. ad senatus-consultum vell.* 18, §. 1. *De reb. auct. jud. poss. et ult. Cod. qui potiores.*

Mais les parlemens des pays de droit écrit ont tous condamné cette doctrine; ils n'accordoient de privilége à la femme qu'à la date de la célébration du mariage.

Ainsi, la déclaration faite en 1788 ne peut être la cause d'un privilége dotal. Tout concourt à prouver qu'elle est l'ouvrage de la fraude, et qu'en portant avec elle tous les élémens de la simulation la plus caractérisée, elle est nulle vis-à-vis des créanciers.

Sur la seconde question, le Conseil a fixé le point de départ de son examen d'après le principe constant que, quelle que soit la faveur attachée par la loi à l'exécution rigoureuse des contrats, l'attention des magistrats doit sur-tout se diriger sur les circonstances qui leur ont donné naissance, pour connoître si la bonne foi a présidé à leur confection, ou s'ils sont le résultat de la fraude et de la simulation. Dès que la preuve de la simulation est acquise, le contrat qui en est infició doit être annùlé. Les contrats de cette nature sont comme s'ils n'existoient pas aux yeux de la loi. *Colorem habent, et non substantiam ; contractus fingitur. Quæ simulatè geruntur, pro infectis habentur.* L. cum eâ 21, Cod. de transact.

En thèse générale, la fraude se présume difficilement. Entre parens, la présomption en est facile: *Inter propinquos fraus facilè præsumitur.* Or, dans l'espèce, le mari, pour assurer la conservation du gage qu'il a donné à ses créanciers, se reconnoît volontairement débiteur. La femme a un intérêt personnel à cet acte.

Tous les actes d'un débiteur faits en fraude des créanciers et pour leur soustraire le gage commun qui constitue leur sûreté, sont nuls. Les créanciers sont autorisés, par la loi, à les discuter et à en provoquer la nullité. Les lois romaines pullulent de décisions formelles qui autorisent leur action et leurs recherches à cet égard; il suffit seulement, pour en être convaincu, de parcourir les lois 1, §. 2, *ff. quæ in fraud. cred.* L. 2, *eod.* §. 6, *infl. de actio.* L. 6, §. 1, *ff. quæ in fraud. cred.* L. 7, 3, *d.* 25, §. 1, *ff. cod. til.*

De tous ces textes, il résulte que l'obligation du débiteur est nulle lorsqu'il s'oblige, au préjudice de ses créanciers légitimes, pour le payement de dettes fictives; et même que la considération due à la faveur de la dot de la femme est sans objet toutes les fois que le mari a connu la fraude.

L'action en rescision compète donc aux créanciers dans tous les cas de fraude. Ceux qui ont profité du dol doivent être condamnés à restituer; et toutes choses sont remises au même état où elles étoient avant la conclusion de l'acte, qui a été le résultat du dol ou de la fraude. *Per have actionem*, dit la loi 10, §. 19, *ff. quæ in fraud. cred.*, *res restitui debet cum suâ scilicet causâ, et fructus non tantùm qui percepti sunt, verùm etiam hi qui percipi potuerunt à fraudatori veniunt.*

Tous ces principes trouvent naturellement leur application dans l'espèce. Les premiers juges les ont mal-à-propos rejetés; ils sont d'une vérité trop élémentaire pour échapper à l'attention des magistrats supérieurs.

Sur la troisième question, il faut rappeler le principe consacré par l'art. 2093 du Code Napoléon. « Tous les biens du débiteur, dit cet article, » sont le gage commun de ses créanciers, et le » prix s'en distribue entre eux, à moins qu'il » n'existe des causes légitimes de préférence ».

Les priviléges sur les immeubles sont réglés par l'art. 2105; il est muet sur le privilége accordé à la femme. Mais l'art. 1572 le rappèle en ces termes: « La femme et ses héritiers n'ont point de privi- » léges pour la répétition de la dot sur les créan- » ciers antérieurs à elle en hypothèque ».

Ainsi il est constant qu'elle ne peut primer les créanciers qui ont eu un titre antérieur au sien.

L'art. 57 de la loi du 11 brumaire an 7 et plu-

sieurs dispositions postérieures accordoient des délais aux créanciers dont les titres avoient une origine
antérieure à sa promulgation pour conserver, par
leur inscription, le rang que leur titre leur assuroit. Mais des trois créanciers inscrits, aucun,
dans l'espèce, n'ayant usé du bénéfice des délais à
eux accordés, c'est l'art. 2134 qu'il faut invoquer
pour déterminer l'ordre de collocation de leurs
créances respectives.

« Entre les créanciers, l'hypothèque soit, légale,
» soit judiciaire, soit conventionnelle (l'espèce pré-
» sente ces trois cas), n'a de rang que du jour de
» l'inscription prise par les créanciers, sauf les
» exceptions portées en l'article suivant » :

Les exceptions créées en faveur de la femme sont
précises dans le §. 2 de l'art. 2135. Elle a inscription pour sa dot, du jour du mariage; pour les
objets reçus postérieurement du jour de l'ouverture
de la succession, ou du jour où les donations ont
eu leur effet; mais aussi l'art. 1541 ne répute dotal
que ce qui est donné à la femme par son contrat de
mariage.

Tous ces articles sont sans objet dans l'espèce.
Ici, il n'y a ni contrat de mariage, ni constitution
dotale, ni objets reçus postérieurement, ni donation, ni ouverture de succession.

L'acte de 1788 n'est qu'une donation simulée
faite par le mari en fraude de ses créanciers. Nulle
dans son principe; elle ne peut donc produire aucun effet en faveur de la femme au préjudice des
créanciers qui lui sont antérieurs en hypothèque.

---

### Point de fait.

La question suivante est neuve et vivement con-

2.                                        9

troversée. Pothier, dans son immortel ouvrage sur les obligations, ne l'a point abordée. La discussion a entraîné de grands développemens. L'importance de la question, les intérêts des parties qui l'ont soumise à l'examen du Conseil de jurisprudence, ont déterminé le Conseil à épuiser tous les moyens possibles pour fixer tous les doutes, en y rattachant même toutes les hypothèses que les méditations de nos lecteurs pourroient provoquer.

### QUESTION.

Lorsqu'il y a plusieurs obligés, la signification du transport doit-elle être faite à tous, ou l'acceptation être faite par tous? Chacun d'eux ne devant que sa part, la signification faite à l'un d'eux, ou l'acceptation faite par l'un d'eux, ne saisit-elle le cessionnaire que de la part due par celui à qui le transport a été signifié ou qui l'a accepté?

### SOLUTION.

Le Conseil a considéré que cette question s'applique non seulement à ceux qui se sont obligés de leur chef, mais encore aux héritiers et autres successeurs universels qui ne sont tenus personnellement de la dette de leur auteur, que pour leur portion virile.

Quant à ceux des héritiers, ou autres successeurs, qui, étant détenteurs d'immeubles hypothéqués à la dette cédée, seroient, en cette qualité, tenus hypothécairement de la dette pour le tout; la signification qui leur seroit faite, saisiroit bien le cessionnaire, à leur égard, de la totalité de leur obligation hypothécaire; mais comme cette obligation hypothécaire n'est que l'accessoire de l'obligation personnelle de tous les cohéritiers, si l'un d'eux s'étoit libéré de sa part, avant que le transport lui eût été signifié, l'obligation hypothécaire du cohéritier détenteur, seroit éteinte jusqu'à concurrence de cette part payée valablement, parce que l'extinction de l'obligation principale, opère l'extinction de l'obligation qui ne lui est qu'accessoire.

Par la même raison, quoique la signification faite à la caution, saisisse le cessionnaire de l'engagement de la caution, si le cessionnaire ne signifioit son transport au débiteur principal, qu'après l'avoir signifié à la caution, et que le débiteur principal se fût libéré entre les mains du cédant, dans l'intervalle qui s'est écoulé entre la signification faite à la caution et celle qui lui a été faite, le droit du cessionnaire contre la caution seroit éteint par le payement qu'auroit fait le débiteur principal, parce que l'engagement de la caution n'est que l'accessoire de l'engagement du débiteur principal. Cela auroit lieu, même lorsque la caution se seroit obligée solidairement, parce que la solidarité ne détruit pas la nature du contrat de cautionnement. D'ailleurs la caution pourroit opposer au cessionnaire l'exception *cedendarum actionum*, et la disposition de l'article 2037 du Code Napoléon, ainsi conçue : « La caution est déchargée, lorsque la » subrogation aux droits, hypothèques et privi- » léges du créancier ne peut plus, par le fait de ce » créancier, s'opérer en faveur de la caution ». Dans l'espèce, le cessionnaire s'est mis, par son fait, dans l'impossibilité de céder ses actions contre le débiteur principal, en ne signifiant pas son transport à celui-ci en même temps qu'à la caution, ou auparavant.

Mais raisonnons dans une autre hypothèse.

Si, au contraire, la signification avoit été faite d'abord au débiteur principal, et qu'avant qu'elle eût été faite à la caution, celle-ci se fût libérée entre les mains du cédant, il faudra distinguer :

Ou la caution a payé le cédant, après avoir averti le débiteur principal, qui lui a en conséquence donné connoissance du transport signifié ou accepté; dans ce cas, la caution a payé en fraude des droits du cessionnaire qui lui étoient connus; et, quoique le cessionnaire n'ait pas été saisi de l'engagement de la caution, faute de lui avoir signifié son transport, l'indemnité que lui doit la caution, à raison du tort qu'elle lui a causé par sa fraude, fait qu'elle continue de demeurer engagée comme caution envers lui, parce que l'indemnité doit être égale au tort qu'on a occasionné.

Ou la caution a payé le cédant, après avoir averti le débiteur principal, et avoir indiqué et attendu inutilement un temps suffisant pour que celui-ci lui donnât connoissance des moyens qu'il avoit à opposer contre le créancier; elle est alors valablement libérée vis-à-vis du cessionnaire qui ne lui a signifié son transport qu'après ce payement.

Mais étant subrogée, au moyen de ce payement, dans les droits du cédant contre le débiteur principal, sera-t-elle préférée au cessionnaire? Il n'est pas douteux que si elle avoit fait signifier sa quittance de payement au débiteur principal, avant que la cession eût été signifiée à celui-ci, ou acceptée par lui, elle seroit préférée au cessionnaire, et que le cessionnaire n'auroit même aucune action contre le débiteur principal, sauf son recours contre le cédant. Mais ici la signification du cessionnaire est antérieure. Dans ce cas, suivant le droit commun, le cessionnaire étant saisi le premier, doit être préféré, sauf le recours de la caution, tant contre le débiteur principal, qui est obligé de l'indemniser, que contre le cédant.

Ou enfin la caution a payé le cédant sans avoir été poursuivie, et sans avoir averti le débiteur principal, aux termes de l'article 2031 du Code Napoléon; alors elle n'est point déchargée envers le cessionnaire, qui a signifié la cession au débiteur principal avant le payement de la caution, parce que le cessionnaire a pu raisonnablement compter que si la caution n'étoit point poursuivie, elle ne payeroit point sans avertir le débiteur principal.

Mais si, au lieu d'un débiteur principal et d'une caution, il y a deux coobligés principaux solidaires, et que la signification de la cession n'ait été faite qu'à un seul, il faudra appliquer en partie les mêmes règles; car bien que chacun des coobligés principaux solidaires soit débiteur principal pour le tout, à l'égard du créancier, ils ne sont entre eux tenus chacun que pour leur portion : ils sont donc entre eux *cautions les uns des autres* pour tout ce qui excède leur portion personnelle, ils sont donc assujétis respectivement les uns à l'égard des autres, pour cet excédant, aux mêmes obligations que les cautions; ils doivent donc, comme les cautions, s'avertir réciproquement avant de payer cet excédant, à peine de perdre leur recours contre leurs coobligés qui payeroient une seconde fois sans avoir été avertis, ou qui auroient eu au moment du payement fait par leurs coobligés non poursuivis, des moyens à opposer contre le créancier commun.

Ainsi, en reprenant pour les coobligés principaux solidaires les hypothèses posées pour les cautions, le Conseil de jurisprudence leur applique les décisions suivantes :

Ou le coobligé principal solidaire, à qui la signification n'a point été faite, a payé le cédant après avoir averti son coobligé, qui lui a en conséquence donné connoissance du transport signifié ou accepté. Il est évident que, dans ce cas, le premier a payé en fraude des droits du cessionnaire qui lui étoient connus; en se libérant ainsi, il a fait volontairement au cessionnaire le tort de le priver de la sûreté qui résultoit de son engagement solidaire; et comme il doit l'indemniser de ce tort, il s'ensuit qu'il est de nouveau engagé solidaire envers le cessionnaire pour la totalité de la dette. Il y a plus : quoique cet engagement semble avoir pour cause directe et immédiate, non l'ancienne dette dont le cessionnaire n'a point été saisi vis-à-vis de ce coobligé, faute de lui avoir signifié son contrat, mais la nouvelle dette résultante de l'indemnité, il n'y a cependant point novation; et c'est toujours l'ancienne dette qui subsiste, parce que nul ne pouvant opposer sa propre fraude, le coobligé ne peut opposer au cessionnaire le payement qu'il a fait en fraude des droits de celui-ci.

Ou le coobligé principal solidaire, à qui la signification n'a point été faite, a payé le cédant après avoir averti son coobligé, et avoir indiqué et attendu inutilement un temps suffisant pour que celui-ci lui donnât connoissance des moyens qu'il avoit à opposer contre le cédant. Le premier est alors valablement libéré vis-à-vis du cessionnaire qui ne lui signifie le transport qu'après ce payement; car, d'une part, il a satisfait à toutes ses obligations vis-à-vis de son coobligé; et, d'autre part, n'ayant point été averti de la cession, il a été suffisamment autorisé à croire que le cédant étoit toujours son créancier, et par conséquent il a pu payer entre ses mains. D'ailleurs, la loi n'ayant attaché à la signification ou à l'acceptation l'effet de transmettre la propriété de la créance au cessionnaire à l'égard du débiteur cédé, que parce que jusqu'à cette signification ou acceptation le débiteur est réputé ignorer le transport, et qu'il seroit injuste de le punir de cette ignorance qui n'est point de son fait; il est clair que par la signification faite seulement à l'un des coobligés, le cessionnaire n'est point saisi de la créance à l'égard des autres coobligés qui ne peuvent pas être réputés suffisamment avertis par une telle signification. Il est vrai que, suivant le Code Napoléon, les poursuites faites contre l'un des débiteurs solidaires interrompent la prescription à l'égard de tous (art. 1206); et que la demande d'intérêt formée contre l'un d'eux fait également courir les intérêts à l'égard de tous (art. 1207). Mais d'abord l'extinction de la dette par la prescription est bien moins favorable que l'extinction de la dette par le payement. La prescription est en général regardée comme un moyen honteux : c'est une faveur que la loi donne, et qu'elle peut conséquemment ôter, ou dont elle peut soumettre l'effet aux conditions qu'il lui plaît d'imposer, sans que l'équité soit blessée. Au contraire, la libération résultante du payement n'est point une faveur accordée par la loi, et le législateur n'auroit pu, sans blesser l'équité, contraindre le débiteur à payer une seconde fois au cessionnaire ce que celui-là aura déjà payé au cédant dans l'ignorance de la cession. C'est au cessionnaire à s'imputer de n'avoir pas signifié son transport à tous les coobligés : cette négligence est de son fait, et lui seul doit en porter la peine. En second lieu, l'obligation de payer des intérêts d'une dette échue n'a rien de contraire à l'équité ; et, sous ce rapport, elle ne peut pas être comparée à la disposition qui obligeroit de payer une seconde fois la même dette dans l'hypothèse dont il est parlé plus haut. Comme le législateur a ordonné que certaines dettes produiroient des intérêts de plein droit, ainsi il a pu ordonner que, par le seul effet de la demande formée contre l'un des codébiteurs, la dette produiroit intérêt contre tous. Les autres codébiteurs n'ont point à se plaindre de n'avoir point été avertis : ils ont à s'imputer de n'avoir pas payé à l'échéance ; et ce seul tort justifie la disposition de la loi. On ne peut donc pas argumenter des articles 1206 et 1207 du Code Napoléon, pour soutenir que le cessionnaire, qui n'a signifié sa cession qu'à l'un des codébiteurs, est saisi de la créance à l'égard de tous.

Le coobligé qui, au moyen du payement ainsi fait, est subrogé dans les droits du cédant, ne peut pas opposer sa subrogation au cessionnaire, à moins qu'il n'ait signifié son payement ou sa subrogation à son coobligé, avant que celui-ci ait accepté le transport, ou que le transport lui ait été signifié ; mais il a son recours, tant contre le coobligé que contre le cédant, pour la moitié qui n'étoit point à sa charge personnelle.

De son côté le cessionnaire a, indépendamment de son action pour la totalité de sa créance, contre le coobligé à qui il a fait la signification, une action en restitution et en dommages-intérêts contre le cédant qui a reçu de l'autre coobligé, nonobstant la cession.

Ou enfin le coobligé à qui la signification n'a

point été faite a payé le cédant sans avoir été poursuivi, et sans avoir averti son coobligé ; alors il est déchargé envers le cessionnaire de la portion qui étoit à sa charge personnelle dans la dette, car n'ayant point de recours à exercer pour cette portion contre son coobligé, il n'a pas été tenu à cet égard de l'avertir avant de payer ; et le cessionnaire qui perd son action pour cette portion, contre le coobligé qui a fait le payement, doit s'imputer de ne lui avoir pas signifié son transport en temps utile.

L'autre coobligé même est déchargé de la solidarité pour la portion personnelle dont son coobligé s'est valablement libéré ; car il peut à cet égard opposer au cessionnaire l'exception *cedendarum actionum* ; le cessionnaire, en négligeant de signifier son transport au coobligé qui a fait le payement depuis la cession, faute d'avoir été averti, s'est mis par son propre fait dans l'impossibilité de céder ses actions à l'autre coobligé ; et cette impuissance de céder ses actions le rend non-recevable à demander à celui-ci la part qui ne lui est point personnelle, et qu'il ne peut se faire restituer sans cette cession d'actions. Le coobligé ne doit pas souffrir de la faute du cessionnaire, mais le cessionnaire a son recours contre le cédant.

Quant à la portion qui n'étoit point personnelle au coobligé qui a fait le payement, celui-ci continue d'en demeurer débiteur solidaire envers le cessionnaire qui a pu raisonnablement compter que, tant que ce coobligé ne seroit point poursuivi, il ne payeroit point ce qui ne lui étoit point personnel dans la dette, sans avertir son coobligé.

Cette discussion amène naturellement une autre

question, que le Conseil de jurisprudence va s'empresser de résoudre.

" Que faudroit-il décider entre deux cessionnaires d'une même créance due par deux codébiteurs principaux solidaires, l'un desquels cessionnaires auroit signifié son transport à l'un des co-débiteurs seulement, et l'autre à l'autre codébiteur ?

Si l'un des codébiteurs a payé par suite de la signification, il faudra à son égard faire les mêmes distinctions, et appliquer les mêmes décisions que ci-dessus; mais que tant qu'il n'y aura point eu de payement, le cessionnaire qui a le premier signifié son transport, sera admis à se faire déclarer seul saisi de la créance. Dans le premier cas, la faveur d'un payement fait de bonne foi doit opérer l'extinction de la dette, soit en totalité, soit en partie, suivant les distinctions ci-dessus établies. La cession qui n'a été signifiée que la seconde avoit du moins la force d'un mandat, sur la présentation duquel le codébiteur, non averti, de l'autre cession, a pu payer la portion qui lui étoit personnelle dans la dette. Dans le second cas, le cessionnaire qui le premier a signifié son transport, pourra argumenter des articles 1206 et 1207 du Code Napoléon. L'autre cessionnaire n'aura rien à opposer qui mérite quelque faveur; car, de deux choses l'une : ou il a payé le prix de la cession avant de signifier son transport ; alors il doit s'imputer de s'être livré à la foi du cédant, et il ne peut pas opposer qu'il a été trompé par la signification, puisque cette signification étant postérieure à son payement, ce n'est pas elle qui l'a déterminé à payer; ou au contraire il n'a payé le prix de la cession qu'après la signification faite à l'un des codébiteurs ; mais il devoit savoir que la dette avoit pu être valablement éteinte, soit par le payement qu'auroit fait l'autre codébiteur, soit par une compensation opérée entre lui et le cédant, soit de plusieurs autres manières; que par conséquent il ne payeroit le prix de la cession avec toute sûreté, qu'après avoir signifié son transport à tous les codébiteurs; il doit donc s'imputer de ne l'avoir signifié qu'à un seul. Et comme il ne s'agit que de décider entre deux cessionnaires, il est naturel d'accorder la préférence à celui qui a pour lui l'antériorité de signification. Cette préférence ne nuit point aux codébiteurs, tant qu'aucun d'eux n'a point payé. Ils sont tous sans intérêt pour se plaindre du défaut de signification faite à l'un ou à quelques-uns d'eux.

Dans le premier cas, c'est-à-dire dans le cas de payement fait au cessionnaire second signifiant par le codébiteur qui n'a point reçu de signification de l'autre cession, le cessionnaire second signifiant doit être contraint à rapporter au premier ce qu'il a reçu; car ce n'est point à lui, mais au codébiteur seul qui a payé, à opposer qu'il n'a point été suffisamment averti.

Pareillement, les saisies, arrêts et oppositions postérieures à la signification faite à l'un des codébiteurs, quoiqu'elles aient été formées entre les mains des autres codébiteurs, avant qu'ils eussent reçu pareille signification, doivent être déclarées sans effet.

Ainsi, le Conseil de jurisprudence estime qu'il y a lieu de poser, pour règle générale, que la signification faite à l'un des codébiteurs seulement, transmet la propriété de la créance au cessionnaire, sur tous les codébiteurs solidaires, à l'égard de tous autres cessionnaires dont la signification est postérieure, comme à l'égard de tous ceux qui n'ont formé qu'ultérieurement des oppositions ou saisies-arrêts ; mais que le codébiteur solidaire qui a payé de bonne foi, c'est-à-dire avant d'avoir reçu la signification, ou avant d'avoir été suffisamment averti, est valablement libéré, quant à la portion qui étoit à sa charge personnelle, sauf le rapport par le cédant ou par le cessionnaire second signifiant qui a reçu.

---

### QUESTIONS.

Dans le cas de deux ventes faites du même immeuble, l'une en minorité, l'autre en majorité, et toutes deux transcrites au bureau des hypothèques, laquelle doit obtenir la préférence ?

Le deuxième acquéreur est-il recevable à opposer les moyens de nullité du premier contrat résultant de l'incapacité du vendeur ?

### SOLUTIONS.

Avant le Code Napoléon, et surtout en pays de droit écrit, domicile des parties, la question étoit controversée, le nouveau Code y a-t-il apporté des changemens ?

La loi romaine ne prononçoit pas la nullité absolue des contrats souscrits par les mineurs sans l'autorité d'un curateur. *Minor non restituitur tanquam minor, sed tanquam læsus.* ( De in inseg. restit. ).

La loi venoit seulement à leur secours pour les relever des actes qui leur étoient préjudiciables. *Auxilium eis practor, hoc edicto, pollitus est* (L. 1, ff. des minori). *Si emit aliquid, si vendidit et succuretur* (L. 7, §. 1, Cod. ).

Aussi la loi fixoit-elle un délai pendant lequel le mineur pouvoit réclamer contre l'aliénation par lui faite. (L. 7 Cod : *de temporibus in integrum restitutionis* ).

L'art. 134 de l'ordonnance de 1539 avoit limité le délai pour l'ouverture de l'action à dix années, comme pour majeur; mais il ne faisoit courir le délai que du jour où le mineur avoit complété sa minorité, et étoit devenu majeur. Cette règle est confirmée par l'art. 1304 du Code Napoléon ; « et » à l'égard de ceux faits par les mineurs que du » jour de la majorité ».

Si le nouveau Code ne réunissoit pas, dans la même phrase, les mêmes expressions, la nullité et la rescision d'un acte pour cause de lésion, on pourroit encore distinguer si le mineur est relevé, *tanquam minor,* ou s'il l'est seulement, *tanquam læsus,* c'est-à-dire qu'il est obligé, pour faire prononcer la nullité de son engagement, de prouver qu'il est lézé.

On pourroit encore distinguer, entre les nullités absolues, qui font que l'acte n'a jamais existé, et celles relatives, qui ne donnent lieu qu'à la rescision de l'acte.

Mais tous les principes du droit romain, et qui étoient puisés dans les lois 2, 9, 10, 11, 15 et 16, Cod. *de prœdiis et aliis rebus minor,* dans la loi 101, ff. de *verb. obli.* dans le § *si adversus* aux inst. de *nuptiis* dans la L. 1, ff. de *injust. cap. test.* dans la L. 4, Cod. de *prœd. min. sin. decret. non allien.* ne peuvent plus être invoqués, et il faut se renfermer dans l'examen des articles du Code Napoléon applicables à la question.

« Tous ceux auxquels la loi ne l'interdit pas, » peuvent acheter ou vendre ». ( Art. 1594 ).

» Toute personne peut contracter si elle n'en
» est pas déclaré incapable par la loi. (Art. 1123).
» Les incapables de contracter sont les mi-
» neurs, etc. (Art. 1124) ».

Mais la loi fait quelque distinction en faveur des mineurs. « Le mineur ne pourra (dit l'art. 1095),
» par contrat de mariage, donner à l'autre époux,
» qu'avec le consentement et l'assistance de ceux
» dont le consentement est requis pour la validité
» de son mariage, etc.

» Le mineur émancipé passera les beaux, rece-
» vra ses revenus, et passera tous les actes qui ne
» sont que de pure administration, sans être res-
» tituable contre les actes. (Art. 481) ».

Si à l'égard des actes d'administration et relativement au mineur émancipé, la loi lève l'interdiction prononcée par l'art. 1124; elle laissera subsister cette incapacité pour tout ce qui est hors d'une pure administration.

Aussi l'art. 452 fixe-t-il d'autres règles lorsqu'il s'agit de l'exercice d'une action immobilière, et de recevoir un capital ou faire des emprunts.

« Il ne pourra intenter une action immobilière,
» ni y défendre, même recevoir et donner dé-
» charge d'un capital mobilier sans l'assistance de
» son curateur, qui, au dernier cas, surveillera
» l'emploi du capital reçu. (Art. 452).

» Le mineur émancipé ne pourra faire d'em-
» prunts sous aucun prétexte, sans une délibéra-
» tion du conseil de famille, homologuée par le
» tribunal civil, après avoir entendu le commis-
» saire ». (Art. 483).

Il n'y auroit que ces seuls articles dans le Code Napoléon, que déjà on ne pourroit pas se dissimuler la nullité de la première vente faite par un mineur en contravention aux art. 457 et 458 du Code, qui défendent même au père, à la mère et au tuteur, de se les permettre, sans autorisation du conseil de famille, qui ne peut donner son autorisation que pour une cause de nécessité absolue ou d'un avantage évident, et après avoir vérifié l'insuffisance des effets mobiliers et revenus du mineur.

Mais il y a ici une loi positive.

« Il ne pourra (le mineur émancipé) non plus
» vendre ni aliéner ses immeubles, ni faire aucun
» acte autre que ceux de pure administration,
» sans observer les formes prescrites au mineur
» non émancipé ».

Ainsi la vente faite par le mineur, sans l'autorité de son curateur, sans autorisation du conseil de famille et sans l'observation des formalités prescrites, est nulle de plein droit par défaut de qualité, la mise en possession, la transcription même n'a pu suffire pour qu'il y eut tradition légitime et le tiers auquel elle est opposée, est bien recevable à proposer les moyens de nullité par voies d'exceptions sur la demande formée contre lui.

---

## Point de fait.

Le sieur Antoine Cortemiglia et trois autres témoins, signataires d'un acte privé, souscrit au profit du sieur Antoine Lenti, par feu le sieur Piétra, sont poursuivis comme complices du faux dont cet acte est argué au principal.

Le 13 juin 1809, Lenti et les quatre témoins se constituent volontairement prisonniers.

Du Mémoire à consulter, mis sous les yeux du

conseil de jurisprudence, il paroîtroit que l'infor-
mation prise à la Cour criminelle de Casal auroit
donné un résultat favorable à la décharge des accusés ; il paroîtroit même que les trois expers qui,
lors de la demande en reconnoissance d'écriture,
avoient cru fausse la signature de Piétra, auroient
depuis, après nouvel examen des pièces de comparaison, reconnu véritable la signature arguée de
faux.

Cependant les accusés ne purent obtenir leur
mise en jugement.

Dans le cours de l'instruction de cette procédure,
Cortemiglia est poursuivi comme prévenu d'avoir
commis un autre crime en faux. Cette accusation
est totalement indépendante et distincte de la première : les quatre autres accusés ne peuvent y avoir
aucun intérêt.

Cortemiglia étoit notaire à Alexandrie. Il avoit
pour clerc un homme dont la tête étoit tellement
désorganisée, qu'il fit des efforts pour le faire admettre dans un hospice.

Tandis qu'il sollicitoit vivement auprès de l'autorité cette admission en faveur de son clerc, celui-
ci fit trois expéditions de différens actes, dans lesquels il consigna des relations d'enregistrement,
dont les minutes ne présentoient aucune trace. Le
notaire Cotremiglia signe aveuglément ces expéditions, avec la confiance qu'elles avoient été aussi
scrupuleusement collationnées que les expéditions
qu'il avoit délivrées jusqu'alors.

Le 9 juillet 1808, le receveur de l'enregistre-
gistrement à Alexandrie dresse procès-verbal de
cette contravention ; il la qualifie de *faux matériel ;* il en trouvoit les élémens constitutifs dans la

non présentation à l'enregistrement des trois actes dont il s'agit, et dans l'énonciation contraire portée sur les trois expéditions.

Ce procès-verbal est visé par le directeur de l'enregistrement, qui autorise le receveur à poursuivre le recouvrement des droits et la condamnation à l'amende.

Le tribunal d'Alexandrie, en qualifiant la contravention de faux matériel, se borne à prononcer sur l'objet qui étoit de sa compétence, et condamne purement et simplement au payement des droits et à l'amende.

M. le Procureur impérial près le tribunal d'Alexandrie, considérant que cette condamnation étoit suffisante, n'a point fait éclater de dénonciation contre le prétendu faux. L'administration de l'enregistrement a également gardé le silence ; et M. le Procureur-général près la Cour de justice criminelle de Casal n'a poursuivi le délit prétendu, que d'office et pour la vindicte publique.

### QUESTIONS.

Le procureur-général impérial près une Cour de justice criminelle, peut-il d'office et sans y être provoqué par la dénonciation des préposés de la Régie de l'enregistrement, poursuivre une procédure criminelle en faux contre la fausse énonciation de l'enregistrement apposée sur trois expéditions représentées ?

Peut-il joindre cette procédure à une autre de même nature, déjà pendante devant la même Cour ?

### SOLUTIONS.

*Sur la première question,* il est incontestable que les trois expéditions qui ont donné naissance aux poursuites dirigées par l'administration de l'enregistrement, présentoient un faux, une fausse énonciation, puisqu'elles étoient déclaratives de la soumission des minutes de ces actes aux droits dont ils étoient affectés.

Le receveur de l'enregistrement d'Alexandrie avoit pu, dans son procès-verbal du 9 juillet 1808, et devoit nécessairement donner la qualification de *faux* à la fausse mention d'enregistrement sur les trois expéditions.

La question de savoir s'il y avoit lieu ou non à autoriser la mise en jugement du notaire instrumentaire, étoit dans les attributions du directeur de l'enregistrement. Il a décidé qu'il ne seroit point accusé de faux, puisqu'il s'est borné à autoriser le receveur à la poursuite de la perception des droits et du payement de l'amende.

L'article 46 de la loi du 22 frimaire an 7 est positif. Sa disposition est expressément prohibitive. Elle n'autorise les poursuites criminelles pour fait résultant *d'une fausse énonciation d'enregistrement d'un acte, consigné sur l'expédition délivrée, que sur la dénonciation des préposés de l'enregistrement.*

L'initiative des poursuites est donc exclusivement dans les attributions de l'administration de l'enregistrement. Chargée de l'examen du délit, c'est à elle qu'il appartient de prononcer si le fait qui lui est soumis peut ou non déterminer, dans son intérêt, des poursuites criminelles. Dès qu'elle a jugé qu'il n'y avoit pas lieu à suivre, attendu que la fausse énonciation d'enregistrement s'étoit opérée sans intention criminelle; du moment qu'elle n'a pas déféré à ses préposés son autorisation, à l'effet de dénoncer le délit, M. le Procureur impérial ne pouvoit agir ; la poursuite d'office lui étoit absolument interdite ; les préposés de l'enregistrement n'étoient point autorisés à lui dénoncer le prétendu délit.

Aussi M. le Procureur impérial et le tribunal de première instance d'Alexandrie étoient-ils bien pénétrés de la disposition de l'art. 46 précité, lorsqu'ils se sont bornés seulement à requérir et à prononcer la condamnation au payement des droits dus et de l'amende encourue.

M. le Procureur impérial près la Cour criminelle de Casal étoit donc sans action dans l'espèce. L'article 46 limitoit ses attributions. Il les a évidemment outrepassées, en méconnoissant les dispositions prohibitives de cet article, qui ne l'appeloit à poursuivre que sur la dénonciation formelle des préposés de la régie, à ce duement autorisés.

Les poursuites faites sans cette dénonciation préalable sont donc nulles, comme contraires aux dispositions de la loi.

Vainement voudroit-on considérer comme une dénonciation la conduite du receveur de l'enregistrement, dans l'espèce ; elle n'en présente nullement les caractères. Si le receveur d'Alexandrie a joint, lors de sa deuxième déposition, les trois expéditions dont il s'agit, il n'a point fait cette exhibition en qualité de dénonciateur autorisé par l'administration, il l'a faite pour obéir à la réquisition de la justice, dont M. le Procureur impérial avoit déjà éveillé l'attention par l'éclat d'une dénonciation dont il étoit devenu le seul organe.

On le répète, M. le Procureur impérial n'avoit point qualité pour agir d'office. M. le Directeur s'étoit suffisamment expliqué par son visa et par son acquiescement au jugement qui avoit prononcé sur tous les chefs de demande par lui autorisée.

Le Conseil de jurisprudence, plein de confiance dans les moyens qui militent en faveur du sieur Cortemiglia, estime donc qu'il peut avec succès en exciper devant la Cour criminelle saisie de la contestation.

*Sur la seconde.* En admettant même l'hypothèse où M. le Procureur-général impérial près la Cour criminelle de Casal auroit eu le droit de provoquer une procédure criminelle sur la fausse énonciation d'enregistrement relatée dans les trois expéditions, délivrées par le notaire Cortemiglia, rien ne pouvoit paralyser l'instruction de cette affaire, dans son cours. Elle pouvoit se poursuivre simultanément, mais non cumulativement avec celle instruite sur la dénonciation de la veuve Pietra.

M. le Procureur impérial ne peut les confondre, ni les soumettre cumulativement à une même décision. Quelle que soit l'identité de l'accusation dans les deux affaires, elles ne sont point connexes; et leur disjonction est évidente.

En effet, 1.° ce ne sont point les mêmes parties qui figurent. Dans la première, c'est le sieur Lenti qui est principalement accusé de faux. Le notaire Cortemiglia et les autres prévenus ne sont poursuivis que comme ayant attesté par leur signature la sincérité de celle du sieur Pietra, et avoir déclaré sa présence lors de la confection de l'acte.

Dans cette procédure, le clerc du notaire Cortemiglia, expéditionnaire des minutes, ne figure point et ne peut figurer.

Dans les deux procédures, les sieurs Lenti, Bonifert, Gallo et Gaspard Maraudius ne sont point parties.

Sous ce premier rapport, les procédures ne peuvent être jointes.

2.º La première accusation a pris naissance dans la procédure en faux incident poursuivi à la requête et sur la plainte de la veuve Pietra.

Au contraire, dans la seconde procédure, il n'y a point eu de dénonciations. Le dénonciateur ne pouvoit se rencontrer que dans la personne des préposés de la régie, duement autorisés à cet effet.

Sous ce second point de vue, les deux procédures sont distinctes ; il ne peut y avoir lieu à leur jonction.

Le Conseil de jurisprudence a donc lieu de penser que M. le Procureur impérial fera d'abord prononcer sur l'une de ces procédures, sur celle instruite contre Lanti et les autres prévenus ; et comme, d'après les faits exposés, il est à présumer qu'ils seront honorablement acquittés, l'arrêt à intervenir ordonnera sans doute leur mise en liberté, sous cette seule restriction, *s'ils ne sont retenus pour autre cause*, restriction qui suspendra l'élargissement du notaire Cortemiglia, jusqu'à la prononciation de l'arrêt qui doit statuer sur le sort de la seconde accusation.

Pour le jugement de cette dernière accusation, le moyen de nullité de poursuites puisé dans le texte formel de l'article 46 de la loi du 22 frimaire an 7, prévaudra surtout sur l'esprit des magistrats.

La décision portée par M. le Directeur de l'enregistrement, les motifs qui l'ont déterminé, l'aliénation d'esprit dans laquelle étoit constitué le scribe du notaire, la certitude qu'il avoit que ces expéditions avoient été collationnées, enfin la modicité des droits dus sur les actes qui constatent le prétendu délit, modicité qui éloigne la présomption

que le notaire inculpé ait eu le dessein de soustraire les actes au payement des droits ; toutes ces
circonstances atténuantes réunies composent un
faisceau de preuves trop puissant, pour que le sieur
Cortemiglia ne soit pas rendu aux travaux honorables de la profession qu'il exerce.

### Point de Fait.

Un mineur âgé de dix-neuf ans, émancipé, a été
autorisé par son père à former l'établissement d'un
bureau d'agence et d'affaires.

Ce genre d'établissement est réputé commercial
par l'article 602 du Code de commerce.

L'acte d'autorisation a été *enregistré* et *affiché*
au tribunal de commerce du lieu où le mineur a
établi son domicile, conformément à l'art. 2 de la
même loi.

En vertu de cette autorisation, il a fait l'acquisition d'un bureau d'agence et d'affaires auquel se
trouve réuni le fond d'un ouvrage périodique, objet
de librairie ; plus, le mobilier et les choses nécessaires à la gestion de l'entreprise. En conséquence
il a contracté l'obligation de payer le prix de son
acquisition sous l'affectation de ses biens meubles
et immeubles présens et à venir.

Pour remplir ses engagemens, il a fait l'emprunt
d'une somme de 50,000 fr. savoir :

25,000 fr. par obligation notariée, et a donné
hypothèque sur ses biens.

25,000 fr. sous un simple billet à ordre.

Les fonds ont été employés, savoir :

30,000 fr. au payement de l'acquisition du bureau d'agence et d'affaires dont il s'agit, et quittance
en a été donnée ; et 20,000 fr. sont restés en ses

mains pour activer les opérations et leur donner une étendue avantageuse.

L'un des prêteurs a pris inscription sur les biens du mineur : en vertu de son obligation notariée, sa créance est exigible.

L'autre a obtenu un jugement au tribunal de commerce, et en vertu de ce jugement il a pris aussi une inscription.

Le mineur a un capital mobilier exigible de 20,000 fr.

## QUESTIONS.

1.° Les obligations qui ont été contractées par le mineur sont-elles valables, et peuvent-elles le faire contraindre au payement des sommes dues par la voie de l'expropriation de ses biens ?

2.° Le mineur peut-il contraindre son débiteur au payement des 20,000 fr. qui lui sont dus ?

## SOLUTIONS.

Le Conseil de Jurisprudence estime que la décision des questions proposées dépend de la combinaison des articles 487 du Code Napoléon, 2 et 632 du Code de commerce.

L'article 487 du Code Napoléon porte :

« Le mineur émancipé, qui fait un commerce, » est réputé *majeur* pour le fait relatif à ce com- » merce. »

Ainsi le mineur qui a la qualité de commerçant, ou qui fait des actes qui sont réputés actes de commerce par la loi, peut s'obliger, et ses engagemens sont valables.

Mais, pour avoir la qualité de commerçant, il y a des formalités à remplir : la loi les a tracées.

L'article 2 du Code de commerce est ainsi conçu :

« Tout mineur émancipé *de l'un et de l'autre*
» *sexe*, âgé de dix-huit ans accomplis, qui voudra
» profiter de la faculté que lui accorde l'article 487
» du Code Napoléon de faire le commerce, ne
» pourra en commencer les opérations ni être ré-
» puté majeur quant aux engagemens par lui con-
» tractés pour faits de commerce.

» 1.º S'il n'a été préalablement autorisé *par son*
» *père* ou par sa mère, en cas d'interdiction ou
» absence du père, ou à défaut de père ou de la
» mère, par une délibération du conseil de fa-
» mille homologuée par le tribunal civil ; 2.º si, en
» outre, l'acte d'autorisation n'a été enregistré et
» affiché au tribunal de commerce du lieu où le
» mineur veut établir son domicile. »

Cet article est positif.

Quatre conditions sont exigées du mineur pour commencer une opération de commerce, et le faire réputer majeur quant aux engagemens qu'il aura contractés pour raison du commerce par lui entrepris.

La première, est d'être âgé de dix-huit ans ;

La seconde, d'être émancipé ;

La troisième, d'être légalement autorisé, et par qui de droit ;

Et la quatrième, que l'acte d'autorisation ait été enregistré et affiché au tribunal de commerce du lieu où le mineur a fixé son domicile.

Maintenant, examinons quels sont les actes que la loi répute faits de commerce ?

L'article 602 du Code de commerce s'exprime ainsi :

« La loi répute acte de commerce toute entre-
» prise de fournitures, bureaux d'agence et d'af-
» faires, etc. »

Faisons l'application de ces articles à l'espèce consultée.

Le mineur dont il s'agit est âgé de dix-neuf ans, il est émancipé, il a été autorisé par son père, le seul capable de lui donner cette autorisation, à faire l'acquisition d'un bureau d'agence et d'affaires; l'acte d'autorisation a été enregistré et affiché au tribunal de commerce du lieu où il a fixé son domicile. Par suite de ces diverses formalités, impérieusement commandées par la loi, il a acquis un bureau d'agence et d'affaires, il a fait des emprunts pour acquitter le prix de son acquisition et pour suivre avec succès ses opérations; les engagemens qu'il a contractés à cet égard sont bons et valables : aucune loi n'est prohibitive des principes ci-dessus posés; les prêteurs peuvent être parfaitement tranquilles sur le sort de leurs créances; les engagemens qui ont été pris par le mineur sont sacrés; ils ont la même force que s'ils avoient été contractés par un majeur, la loi réputant majeur le mineur qui a pris et a été autorisé à prendre la qualité de commerçant, ou à faire un acte réputé acte de commerce.

En thèse générale, le mineur émancipé n'a que la pure administration de ses biens ( article 481 ), le droit de passer les beaux et recevoir les revenus.

Mais la faveur du commerce a décidé le législateur à apporter une exception à cette règle et à réputer majeur le mineur commerçant.

Du rapprochement de ces divers articles des lois citées, il en résulte que le mineur qui a rempli toutes les formalités qui lui ont été prescrites, est devenu majeur pour tous les faits de commerce qu'il a entrepris, que ses engagemens doivent être exécutés, et que l'on peut, sans inconvénient, poursuivre la saisie et l'expropriation de ses biens.

Dans l'espèce consultée, cette saisie et expropriation doivent d'autant plus avoir lieu sans difficulté, que les prêteurs ont exigé l'emploi des fonds par eux prêtés à acquitter le prix du bureau d'affaires dont il s'agit, et qu'en faisant cette acquisition, le mineur a fait un acte de commerce, puisqu'il en a par-là entrepris et commencé les opérations, cas prévu par l'article 2 du Code de commerce.

On peut aussi exiger le payement du capital mobilier des 20,000 fr. qui lui sont dus; tout ce qu'il possède étant une garantie de droit des créances qu'il a contractées.

---

## Point de fait.

Un contrat de mariage passé à Bernay en Normandie le 11 prairial an 2, entre le sieur Louis Thomas-Robert Thiberge, et la demoiselle Marie-Reine Gentil, contient la clause suivante :

« Les futurs se sont, par le présent, fait dona-
» tion réciproque du tiers de leurs biens meubles
» et immeubles présens et à venir, pour par le sur-
» vivant des deux en jouir du tiers seulement, et
» par usufruit, sauf le retour d'iceux à leur ligne
» respective ».

La dame Thiberge est décédée laissant pour héritiers des neveux.

### QUESTIONS.

Quelles peuvent être leurs prétentions sur la succession de leur tante ?

La donation réciproque des biens immeubles présens et avenir embrasse-t-elle seulement de la part de la femme les biens qui lui étoient propres au moment de son mariage ou qu'elle acquéreroit par succession ou donation pendant ledit mariage?

### SOLUTIONS.

C'est dans les termes de l'article du contrat de mariage ci-dessus cité que gît la difficulté.

Il est impossible d'admettre la restriction d'un côté, et de ne pas l'admettre de l'autre; car d'abord la donation est réciproque; ensuite on ne peut pas suppléer aux expressions qui renferment la volonté des contractans; or ici la donation porte sur tous les biens immeubles présens et avenir : il s'agit donc de tous les immeubles qui adviendront aux époux pendant la durée du mariage à quelque titre que ce soit.

Ainsi, par exemple, des conquets faits pendant le mariage font partie des immeubles compris en la donation.

Mais on ne manquera pas d'objecter, de la part du sieur Thiberge, qu'il n'y a pas de communauté en Normandie, et que par conséquent la femme ni les héritiers n'ont rien à répéter sur le surplus des conquets qui ne seroient pas frappés par la donation.

Cette objection, spécieuse au premier coup-d'œil, se détruit facilement par le vœu même de la coutume.

Sans doute il n'y a point de communauté en Normandie, et l'art. 379 en a une disposition formelle; mais il ne faut entendre cette exclusion de communauté que par rapport aux effets que cette communauté produit dans la plupart des pays coutumiers, dans lesquels la femme transmet à ses héritiers le droit de partager par moitié avec le mari survivant, tous les meubles, effets et conquets dont il étoit le maître pendant le mariage, les pouvant donner, vendre ou engager sans le consentement de sa femme : mais par la dissolution du mariage, le mari perd sa puissance, et est obligé de souffrir le partage des biens de la communauté, tant des meubles que des conquets immeubles.

C'est ce que n'a pas voulu la coutume de Normandie, parce que la femme prédécédée ne transmet à ses héritiers, pas même à ses enfans, aucuns droits sur les meubles et effets qui se trouvent en la main du mari qui survit, ce qui fait dire par l'art. 579 que les personnes conjointes par mariage ne sont pas communes en biens, d'autant que la femme n'y a rien qu'après la mort du mari.

Mais la coutume en prononçant par l'art. 579 cette exclusion de communauté, a voulu offrir un dédommagement à la femme par l'art. 329. Voici ce que porte cet article : « La femme, après la » mort du mari, a la moitié en propriété des » conquets faits en bourgage, constant le mariage; » quant aux conquets faits hors bourgage, la » moitié a la moitié en propriété au bailliage de » Gizors, etc. ».

Ce droit de conquet est attribué à la femme en conséquence de la moitié qui est établie par le mariage, et qui fait présumer que la femme a contribué par ses soins, par son assistance et par son économie à l'augmentation des biens du mari.

Et en effet il seroit bien injuste que sous prétexte qu'en général la coutume prohibe la communauté, le mari peut profiter de la fortune de la femme pendant tout le temps qu'elle vivroit, pour, en la réduisant au plus stricte nécessaire, faire tourner tous les résultats d'une administration parcimonieuse à son seul profit, et acquérir ainsi aux dépens des jouissances de sa femme, des immeubles auxquels elle n'auroit jamais, ni elle, ni ses héritiers aucuns droits.

Ce n'est pas le vœu de la coutume, sans doute elle a voulu affranchir le mari de toutes les obligations attachées à la communauté, mais d'un autre côté, elle a voulu laisser à la femme un dédommagement, et une sorte de récompense de ses soins par l'accroissement et la propriété des biens appartenans à la société conjugale.

Mais comme le remarquent tous les commentateurs, et notamment *Pesnel*, sur la coutume de Normandie, on ne peut pas dire que les conquêts appartiennent à la femme par un droit d'hérédité, puisqu'elle prémourante, le mari n'est plus le maître des conquêts faits en bourgage au baillage de Gizors, dont la moitié appartient propriétairement aux héritiers de la femme, le mari n'en ayant que l'usufruit par l'article 331.

Il faut donc en conclure irrévocablement que ce droit de conquêt est attribué à la femme, en conséquence de la société conjugale qui la rend participante des biens acquis pendant que cette société subsiste.

D'après les principes et les raisonnemens, nul doute que la clause du contrat de mariage ci-dessus citée, ne renferme la donation de partie des conquêts, et que le surplus n'appartienne aux héritiers de la dame Thiberge.

Cette décision est fondée sur les dispositions locales du ci-devant comté de Gizors, dans le ressort et sous l'empire duquel le contrat de mariage a été fait.

Mais avant d'aller plus loin, examinons si l'on pourroit opposer la loi du 17 nivôse an 2, relative aux successions.

De la part du mari, l'on prétendra peut-être que la femme Thiberge étant décédée sous l'empire de cette loi, son contrat de mariage doit être jugé par ces nouvelles dispositions; or, dit-on, l'article premier dit :

« Les donations entre-vifs faites depuis et com-
» pris le 14 juillet 1789, sont nulles ».

Le Conseil ne voit pas quelle influence cette disp·sition pourroit avoir sur des conventions postérieurement établies.

D'abord elle n'a aucun rapport avec les dons réciproques faits entre époux, et l'on ne peut jamais suppléer la loi, et lui faire dire ce qu'elle n'a pas textuellement prononcé.

Mais en se reportant à l'article 13, tous les doutes s'évanouissent et il ne reste plus de moyen au sieur Thiberge contre les dispositions contenues en son contrat de mariage.

Voici ce que porte l'article 13 :

« Les avantages singuliers ou réciproques stipu-
» lés entre les époux encore existans, soit par leur
» contrat de mariage, soit par des actes postérieurs
» *ou qui se trouveroient établis* dans certains lieux
» par des coutumes, statuts ou usages locaux, au-
» ront leur plein et entier effet, nonobstant les
» dispositions de l'article 1er. auquel il est fait ex-
» ception en ce point ».

A la vérité l'on peut objecter que cet article ne regarde que les contrats de mariage antérieurs à la loi du 17 nivose; mais l'article 14 de la même loi ne laisse plus de doutes. Voici les dispositions qu'il renferme :

« Les avantages singuliers ou réciproques sti-
» pulés entre les époux encore existans, soit par
» leur contrat de mariage, soit par des actes pos-
» térieurs, ou qui se trouveroient établis en cer-
» tains lieux, par les coutumes, statuts ou usages,
» auront leur plein et entier effet, nonobstant les
» dispositions de l'article premier auquel il est fait
» exception en ce point ».

L'article 14 va plus loin, « le partage des avan-
» tages stipulés entre époux, *qui pourront avoir*
» *lieu à l'avenir* obtiendront également leur effet,
» sauf leur conversion en réduction de moitié en
» usufruit, en cas qu'il y ait des enfans ».

Au surplus, qu'est-il besoin pour se décider d'a-
voir recours à des lois dont on peut, de part et
d'autre, invoquer ou commenter à son gré les dispositions? Y a-t-il une loi plus claire, plus décisive
que la loi que les parties se sont réciproquement
faite, et qui est d'autant plus sacrée pour chacune
d'elles, qu'elle ne contrarie même pas la loi du 17
nivose.

Cette loi, c'est le contrat de mariage.

Qu'ont voulu les deux époux? se faire une donation réciproque du tiers de leurs biens meubles et
immeubles présens et avenir, et par usufruit.

Eh bien! le survivant a donc droit au tiers. Mais
que faut-il entendre par cette expression, immeubles présens et à venir, et qui se trouvera au décès
de l'un d'eux?

Au décès de la dame Le Gentil, y avoit-il des
immeubles dans la succession? sans doute, car le
mari veut les avoir tous.

D'où provenoient-ils ces immeubles? de con-quêts faits pendant la société conjugale.

Mais n'est-il pas de droit naturel que toute so-ciété venant à se dissoudre, les produits s'en par-tagent, soit entre les associés, soit en leurs repré-sentans.

Ici les parties ont restreint leurs avantages au tiers. Le calcul est donc bien simple à faire.

S'il y a pour 60,000 liv. d'immeubles ; c'est 30,000 liv. pour chacun, et dans la moitié qui ap-partenoit au prédécédé, le survivant aura un tiers en sus de sa propre moitié, c'est-à-dire, 10,000 liv. en usufruit. Le même calcul sera fait pour les meu-bles. Ceux de la femme sont évalués par le contrat, à une somme de 8,000 liv., le survivant aura son tiers, il aura également le tiers de la dot, évaluée 4,000 liv. et le tiers des arrérages d'une rente via-gère de 300 liv., s'il y en a de dus.

Voilà la loi des parties; elle est fondée sur le texte de leurs conventions réciproques. Elle n'ex-cède même pas les bornes de la loi du 17 nivose an 2, qui porte, article 16, qu'on a la faculté de disposer pour l'avenir du dixième de son bien, si l'on a des héritiers en ligne directe, et du sixième, si l'on n'a que des héritiers collatéraux.

Ici les époux n'ont disposé que du tiers; mais ce tiers doit s'appliquer indistinctement à tout ce qui se trouvera de meubles et d'immeubles au dé-cès de l'un des conjoints. Cela ne pouvoit pas être autrement, car l'essence de toute donation récipro-que est d'être égale dans ses résultats. Ce qui ne seroit pas, si tous les immeubles appartenoient au mari. Car dans le cas où il fut mort le premier, la femme auroit eu la moitié des immeubles en propriété, et le tiers en usufruit de l'autre moitié, sans cependant pouvoir assurer la même chose à son mari.

En un mot, le principe des sociétés, la raison veulent qu'il y ait égalité entre les sociétaires, et la loi des parties le dit clairement.

Le Conseil de jurisprudence pense donc que les héritiers de la femme Le Gentil sont bien fondés dans leur réclamation.

---

## *Point de fait.*

M. Frédéric S... et la demoiselle B., habitans du grand duché de Berg, contractent mariage sous l'empire des lois qui régissent le grand duché, avant l'introduction du Code Napoléon qui n'y a été proclamé que le 1er janvier 1810.

Le mari étoit luthérien; la femme avoit embrassé la communion de l'église réformée.

Leur union, après avoir subsisté pendant quelques années, est dissoute par le divorce provoqué par le mari, pour une des causes avouées par la loi des parties, et dans les formes qu'elle avoit déterminées.

### QUESTIONS.

Les questions qui s'élèvent des faits consignés dans le mémoire à consulter, soumis à l'examen du Conseil de jurisprudence, se réduisent à deux chefs :

Le divorce prononcé pour cause déterminée antérieurement à la promulgation du Code Napoléon dans le grand duché de Berg, est-il valable, quoique prononcé pour une cause non consacrée par le Code Napoléon ?

Depuis la promulgation du Code dans le grand duché de Berg, le sieur S.... peut-il valablement convoler en secondes noces?

## SOLUTIONS.

Il est hors de doute que si la demande en divorce avoit été postérieure à la mise en activité du Code Napoléon, au lieu du domicile des parties, il n'auroit pu être prononcé que pour l'une des causes prévues dans les articles 229 et 231 du Code Napoléon.

Mais il est antérieur à la promulgation de la loi française. Elle ne peut rétroagir sur elle-même, et atteindre le réglement d'un acte dont les effets sont irrévocablement acquis aux parties, du moment où le divorce qu'il constate a été légalement prononcé pour l'une des causes admises par le régime législatif sous lequel elles vivoient.

Le divorce, repoussé et proscrit par la religion catholique romaine, est admis chez les protestans. Ceux d'Allemagne en reconnoissent deux sortes : le divorce *à vinculo matrimonii,* prononcé pour cause d'adultère ou d'abandon de la part de la femme, et le divorce *à mensá et thoro,* équipolent à la séparation de corps autorisée en France.

En Allemagne, parmi les religionnaires, le divorce est prononcé par le consistoire, en connoissance de cause, d'après les causes légales déterminées dans la discipline ecclésiastique des protestans, *chapitre 13, titre du mariage,* et les ordonnances ecclésiastiques du 13 novembre 1671.

Le divorce, prononcé régulièrement d'après les lois existantes du grand duché, est à l'abri de toute attaque ultérieure dérivant de la loi du 30 ventose an 11 (21 mars 1803). Il suffiroit même que l'action en divorce eût été introduite antérieurement à la promulgation de la loi-française, avant le jour où elle a été exécutoire dans le grand duché de Berg, pour qu'il y eût lieu à sa prononciation conformément aux lois locales en vigueur, lors du premier acte introductif de la demande. Par cet acte régulier, l'instance étoit irrévocablement liée, le droit étoit acquis aux parties sous la foi des lois qui l'avoient vu naître.

Cette théorie est confirmée par l'article premier de la loi du 26 germinal de l'an 11 (14 avril 1803): « Tous divorces prononcés par des officiers de » l'état civil, ou autorisés par jugement, avant la » publication du titre du Code relatif au divorce, » auront leurs effets conformément aux lois qui » existoient avant cette publication. »

Il est donc suffisamment prouvé que le divorce, prononcé antérieurement à la publication du Code, est valable et ne peut être attaqué.

Or, quels sont les effets du divorce, d'après les lois sous le règne desquelles il a été prononcé, dans l'espèce ? C'est le droit canonique protestant qui va nous les révéler, et qui seul doit être interrogé pour fixer la décision sollicitée par le consultant.

Le divorce rompt les liens de l'union conjugale, *quoad fœdus et vinculum.* Il rend les époux étrangers l'un à l'autre, et fait disparoître toutes les traces de leur union. Désuni par le fait et par le droit, l'époux divorcé est libre de rallumer les flambeaux de l'hyménée, avec celui qui a fixé son nouveau choix. La loi ne paralyse sa volonté à cet égard par aucun obstacle. La femme seule est arrêtée par un délai déterminé dans l'intérêt de l'ordre social, pour écarter toute incertitude sur la paternité. Le conseil donné par l'apôtre saint

Paul aux Corinthiens, dans son épitre première, chap. 7, v. 11, n'a point été pris en considération : *Vir uxorem non dimittat,* que le mari ne congédie pas sa femme, dit-il ; et, s'adressant à la femme, il lui parle en ces mots : *Iis autem qui matrimonio juncti sunt, præcipio non ego, sed Dominus, uxorem à viro suo non discedere ; quod si discesserit, maneie innuptam aut viro suo reconciliari ;* quant à ceux qui ont été unis par mariage, je recommande à la femme, non en mon nom, mais au nom de Jésus-Christ, mon maître, de ne point se séparer de son mari ; que si elle s'en sépare, de ne plus se remarier, ou de se reconcilier avec lui.

Ce conseil de saint Paul eût-il joui de l'effet virtuel d'une disposition législative à l'égard des époux, il l'auroit perdu, par le fait seul de la promulgation postérieure du Code Napoléon, dans le grand duché de Berg, si le divorce eût été provoqué par l'un des époux, sous son empire. Le Code français a sécularisé la législation, il a implicitement déclaré la loi civile distincte de la loi religieuse ; et toutefois il a respecté le domaine des consciences.

Ainsi, depuis la promulgation exécutoire du Code Napoléon dans le grand duché de Berg, les époux divorcés n'ont pu se réunir ( article 295 ) ; mais ils ont acquis le droit, aux yeux de la loi civile, de serrer de nouveaux nœuds avec d'autres. Seulement un délai de dix mois a limité l'extension et l'exercice de ce droit dans la personne de la femme. Les dangers de la confusion de part, sollicitoient cette mesure précautionnelle ( 296 du Code Napoléon ). Quant au mari, aucune entrave légale ne s'oppose à ce qu'il contracte une nouvelle union, dès que la dissolution de la première a été prononcée par la voie du divorce pour cause déterminée. Si le divorce avoit été le résultat du consentement mutuel, le mari ne pourroit convoler qu'après l'expiration de trois ans. Il falloit mettre une barrière à la licence des passions, et ne pas soumettre à leurs caprices une arme dont l'usage abusif auroit entraîné la ruine des mœurs, et blessé la sainteté du nœud conjugal. Telles sont les seules exceptions fixées par le Code français.

Mais, dans l'espèce, le divorce a été prononcé pour une cause déterminée, dont la preuve a été soumise à l'examen sévère du consistoire et des magistrats qui l'ont jugée suffisante pour opérer la rupture du mariage, et sous l'influence des lois du grand duché.

Dans l'hypothèse même où le divorce eût été accueilli sur le seul consentement mutuel des époux, déclaré cause suffisante par les lois locales pour le déterminer; les époux ont, du jour de sa prononciation, acquis un droit irrévocable au bénéfice de tous les effets qui y étoient attachés. Le réglement de leur convol respectif et futur n'étoit soumis qu'aux lois mêmes qui avoient vu prononcer le divorce. Rattacher aux effets des divorces, acquis sous les lois antérieures au Code, ceux qu'il a organisés, ce seroit évidemment contrarier le système libéral du législateur, et violer la disposition salutaire qui déclare que la loi ne peut jamais rétroagir sur elle-même.

Ainsi, sous le double rapport du divorce pour cause déterminée ou par consentement mutuel, il est prouvé que le sort des époux divorcés ne peut être fixé que par les lois qui ont prononcé la rupture du lien nuptial qui les unissoit. L'article

1.ᵉʳ de la loi du 26 germinal an 11 (14 avril 1803) ne souffre aucune équivoque : sa disposition s'applique trop naturellement à l'espèce pour exciter des doutes : il est le corollaire confirmatif de l'article 2 du Code Napoléon ; il commande le respect envers tous les actes qui ont été le résultat de l'exécution des lois antérieures, sans reporter son action à un temps antérieur à sa date.

Ainsi le consultant, M. S...., est affranchi des dispositions réglementaires du divorce français. Il reste soumis aux effets de celui qui a été prononcé par les lois de son pays, avant que les lois de la grande Nation y fussent naturalisées.

Le Conseil de jurisprudence a cru devoir entrer dans quelques développemens sur cette question, pour prévenir les contestations nombreuses de même nature qui lui sont déférées, et qui résultent toujours du conflit de la législation naissante avec celle à laquelle elle succède chez les peuples alliés, parmi lesquels la correspondance et les travaux du Conseil acquièrent une activité qui devient tous les jour plus rapide. Il a dû surtout se fixer à ces détails pour satisfaire au vœu du consultant, et faire évanouir tous ses doutes.

*Point de fait.*

Le Roi Charles Emmanuel, duc de Savoie, concède par lettres patentes du 13 janvier 1772, au sieur Gaspard Joseph Deriva, l'exercice, pendant le cours de quinze années consécutives, du droit d'exploiter la mine de Saint-Jacques-d'Alaqua, et lui fait remise de tous les bâtimens, usines et ustensiles nécessaires à ladite exploitation, ainsi que de la fonderie de Scopello et ses dépendances, avec tous les effets et ustensiles qui s'y trouvent. *Mediante*, portent les lettres patentes, constitutives de ladite concession, *sia fatta remissione di tutte le fabbriche et mecanismi costrutti per detta miniera, colla fonderia di Scopello ed adiaceuze, e gli effetti, generi ed utigli che vi si trovano.*

Dès l'expédition des lettres patentes, le sieur Deriva est devenu cessionnaire et usufruitier pour quinze années, non-seulement du droit d'extraire le minerai à provenir de la mine concédée, mais encore de tous les bâtimens et machines propres à l'exploitation de la mine et de la fonderie de Scopello, pour en jouir et disposer conformément à leur destination.

Les conditions exprimées dans l'acte de concession, sont, 1.º de diriger les travaux d'exploitation, conformément aux réglemens ; 2.º de faire soumission d'entretenir et réparer tous les bâtimens et dépendances ; 3.º de faire jouir le Souverain des droits de préférence pour tous les cuivres à provenir de la mine, à prix égal, *a prezzo eguale* ; 4.º de payer le douzième du produit de ladite mine en nature ou en numéraire, *di pagarsi la duodecima in natura ed in contanti* ; 5.º de relever les outils et les effets, de les racheter de l'ancien concessionnaire ; 6.º de ne point céder l'effet de ladite concession, sans autorisation préalable ; le tout à peine d'être déchu du bénéfice et de l'effet de ladite concession, *che la contravenzione portera decadimento.*

Le sieur Deriva céda ses droits au sieur Paul Cravazza et Louis Pansiotti qui, à l'expiration du délai fixé par les lettres patentes du 13 janvier

1772, recoururent à l'autorité du Souverain pour obtenir une nouvelle concession.

Le 30 octobre 1787, Victor Amédée, duc de Savoie, leur concéda, de nouveau, *la facoltà di coltivare tre miniere aurifere ed una ramifera d'Alaqua*, la faculté d'exploiter trois mines d'or et une mine de cuivre d'Alaqua, et l'usage des usines et machines destinées à ladite exploitation, sous les mêmes conditions énoncées dans les lettres patentes de 1772, et cela pour en jouir pendant trente années : *Coll' uso delle fabbriche, ordiqui e mecanismi adesso spettanti per trinta anne prossimi, osservando le condizioni e patti ed obblighi al susdetto Deriva imposti, nelle patenti de' 23 settembre 1771 et 13 jannario 1772, e di coltivare lesus dette miniere secondo le instruzioni che loro verrano date.*

Depuis cette concession, le sieur Pausiotti a continué de jouir des trois mines d'or et de celle de cuivre, dont la concession lui avoit été faite conjointement avec le sieur Cravazza.

Dès la réunion de la Savoie à l'Empire français, ces deux concessionnaires ont été maintenus dans leur jouissance, à la charge de se soumettre aux obligations imposées par les lettres patentes du 13 janvier 1772. Le sieur Pansiotti a réuni à sa portion celle du sieur Cravazza, par un acte régulier, revêtu de l'approbation du Gouvernement. Il s'est rendu également acquéreur de tous les effets, ustensiles et meubles, sous les conditions exprimées dans les lettres patentes de 1772.

Le Gouvernement français, voulant donner un grand ressort d'activité à l'industrie nationale, et pensant, avec juste raison, qu'un propriétaire dont la concession est d'une durée limitée ou précaire, est rarement disposé à se livrer aux travaux que des exploitations aussi considérables peuvent solliciter, a donné, par la loi du 21 avril 1810, une nouvelle énergie à l'industrie des concessionnaires de mines, et les a rendus propriétaires des objets compris en leur acte de concession, en déclarant permanente entre leurs mains, la durée de cette même concession.

D'après l'ancienne constitution de la Savoie, les mines étoient assujéties à deux prestations ; l'une stipulée par le droit public, et à titre de souveraincté, au profit du Souverain ; l'autre, suite du système féodal, attribuée soit au Souverain dans les seigneuries particulières dont il étoit possesseur, soit au seigneur féodal de la terre dans laquelle se trouvoit la mine.

Leur droit, à titre de seigneur féodal, étoit réglé par l'article 12 du titre 6 des constitutions sardes ; et étoit fixé au dixième de l'or ou de l'argent, au quinzième du cuivre et de l'étain, et au vingtième du plomb et de tous autres matériaux.

### QUESTIONS.

Le concessionnaire de mines d'or et de cuivre, est-il fondé à en réclamer la propriété perpétuelle, en vertu de la loi du 21 avril 1810, lorsque la concession en avoit été constituée temporairement par lettres patentes du 30 octobre 1787 ?

La prestation stipulée payable par douzième en nature ou en numéraire, du produit des mines, peut-elle être considérée comme ayant eu pour cause impulsive, une cession de fonds, et se trouve-t-elle conservée indépendamment de la prestation qui sera établie en exécution de ladite loi du 21 avril 1810, réglementaire des mines ?

### SOLUTIONS.

Toutes les questions qui pourroient exciter l'intérêt du sieur Pansiotti, sont décidées en sa faveur par la loi du 21 avril 1810.

Dans le cours des discussions qui eurent lieu dans le sein du Conseil d'état relativement à cette loi, on avoit agité la question de savoir si l'on ne laisseroit pas les anciens concessionnaires dans la libre jouissance de leurs propriétés pendant la durée et sous les conditions déterminées dans leur acte constitutif, en remettant à l'époque de l'expiration de leurs droits pour les faire rentrer dans la règle commune. (Exposé des motifs de la loi, par M. le comte Regnaud de Saint-Jean d'Angely).

« Une pensée plus généreuse, a dit cet éloquent
» homme d'état, appelle les anciens concession-
» naires à jouir sur-le-champ du bienfait de la loi,
» leur en impose même l'heureuse obligation, et
» généralise ainsi, au grand avantage des intéressés,
» l'application de la loi; ce qui donnera aussi
» plus de simplicité, de facilité et de force à l'ac-
» tion de l'administration ».

Pour l'intérêt de la discussion, il est utile de jeter un coup-d'œil rapide sur la législation des mines, antérieure à cette loi.

Les lois romaines avoient fixé la quotité des droits à payer au fisc; ils étoient indépendans de ceux dus au propriétaire du fonds dans lequel la mine existoit. *L.* 1, *Cod. de Metallariis et metallis.*

La loi deuxième, *Cod. tit.*, avoit ainsi fixé ce droit : *ob metallicum canonem in quo propria consuetudo retinenda est quatuordecim uncias balluccæ pro singulis libris constat inferri.*

La loi troisième la fixa à un dixième au-profit du trésor public, et à un autre dixième au profit des propriétaires du fonds : *cuncti qui per privatorum loca saxorum venam laboriosis effossionibus persequentur, decimas fisco, decimas etiam domino representent ; cætero modo propriis suis desideriis vindicando.*

Tous les gouvernemens de l'Europe se sont occupés, avec plus ou moins d'attention, de soumettre les mines à une législation spéciale. L'exploitation n'en a été concédée que sous différentes modifications, et moyennant diverses redevances.

On voit que, pour prix de la concession, ils se sont attribués une portion du produit, sauf les droits du propriétaire. Les seigneurs féodaux ont élevé des prétentions et exercé les droits attachés à leurs titres sur le produit de l'exploitation des mines.

François Ier, par son ordonnance du 17 octobre 1540, avoit fait défense d'ouvrir aucune mine, et de travailler à son exploitation, sans permission préalable du roi.

François II, par son ordonnance du 29 juillet 1560, Charles IX, par celle du 26 mars 1563, rappelèrent les dispositions du droit romain sur cette matière, et fixèrent au dixième le droit du fisc, et à un autre dixième celui du propriétaire du fonds.

Au surplus ces monarques ne firent que renouveler l'ordonnance de Charles VI, du 30 mai 1413, la plus ancienne de toutes les lois françaises relatives aux mines et à leur exploitation. Cette ordonnance déclare que «au roi et non à d'autres

» appartient la dixième partie de tous métaux pu-
» rifiés, mis au clair, sans être tenu de payer au-
» cune chose, sinon de protéger les ouvriers ».
Toutefois elle portoit une exception à l'égard des
mines d'or, dévolues pour le tout au domaine de
la couronne; mais en même temps elle proscrivoit
les prétentions des seigneurs hauts ou bas justiciers,
et statuoit que « nul seigneur spirituel ou temporel
» ne pourroit prendre, réclamer, ou demander ès
» dites mines assises dans le royaume, et tirer leurs
» seigneuries la dixième partie ni autres droits des
» mines ».

Mais la foiblesse léthargique des rois avoit encouragé l'audace des seigneurs qui, depuis l'ordonnance
de Charles **VI**, s'étoient emparés, à titre de féodalité, du droit de percevoir une portion du produit des mines. On trouve des traces de l'effet de
cette usurpation dans les lettres-patentes du 10 octobre 1552, qui déclare que dans le cas où le roi
feroit diminution d'une portion du droit à lui réservé pour concession de mine, le quart réservé au
seigneur féodal subiroit une diminution propor-
tionnelle.

Un édit du 26 mai 1563, proclamé par Charles **IX**, fit défense, aux engagistes du domaine, de
prendre ou prélever aucun droit sur les mines, à
moins qu'elles n'aient été expressément engagées.

Henri **IV**, par un édit du mois de juin 1601,
affranchit les mines de fer et autres du payement
du dixième appartenant au souverain; et par un
règlement du 14 mai 1604, il accorda, à titre de
grace, aux seigneurs hauts justiciers et fonciers, le
quarantième denier du produit des mines pour tout
droit, à charge de fournir, aux entrepreneurs, des
chemins commodes.

Toutes ces lois ont été confirmées de nouveau par un arrêté du Conseil du 14 janvier 1744, portant inhibitions et défenses expresses d'ouvrir aucune mine de quelque nature qu'elle soit, sans en avoir préalablement obtenu la permission; et déclarative de la domanialité des mines.

Enfin, tel étoit l'état de la législation et de la jurisprudence des mines, lorsque la loi du mois de juillet 1791 fut promulguée. Cette loi, quoiqu'insuffisante, étoit préparatoire d'une loi plus sage, réclamée par les grands intérêts de l'ordre public. La France en attendoit le bienfait du héros qui l'a régénérée.

La Savoie, sous le règne de ses anciens ducs, étoit régie par des dispositions à-peu-près homogènes et identiques à celles qui viennent d'être retracées : sa législation a vu naître l'acte constitutif de la concession dont il s'agit, dans l'espèce. Quelles étoient les règles auxquelles elle assujétissoit l'exploitation des mines? Le Conseil va les parcourir sommairement pour éclairer la discussion.

Les droits du Souverain sur les mines se déterminoient par le titre même de la concession; et ces droits étoient fixés par la chambre des finances au nom du Monarque.

Quant aux droits affectés au seigneur féodal, ils étoient réglés par l'article 12, titre 6 du livre 6 des constitutions sardes. « On payera, dit cet article, » pour le droit de seigneuriage, soit à nous ou » à nos vassaux, le dixième de l'or et de l'argent, » le quinzième du cuivre et de l'étain, et le ving- » tième du plomb et autres minéraux. »

Ainsi, en Savoie, le concessionnaire d'une mine étoit tenu d'un triple droit différent. Le premier, relatif au droit de souveraineté, étoit attribué au

Monarque, et déterminé par le titre même de la concession; le second, affecté au droit de féodalité, et fixé par les constitutions, appartenoit au duc, dans ses domaines particuliers, ou au seigneur, dans les seigneuries particulières; enfin le troisième, relatif au droit du propriétaire, appartenoit au maître du sol sur lequel la mine étoit ouverte, et suivoit la modification des arrangemens particuliers faits avec lui.

Telles sont en substance les dispositions législatives, sous l'empire desquelles la concession du 30 octobre 1787 a été sanctionnée. Les conditions auxquelles fut subordonnée cette concession consistent dans celles imposées au concessionnaire originaire Deriva, par l'acte du 15 janvier 1792, et à la charge de payer à la chambre des finances le douzième en nature ou en numéraire. La jouissance pendant trente ans des trois mines d'or et d'une mine de cuivre, sises à Saint-Jacques d'Alaqua, et celle des bâtimens, usines et dépendances, nécessaires à l'exploitation, etc., sont, aux termes de ladite concession, accordées audit sieur Pansiotti, ainsi que les dépendances de la fonderie de Scopello.

Par la réunion de la Savoie à l'Empire français, les droits de souveraineté, réservés par la concession de 1787, ont été transmis au Gouvernement de France. Le sieur Pansiotti a continué la jouissance des mines dont la possession lui étoit assurée, et dont l'expiration ne doit arriver qu'en 1817. Il a dû payer au domaine le droit de souveraineté fixé au douzième, en nature ou en numéraire, par l'article 4, et remplir les autres conditions exprimées dans l'acte de concession.

Mais aussi il a recueilli le bienfait des lois fran-

caises qui ont prononcé l'abolition, sans indemnité,
de tous les droits féodaux ; il a par conséquent été
affranchi du droit qui auroit pu appartenir soit au
Souverain, à titre de seigneur particulier, soit à
tout autre seigneur, à titre de féodalité ; mais il
n'a pas été rédimé, par l'effet de ces lois, du payement des droits affectés à la qualité de propriétaire
du sol dans le sein duquel les mines ont été ouvertes.

Comme il a été observé plus haut, leur concession renferme tous les objets compris dans les
lettres-patentes intervenues en faveur du sieur Deriva, le 23 septembre 1771 et le 13 janvier 1772.
Elle porte les mêmes dispositions que le titre constitutif de ce dernier, ainsi conçu : *Il Rè Carlo
Emmanuele a accordato la facòltà al detto Deriva, per quindici anni di coltivare la detta
miniera coll' uso di tutte le fabbriche e mecanismi ad essa spettanti, unitamente al corpo
di fonderia in Scopello colle rispettive adia-
cenze.*

D'après ces faits, la loi du 21 avril 1810 a-t-elle
une application directe à la concession temporaire
du sieur Pansiotti ? Les mines qui en faisoient
l'objet sont-elles devenues la propriété du consultant ?

Avant d'interroger les articles de cette loi, qui
s'expliquent à l'égard des concessions temporaires,
il est bon de reproduire les motifs exposés à la tribune du Corps législatif, au nom du Gouvernement, par M. le comte Regnaud de Saint-Jean-
d'Angely.

« Pour que les mines soient bien exploitées,
» disoit l'orateur, pour qu'elles soient l'objet du
» soin assidu de celui qui les occupe, pour qu'il

» multiplie les moyens d'extraction, pour qu'il ne
» sacrifie pas à l'intérêt du présent, l'espoir de
» l'avenir, l'avantage de la société à ses spécula-
» tions personnelles, il faut que les mines cessent
» d'être des propriétés précaires, incertaines, non
» définies, changeant de mains au gré d'une légis-
» lation équivoque, d'une administration abusive,
» d'une police arbitraire, de l'inquiétude habi-
» tuelle de leurs possesseurs.

» Il faut en faire des propriétés auxquelles
» toutes les définitions du Code Napoléon puissent
» s'appliquer.

» La propriété est le droit de jouir et de dis-
» poser des choses de la manière la plus absolue,
» pourvu qu'on n'en fasse pas un usage prohibé
» par les lois ou les réglemens, de ne pouvoir être
» contraint de céder sa propriété, si ce n'est pour
» cause d'utilité publique, et moyennant une juste
» et préalable indemnité (art. 544 et 545 du Code
» Napoléon.)

» Ainsi, les mines seront désormais une pro-
» priété perpétuelle, disponible, transmissible,
» lorsqu'un acte du Gouvernement aura consacré
» cette propriété par une concession qui réglera le
» droit de celui auquel appartient la surface. »

M. le comte Regnaud de Saint-Jean d'Angély
termine ainsi, en parlant des anciens concessionnaires :

« Vous voyez, Messieurs, quel immense avan-
» tage la loi que nous vous apportons présente aux
» nombreux exploitans des mines, répandus sur le
» territoire de l'Empire.

« C'est, j'ose le dire, un don généreux qui leur
» est fait ; ce sont des propriétés d'une telle valeur
» précairement tenues, temporairement possédées,

» qui, à compter d'aujourd'hui, deviennent des
» biens patrimoniaux héréditaires, protégés par la
» loi commune et dont les tribunaux seuls peuvent
» prononcer l'expropriation. »

Ainsi, à compter du 21 avril 1810, le sort des
anciennes concessions de mines en général a été définitivement fixé par l'article 51 de la loi promulguée à cette époque. A cette époque même, le sieur
Pansiotti est devenu, de propriétaire temporaire
et précaire, propriétaire incommutable des objets,
sans le secours d'aucune formalité préalable, et seulement à la charge d'exécuter les conventions contenues dans son acte constitutif, abstraction de celles
fixant des prestations annuelles ou redevances féodales, abrogées sans retour ; ainsi que de payer les
contributions, ainsi qu'il y est soumis par les art. 33
et 34 du tit. 4, section 2 de la loi, à compter de
l'année 1811.

Quant aux droits réservés au profit du Souverain, comme il est stipulé dans l'acte constitutif,
leur extinction devra s'opérer à compter de 1811,
et ils seront remplacés par ceux fixés par la loi du
21 avril (art. 34). D'après cet article, ils consiste-
ront, 1.º dans une redevance fixe, déterminée à
10 fr. par kilomètre carré de la superficie du ter-
rain, dans l'étendue duquel le droit d'extraire les
mines est concédé ; 2.º dans une prestation propor-
tionnelle au produit annuel de la mine, qui ne
pourra jamais s'élever au-dessus de 5 pour cent du
produit annuel du vingtième.

Il est probable que la nouvelle prestation à établir n'excédera pas le taux fixé par les lettres-
patentes de 1787.

Les dispositions générales de la loi embrassent
les règles relatives aux concessionnaires temporaires

2. 12

et perpétuels tout à la fois. Du moment de sa publication, les anciennes redevances dues à l'Etat, soit en vertu des lois, ordonnances ou réglemens, soit d'après les conditions énoncées en l'acte de concession, soit d'après les baux et adjudications, ont dû cesser.

Or, dans l'espèce, la redevance attachée à l'acte de concession ne peut être considérée comme une prestation résultant d'un bail; elle pourroit l'être, que la loi du 21 avril 1810 ne lui seroit pas moins directement applicable. L'article 40 de ladite loi en prononce l'extinction.

L'article 41 de cette loi n'assimile pas aux anciennes redevances abrogées, celles dues à titre de rentes, droits et prestations quelconques pour cession de fonds ou autres causes semblables.

Le droit réservé au profit du Souverain par les lettres-patentes de 1787, ne constitue point une rente fixe et déterminée. Il est proportionnel au produit annuel des mines; il consiste dans une prestation du douzième en nature ou en numéraire du produit effectif des mines.

Au surplus, ce droit réservé n'a eu pour objet que les droits affectés au Souverain par les constitutions sardes. Mais si au contraire, pour jouir du bénéfice de la concession, le sieur Pansiotti eût été dans l'obligation de stipuler une redevance au profit du propriétaire du fonds dans lequel la mine a été ouverte, cette prestation, dont l'origine ne constitueroit pas un titre prescrit par la loi, subsisteroit entière, et ne seroit pas considérée comme ancienne redevance abrogée.

Vainement voudroit-on appliquer à l'espèce l'article 55 de la loi, trois raisons repoussent cette fausse application.

1.º Le sieur Pansiotti n'a pas pris possession des mines dont l'exploitation lui a été concédée en vertu de la loi de juillet 1791. Ancien concessionnaire, il étoit, à ce titre, fondé à ne point demander une nouvelle concession, en vertu de cette loi, après l'expiration de la sienne.

2.º L'article 55 n'est relatif qu'aux exploitans des mines qui n'ont pas exécuté la loi de 1791; il n'est applicable qu'à ceux qui n'ont pas fait fixer, conformément à cette loi, les limites de leur concession, et n'atteint pas les anciennes concessions distinctes de celles-ci et comprises dans le § qui précède.

3.º L'article 55 n'a trait qu'aux exploitations rappelées dans le même §.

On ne peut invoquer contre le sieur Pansiotti, aucune disposition qui, émanée des usages locaux ou de l'ancienne législation, puisse donner lieu à provoquer une décision particulière.

Les constitutions Sardes ne présentoient l'exception d'aucune hypothèse particulière qui pût solliciter une décision spéciale. Les droits du Souverain, ceux du seigneur féodal, ceux du propriétaire de la superficie du sol, étoient tous fixés d'une manière précise et positive. Les constitutions sardes résolvoient toutes les questions et tous les doutes.

Ainsi, il est prouvé d'une manière incontestable que le sieur Pansiotti, est devenu propriétaire incommutable des mines dont il étoit en possession lors de la promulgation de la loi du 21 avril 1810.

Mais le titre de sa concession actuelle embrasse-t-il la généralité de tous les objets énoncés aux lettres patentes de 1771 et 1772, dont celles de 1787 ne sont que la confirmation? Les usines, les machines, les bâtimens, la fonderie de Scopello, destinés spécialement et exclusivement à l'exploitation des mines, font-ils, dans le vœu de la loi précitée, partie intégrante de la propriété concédée?

La loi du 21 avril résout encore cette question en faveur du consultant. Les dispositions portées dans l'article 8, en harmonie avec celles de l'article 524 du Code Napoléon, qui répute immeubles par destination, les objets placés par le propriétaire pour le service et l'exploitation du fonds, déclarent impérativement que la propriété en est irrévocablement acquise au sieur Pansiotti.

Ainsi, point de distinction à établir entre les mines en elles-mêmes, et les bâtimens, machines, etc. en dépendans. Tous ces objets faisoient partie de la concession temporaire faite au consultant, tous sont compris dans la concession perpétuelle que la libéralité d'un gouvernement, protecteur des arts et de l'industrie, lui a faite. Toutes les obligations imposées par son titre expirent à compter de 1811. Le sieur Pansiotti n'est plus tenu qu'aux prestations déterminées par la nouvelle loi. Les propriétaires de la surface, écartés du droit de réclamer des indemnités, n'ont droit qu'à celles qui leur sont expressément accordées par la loi; ils sont déchus de tous droits dont l'exercice frapperoit sur les anciens concessionnaires.

----

## QUESTIONS.

1.º Il y a-t-il lieu à désavouer ce qu'un défenseur près un tribunal de commerce a fait sans pouvoir, n'ayant pas fait usage de celui qui lui avoit été remis avec des conclusions rédigées?

2.º Un des héritiers peut-il attaquer un arrêt qui intéresse ses cohéritiers ?

Est-il préférable qu'il le fasse plutôt qu'un tiers intéressé à le faire annuler ?

Si celui-ci s'y détermine, sera-ce par une demande immédiate ?

Pourroit-il laisser juger l'affaire dans l'état où elle est, et si l'arrêt ne lui étoit pas favorable, attaquer ensuite le premier arrêt ?

### Ire. SOLUTION.

La loi ne reconnoît point d'avoué près les tribunaux de commerce ; par conséquent la demande en désaveu contre un aggrégé près ces tribunaux ne peut avoir lieu : les articles 352 et 362 du Code de procédure ne lui sont point applicables. Ce défenseur, qui n'a aucun caractère public, ne peut être considéré que comme simple mandataire, s'il a violé la loi du mandat, ou s'il en a abusé, c'est aux parties intéressées à le poursuivre par les voies ordinaires.

Ainsi, s'il est bien établi que le mandataire n'a pas fait ce que son mandant lui a prescrit, sa conduite peut être qualifiée de dol ; et le mandataire, dans ce cas, est tenu de réparer le tort qu'il a fait éprouver ; il doit en outre être condamné en des dommages et intérêts.

### IIe. SOLUTION.

Il est incontestable qu'un cohéritier a le droit d'attaquer par la voie de la tierce opposition un arrêt qui le lèse dans ses intérêts : ce sont les dispositions de l'article 474 du Code de procédure ; mais pour qu'il puisse user de cette faculté, il faut qu'il

n'ait pas été appelé en instance ; car s'il y a été appelé, il n'est pas recevable.

S'il n'est pas dénommé dans l'arrêt que l'on veut
attaquer, on pense qu'il est préférable que ce soit
lui qui forme la tierce opposition. Son intérêt paroît plus directe que celui du tiers, et par conséquent il sera plus favorable aux yeux de la justice.

Mais si l'heritier ne le faisoit pas, et que le tiers
s'y déterminât, on aimeroit mieux le voir figurer
comme subrogé aux droits des créanciers, de son
vendeur, que sous le simple titre d'acquéreur. On
ne dissimule pas que cette qualité, prise isolément,
ne présente rien de rassurant pour le succès, et
qu'il faudroit s'en tenir au titre de subrogé des
créanciers.

Ce seroit la demande incidente qu'il faudroit
employer conformément à l'article 476 du même
Code.

Si le tiers laissoit juger l'affaire dans l'état où elle
est, on ne pense pas qu'il puisse ensuite attaquer
par la voie de la tierce opposition ni par aucune
autre voie l'arrêt dont on se plaint.

La tierce opposition est une ressource que la loi
accorde à la partie lésée par un jugement ou par
un arrêt, quand elle n'a pas été appelée pour défendre ses droits ; mais elle suppose qu'elle n'a pas
eu jusque-là connoissance du préjudice qu'on lui
faisoit, ou que l'on étoit dans le cas de lui faire
éprouver.

Mais lorsqu'il résulte des faits et des circonstances, que la partie qui veut user de la tierce opposition avoit une parfaite connoissance qu'il existoit une contestation pendante, dans laquelle ses
intérêts pouvoient être compromis, et qu'elle n'a
pas usé du droit que la loi lui accordoit d'inter-

venir, l'on pense que l'on peut considérer le silence gardé comme une sorte d'adhésion; à ce qui
a été fait dans de semblables circonstances, les juges
sont les maîtres d'admettre ou de rejeter les moyens
de tierce opposition. Le Conseil de jurisprudence
pense donc que si le tiers est dans l'intention d'user
des droits qu'il a à former une tierce opposition, il
doit le faire dans l'instance pendante, et comme
subrogé aux droits des créanciers, qui est le titre
le plus favorable dont il puisse s'aider.

---

### *Point de fait.*

Jeanne Straub, par son testament mystique, a
donné à son mari la portion disponible, d'après la
loi, de tous les biens qui se trouveront lui appartenir à son décès.

Elle a laissé deux petits enfans d'une fille prédécédée.

Le tuteur de ces petits enfans s'est présenté lors
de l'ouverture du testament; alors il s'est élevé une
difficulté entre l'aïeul survivant et lui.

L'aïeul a prétendu que c'étoit d'après l'art. 913
du Code Napoléon, que l'on devoit régler la disposition faite en sa faveur par sa femme.

Le tuteur, au contraire, a soutenu que c'étoit
d'après l'article 1094 que ses droits devoient être
fixés.

L'aïeul se fonde sur la disposition générale de
l'article 913, relativement à la portion disponible;
et soutient que si l'étranger peut être avantagé de
la moitié des biens du défunt, lorsqu'il n'y a qu'un
enfant, à plus forte raison le mari a droit au
même avantage.

### QUESTION.

Est-ce d'après l'article 913 du Code, ou d'après l'article 1094, que l'on doit déterminer les droits de l'aïeul ?

### SOLUTION.

D'abord l'article 913 s'entend des donations en général, et l'article 1094 renferme une exception pour le cas où le donateur ou testateur a encore son conjoint.

Cet article se trouve au chapitre 9, intitulé : *Des dispositions entre époux, soit par contrat de mariage, soit pendant le mariage.*

D'après cet intitulé, l'on voit clairement que le législateur a mis les époux dans une cathégorie toute particulière qui les sort de la disposition générale de l'article 913, qui se trouve au chapitre 3, intitulé : *De la portion disponible de biens, et de la réduction.* Il faut donc placer l'aïeul là où la loi a voulu qu'il fût, et qu'il ne jouisse que de ce qu'elle lui accorde.

Or, elle a fait un article exprès concernant les donations que les époux peuvent se faire entre eux.

Elle a fixé cette donation indépendamment du nombre des enfans ; elle a eu sans doute ses raisons.

Par-là elle a voulu éviter les suggestions de l'un des époux, et les troubles qui s'éleveroient dans le ménage par la résistance de l'autre.

Elle est très-sévère à cet égard, au point même de dénaturer en quelque sorte ces donations, en les rendant révocables pendant la durée du mariage : à la différence des autres donations par les-

quelles, suivant l'article 894, le donateur se dépouille irrévocablement.

On ne mettra point en doute, de la part de
l'aïeul, que l'article 1094 ne s'entende des testa-
mens comme des donations. Le tribunal avoit proposé de l'exprimer, mais l'on a trouvé l'observation inutile. D'ailleurs quand l'article 1096 dit,
« toute donation, quoique qualifiée entre-vifs », il
fait entendre assez clairement que dans ce chapitre,
sous le mot *donation*, on a compris toute espèce
de disposition de l'un des époux en faveur de
l'autre.

Le Conseil de jurisprudence n'hésite donc pas à
décider que l'aïeul ne peut prétendre qu'à ce que
lui accorde l'article 1094, c'est-à-dire, à un quart
en propriété, l'autre quart en usufruit, ou à la
moitié en usufruit.

______

### QUESTION.

Une femme mariée, sans contrat de mariage,
dans un pays de coutume qui lui accordoit un
douaire tacite, peut-elle en demander le payement
aux héritiers du mari, lorsqu'elle est devenue veuve
depuis la promulgation du Code Napoléon?

### SOLUTION.

Le Conseil de jurisprudence estime que la femme
est fondée dans sa demande.

En effet, en l'absence d'un contrat nuptial réglementaire des intérêts pécuniaires des époux, la
coutume accordoit à la femme un douaire. La
femme n'est censée, par conséquent, s'être mariée
que sous cette condition expresse. Nul n'étant présumé ignorer le droit, on doit penser que le silence

de la femme sur la constitution d'un douaire à son profit, n'a été déterminé que parce qu'elle savoit que la loi avoit, dans ses intérêts, pourvu à la stipulation du douaire. La faveur du douaire étoit telle sous l'ancienne législation, que, suivant l'article 32 de l'édit de 1771, sur le régime hypothécaire, l'hypothèque auquel il donnoit naissance n'étoit pas purgée par les lettres de ratification obtenues, sans opposition, avant l'ouverture du douaire.

Ainsi, du jour même de la célébration du mariage, le mari a opéré, au profit de sa femme, une aliénation irrévocable. Le Code Napoléon, intervenu postérieurement, a saisi la succession du mari dans l'état où elle se trouvoit, pour faire la balance de son actif et de son passif entre tous les héritiers et les créanciers. Le douaire doit donc être considéré comme une dette que la loi nouvelle charge les héritiers d'acquitter.

----

## QUESTION.

L'exécution d'une sentence arbitrale, rendue en dernier ressort, et revêtue de l'ordonnance d'exécution, peut-elle être suspendue par une demande en nullité, dirigée par la partie condamnée?

## SOLUTION.

Le Conseil de jurisprudence estime que le principe de la solution de cette question se rencontre dans le respect dû aux conventions légalement contractées et à l'autorité de la chose jugée. Du moment que des parties colitigeantes ont, par un commun accord, déféré à des arbitres de leur choix le droit illimité et absolu d'assoupir, en dernier ressort les contestations qui les agitoient ; elles sont respectivement sans action pour quereller ou paralyser l'acte qui met un terme à leurs débats. Elles ne peuvent l'attaquer que pour des causes avouées par la loi.

Autoriser, dans l'espèce, l'effet suspensif de l'exécution de la sentence arbitrale, ce seroit méconnoître la foi qui a lié respectivement les parties, et donner carrière à la licence de l'intérêt personnel.

Ainsi, sans avoir égard à la demande en nullité intentée contre la sentence arbitrale qui n'est et ne peut être considérée que comme le résultat de la loi que les parties se sont spontanément imposée, il y a lieu d'ordonner la continuation des poursuites.

------

### QUESTION.

En matière de séparation de corps, l'époux demandeur peut-il, comme en matière de divorce, administrer la preuve des excès ou sévices dont il se plaint, en invoquant le témoignage des domestiques ?

### SOLUTION.

Pour résoudre cette question, le Conseil de jurisprudence rapprochera les articles 251 et 307 du Code Napoléon.

L'article 251, placé sous le titre du divorce, est conçu en ces termes : « Les parens des parties, à
» l'exception de leurs enfans et descendans, ne sont
» pas reprochables du chef de la parenté, non plus
» que les domestiques des époux, en raison de cette
» qualité ; mais le tribunal aura tel égard que de

» raison aux dépositions des parens et des domes-
» tiques. »

Mais toutes les fois qu'il y a lieu à provoquer une demande en divorce pour cause déterminée, le Code, par respect pour le domaine des consciences, veut qu'il soit facultatif aux époux de demander la séparation de corps ou le divorce ; et il se contente de fixer (307) la procédure de la séparation de corps par ces termes généraux : « La séparation de » corps sera intentée, instruite et jugée de la même » manière que toute autre action civile. »

Cela posé, il est une règle fondamentale qui reçoit ici son application directe : *Ubi est eadem ratio, ibi idem jus dicendum est.*

Ainsi, deux raisons concourent, dans l'espèce, pour déterminer le Conseil de jurisprudence à soutenir l'affirmative de la question qui lui est proposée.

1.º Le témoignage domestique peut être invoqué dans la séparation de corps, de même que dans le divorce, parce que, relativement à la qualité qui rend les témoins reprochables ou non, ces deux actions ne diffèrent entre elles que quant à la forme extérieure de procéder, et non quant au fond.

2.º La loi ayant ouvert deux voies aux époux, tendantes à relâcher ou à dissoudre le nœud conjugal, seroit évidemment trompée dans le résultat qu'elle s'est promise, si l'on refusoit à celui d'entre eux dont les principes religieux repoussent le divorce, le droit de se pourvoir en séparation de corps, par un genre de preuves à l'admission duquel son action seroit peut-être subordonnée toute entière.

( 189 )

QUESTION.

La loi du 10 septembre 1807, relative à la contrainte par corps dont les étrangers sont passibles pour le payement des dettes qu'ils ont contractées envers des Français, est-elle applicable à des engagemens souscrits antérieurement à sa promulgation ?

SOLUTION.

Le Conseil de jurisprudence est de l'avis de l'affirmative. Il ne peut mieux appuyer son opinion, qu'en retraçant ici les motifs qui ont entraîné la Cour suprême dans une espèce parfaitement identique à celle qui a donné naissance à la question soumise à son examen.

Après liquidation des droits respectifs de deux maisons sociétaires, une sentence arbitrale avoit prononcé des condamnations contre l'une d'elles envers l'autre.

L'un des associés débiteurs est poursuivi et arrêté en vertu d'ordonnance du juge, décernée en conformité de la loi du 10 septembre 1807, promulguée depuis la sentence arbitrale.

Ce débiteur, citoyen des Etats-Unis d'Amérique, soutient son arrestation vexatoire et illégale, sur ce que sa dette a été contractée à une époque où les étrangers n'étoient pas contraignables par corps ; et par conséquent sur ce que c'étoit donner un effet rétroactif à la loi, que d'en faire porter l'action sur un engagement qu'elle n'avoit pas vu naître, et qui avoit été souscrit sous l'empire et sous la foi d'une loi antérieure.

Ces moyens ne sont point accueillis par les juges

de première instance ni par ceux d'appel. Le débiteur se pourvoit en cassation.

Les termes même de l'arrêt contiennent la réfutation complète du système qu'il a produit :

« La Cour, après un délibéré en la chambre du
» Conseil,

» Attendu que la loi du 10 septembre 1807 doit
» être considérée comme une loi de police, une
» mesure de sûreté prise dans l'intérêt national
» contre les débiteurs étrangers, laquelle ne porte
» aucune atteinte à la substance ni à la nature de
» leurs engagemens, mais est seulement introduc-
» tive d'un nouveau mode pour parvenir à l'exé-
» cution desdits engagemens ; qu'une telle mesure
» est de sa nature susceptible d'une application
» instantanée, et n'admet aucune exception prise
» de l'antériorité de la dette ; qu'ainsi, en confir-
» mant, à l'égard du demandeur en cassation, l'ap-
» plication qui lui avoit été faite de la loi du 10 sep-
» tembre 1807, l'arrêt attaqué n'a pas donné à
» cette loi un effet contraire à son vœu :
» Rejette le pourvoi, etc. »

Du 22 mars 1809. (*Section civile.*)

---

## Point de fait.

Par acte du 16 novembre 1793, G. acquiert *à non domino*, un immeuble. Le véritable propriétaire, alors absent, rentre le 8 novembre 1795, et s'absente de nouveau le 15 février 1799. Ainsi, trois ans, trois mois, sept jours de présence.

A l'époque de la vente, les baillages et sénéchaussées avoient disparu devant les tribunaux de districts, remplacés à leur tour par les tribunaux

civils de département, créés le 7 brumaire an 4
(29 octobre 1795).

Domicilié hors du ressort du tribunal de district, l'absent D. habitoit une commune, sise dans
l'étendue du ressort donné depuis à la cour d'appel.

D. reprend son domicile au lieu de la situation
de ses biens ; et le 15 juillet 1806, il se met en possession de ceux usurpés sur lui et vendus à des
tiers.

Le 15 juin 1807, il fait assigner G. en déguerpissement. Celui-ci oppose la prescription.

### QUESTION.

L'article 2265 du Code Napoléon doit il régler
la supputation des années de présence et d'absence
qu'il détermine pour l'acquisition de la prescription au profit de l'acquéreur de bonne foi ?

### SOLUTION.

G. est acquéreur de bonne foi. Lorsqu'il a traité,
il étoit dans l'intime persuasion que le vendeur
étoit véritable propriétaire de la chose. S'il eût
douté que la propriété ne résidoit pas dans sa
personne, il seroit réputé acquéreur de mauvaise
foi ; il ne pourroit invoquer que la prescription de
trente ans.

D. en 93, n'habitoit pas dans l'étendue du ressort du
tribunal de district de la situation des biens vendus
à cette époque. Il a successivement fixé son domicile dans différentes communes situées hors de ce
ressort, mais placées dans l'étendue du rayon de
la cour d'appel ultérieurement créée.

Sur cette matière le Code Napoléon a fait subir,
à la vérité, quelque modification à l'ancienne lé-

gislation, mais il n'étend son empire que sur l'avenir, et respecte les actes et les droits acquis antérieurement à sa publication. « Les prescriptions » commencées, dit l'art. 2281, à l'époque de la » publication du présent titre, seront réglées conformément aux lois anciennes ».

Le conseil de jurisprudence puisera donc les élémens de sa décision dans les règles du droit ancien, qui légalisoit les parties.

Comme le Code Napoléon, le droit romain établit une distinction entre le possesseur de mauvaise foi et sans titre, et le possesseur de bonne foi avec titre.

Le possesseur de bonne foi et avec titre prescrivoit par dix ans entre présent, et par vingt ans entre absent, malgré la mauvaise foi qui avoit présidé à la possession de son auteur. L'article 2265 du Code Napoléon n'est que la traduction de cette disposition.

Étoient réputés présents ceux qui habitoient la province de la situation de l'immeuble, et absents ceux qui habitoient hors cette province.

Voyez *L.* 11 *et ult. C. de Proscrip. long. temp. n.* 119, *cap.* 7, et pour les développemens l'ouvrage intitulé : *Leçons élémentaires du droit civil romain*, etc, *conféré avec le droit français*, par A. Menestrier, 3 vol. in-12.

Dans les pays coutumiers et d'après l'usage accrédité par la jurisprudence, l'absence n'étoit pas limitée à l'étendue d'une province entière, mais à celle de la juridiction des baillages. Telle est l'opinion de Dunod, ou plutôt celle de M. le président Despiard, dans son *Traité des Proscriptions*, chap. 8, page 175.

« Ceux-là étoient réputés absens, dit cet au-

» teur, par le droit romain, qui étoient domiciliés
» en différentes provinces, suivant le droit fran-
» çais, ce sont ceux qui demeurent en différens
» bailliages. Plusieurs coutumes le portent expres-
» sément, et il ne suffiroit pas que la chose fut
» située dans le bailliage où réside celui qui pres-
» crit pour qu'il put prescrire par dix ans, parce
» que ce n'est pas la chose qu'on prescrit qui est à
» considérer dans ce cas, c'est la personne contre
» laquelle on prétend avoir acquis la prescrip-
» tion ».

Le président Despiard fonde son opinion à cet
égard sur les lois romaines citées, et il invoque à
l'appui, l'autorité de Ricard, art. 116 *de la Coutume de Paris.*

Rousseau de la Combe, *au mot Prescription,*
soutient aussi avec tous les auteurs qui ont com-
menté les coutumes, que l'usage généralement
adopté pour le réglement de la prescription de
dix et vingt ans, est de considérer comme absent
celui qui a son domicile hors du bailliage ou séné-
chaussée, dans l'arrondissement duquel se trouve
situé le fonds qu'on peut acquérir par prescription.

Mais le mode de supputation des années d'absence n'a point varié sous toutes les diverses légis-
lations locales. Les dispositions de la Novelle 119,
chap 8, étoit généralement observées. Cette Novelle déclaroit que si l'absence n'embrassoit qu'une
partie des dix années prescrites, il falloit ajouter à ce
nombre autant d'années que l'absence avoit durée.

Cette règle est encore professée par tous les auteurs qui ont écrit sur la matière, par Dunod,
pag. 174 et 175; par Rousseau de la Combe, section 3, n.º 3, pag. 64, qui parlent en ces termes :

2.                                    13

« Si le créancier ou vrai propriétaire a été durant
» les dix ans, partie présent, partie absent, il faut
» ajouter autant d'années au de-là des dix ans qu'il
» y a eu d'absence pendant ces mêmes dix ans.

» Ainsi, supposez, continue-t-il, qu'une per-
» sonne ait été présente pendant quatre ans (le
» sieur D., dans l'espèce, a été présent pendant
» trois ans, trois mois, sept jours), et que depuis
» elle se fut absentée, il faudroit, pour acquérir
» prescription contre elle, qu'il y eût encore douze
» ans de possession pendant l'absence qui, jointe
» aux quatre ans de présence, font seize ans ».

Dans l'hypothèse soumise à l'examen du Conseil, il faut donc, en appliquant ces principes au
sieur G., décider que la possession nécessaire à sa
prescription, doit avoir pour durée seize ans,
huit mois, vingt-trois jours, à partir de l'époque
du 16 novembre 1793 jusqu'au 15 juin 1807, date
de l'ajournement.

Aucune disposition dans l'ancienne législation,
aucune opinion ne contrarient la doctrine de Rousseau de Lacombe; doctrine explicitement consacrée dans l'art. 2266 du Code Napoléon. Interro-
geons cet article : « Si le véritable propriétaire a
» eu son domicile en différens temps dans le res-
» sort et hors le ressort, il faut, pour compléter
» la prescription, ajouter à ce qui manque aux
» dix ans de présence, un nombre d'années d'ab-
» sence double de celui qui manque pour com-
» pléter les dix années de présence ».

Or, dans l'espèce, la présence n'ayant été que
que de trois ans, trois mois, sept jours, il reste six
ans, huit mois, vingt-trois jours d'absence, qui ne
seront complétés que par treize ans, cinq mois,
seize jours, qui, réunis aux trois ans, trois mois,

dix-sept jours de présence, portent le temps de la prescription à seize ans, huit mois, vingt-trois jours.

Ainsi la prescription ayant commencé à courir du jour du contrat d'acquisition, c'est-à-dire, le 16 novembre 1793, elle n'auroit été complète, si le cours de l'absence eût continué, que le 19 août 1810.

Le Conseil de jurisprudence estime donc, d'après ces considérations, que dans l'espèce particulière la supputation ne peut être calculée sur une autre base que celle qu'il a déterminée, attendu surtout que dans l'intervalle, le sieur D. n'a point repris de domicile au lieu de la situation des biens.

---

### Point de fait.

Par deux actes passés devant notaires, les 18 ventose et 9 prairial an 13, le sieur Culhat avoit amodié au sieur Matagne et à son épouse, deux usines et différens héritages, moyennant la somme annuelle de 1700 f., payable par quartier, de trois en trois mois, et, à défaut de payement, la résiliation, la nullité du bail fut stipulée de la manière la plus précise.

« A défaut par lesdits preneurs d'avoir satisfait
» au payement de leur rendage ci-dessus déter-
» miné, de la manière et aux époques ci-devant
» rappelées, le bail se trouvera, par ce seul fait,
» résilié, ce qui est accepté par lesdits preneurs,
» sans que ledit sieur Culhat soit alors tenu à se
» pourvoir en justice pour cet effet; et dans cette
» dernière occurrence où il y auroit défaut de
» payement de la part des preneurs, à l'un ou à
» l'autre desdits rendages par quartier, ils seront

» tenus, dès ce moment, de déguerpir, sans qu'il
» soit besoin d'aucunes formalités judiciaires pour
» les y faire condamner, attendu qu'ils s'y sou-
» mettent dès maintenant comme pour lors. »

Telle est la clause qui a donné naissance à la
contestation qui a existé entre le sieur Beaugrand
et Adrien Matagne, et sur laquelle le sieur Beaugrand appelle l'attention du Conseil de jurisprudence.

Par contrat, du 25 mars 1809, le sieur Beaugrand a acquis du sieur Culhat les usines comprises
dans ces baux. Le 1.er avril, cette acquisition
ayant été communiquée au sieur Matagne, celui-ci
a reconnu dans un acte signé de lui, cette communication, afin d'éviter la notification du contrat
de vente.

Le premier terme du bail, depuis la vente, est
échu au 4 juin, suivant un second, au 4 septembre, sans que le sieur Matagne ait cru devoir faire
quelques démarches pour se libérer.

Ces deux termes échus sans payement, le sieur
Beaugrand, le 28 septembre 1809, a fait citer en
conciliation Matagne, pour voir déclarer les baux
« résiliés, faute par les preneurs d'avoir acquitté,
» comme ils sont encore en demeure de le faire,
» les fermages échus. »

Le 2 octobre, Matagne paroît au bureau de
conciliation, s'excuse relativement au défaut de
payement, sur ce qu'il y avoit eu des propositions
d'arrangement entre lui et le sieur Canivet, qu'il
annonçoit comme agent du sieur Beaugrand, et
offrit de payer dans la quinzaine les deux termes
échus.

Les parties, ayant vainement épuisé la voie de
la conciliation, ont été renvoyées à se pourvoir.

Le 14 octobre, Matagne a fait offrir réellement au sieur Beaugrand la somme de 850 fr. pour les deux termes échus.

Le 20 octobre, assignation à la requête de Beaugrand, devant le tribunal de première instance, pour ouïr déclarer le bail résilié au préjudice dudit Matagne; celui-ci condamné à quitter la jouissance et remettre le tout en état.

Dans le cours de la procédure, Matagne a fait interroger le sieur Beaugrand sur faits et articles, qui rouloient principalement, 1.° sur l'époque de la signature de l'acte portant communication de la vente, acte daté du 1 avril, et qu'on supposoit du mois de juillet; 2.° sur de prétendues propositions faites avant l'échéance du premier terme, avant le 4 juin, de « remettre la scierie, faisant partie de la » location, moyennant indemnité qui seroit con- » venue »; 3.° sur l'avantage qu'il pouvoit avoir, en qualité de propriétaire, de résilier le bail; 4.° enfin, si depuis le procès commencé, il n'y avoit pas eu des propositions d'arrangement entre les parties?

Sur chacun de ces interrogats, le sieur Beaugrand avoit fait des réponses qui ne devoient laisser aux juges aucun doute; la clause des baux étoit précise; les parties s'étoient faites à elles-mêmes la loi, les juges pouvoient-ils donc relever Matagne de ses obligations, de la condition qu'il s'étoit lui-même spontanement imposée? Ils l'ont cependant fait par leur jugement du 11 mai, rendu en ces termes :

« Considérant que Matagne et son épouse n'ont » pas valablement été mis en demeure aux termes » de l'article 1230 du Code Napoléon;

« Considérant qu'ils ont fait des offres réelles

» dont ils justifient, et qu'il est de la prudence du
» juge d'empêcher la ruine du fermier, surtout
» quand celui-ci a la bonne volonté de s'ac-
» quitter ;

» Le tribunal donne acte à la partie de Valle-
» rand (les sieur et dame Matagne) des offres par
» elle faite, lui ordonne de les effectuer dans la
» quinzaine; ordonne en conséquence que le bail
» dont il s'agit, sera maintenu, renvoye la partie
» de Jonquoy du surplus de ses conclusions, et
» la condamne aux frais. »

A l'époque où le jugement fut prononcé, quatre termes étoient échus ; Matagne et sa femme n'avoient offert, par l'acte du 14 octobre, que deux termes, et, par celui du 6 septembre, le troisième terme, et n'avoient fait aucune soumission relativement au terme échu le 6 mars.

### QUESTION.

Les juges peuvent-ils créer, en faveur du débiteur, une exception à la loi qu'il s'est imposée volontairement dans le contrat constitutif de l'obligation ?

### SOLUTION.

Les conventions ne dépendent que de la volonté des parties, mais une fois souscrites, elles sont obligatoires pour elles, à moins que la loi n'en prononce la nullité.

La convention des parties étoit textuellement énergique ; la nullité du bail, sa résiliation étoit acquise au moment même ou les sieur et dame Matagne se sont trouvés en demeure de remplir leur obligation. Dès ce moment, le sieur Beaugrand

a été en droit « de demander la peine stipulée
» contre le débiteur qui a été en demeure, ou de
» poursuivre l'exécution de l'obligation princi-
» pale ». Du moment même de la demeure résultant du défaut de payement, le sieur Beaugrand
a eu le droit de demander la peine stipulée contre
leur débiteur par le bail; il y étoit autorisé par
l'article 1228 du Code Napoléon, le choix de la
peine ou de l'exécution de l'obligation, lui étoit
laissé par la loi.

La convention étoit positive, les parties avoient
elles-mêmes fixé le mode de prouver la demeure;
les juges ne pouvoient donc dénaturer leur convention, exiger un mode contraire de la constater.

Les preneurs s'obligent de payer les canons du
bail en quatre termes et payemens de trois mois
en trois mois, le premier au 15 prairial, et, à
défaut d'un seul payement, et du moment même,
la résiliation est stipulée à titre de peine, sans qu'il
soit nécessaire de recourir à la justice pour la faire
prononcer : le propriétaire est même dispensé de
demander son payement, *sans qu'il soit besoin
d'en faire la demande.*

Tout est impératif dans la clause irritante du
bail. Elle ne peut être considérée comme purement comminatoire. Les sieur et dame Matagne
se sont eux-mêmes fait la loi et imposé l'obligation de déguerpir, sans qu'il soit besoin d'aucune
forme judiciaire pour les y contraindre, du moment du retard de payement de l'un des termes,
le bail étoit résilié de fait et de droit, ils s'étoient
soumis dès maintenant à déguerpir; comment les
premiers juges ont-ils donc pu anéantir cette convention, ils n'en avoient ni le pouvoir ni l'autorité,

*ubi partes concordes nihil ad judicem;* et les parties étoient convenues que le bail étoit anéanti sans qu'il fût besoin d'en faire prononcer la nullité.

Comment donc concilier le jugement du tribunal avec la volonté des parties ? « Considérant que » Matagne et son épouse n'ont pas valablement été » mis en demeure. »

Dans l'opinion des juges, Beaugrand devoit, par des sommations judiciaires, mettre en demeure les sieur et dame Matagne; mais la clause du bail non seulement ne lui imposoit point cette obligation, mais au contraire la rejétoit entièrement; le défaut de payement anéantissoit le bail du moment même et sans formalité de justice, *dies hominem interpellebat.*

Les premiers juges ont-ils entendu que Beaugrand, n'ayant pas fait signifier judiciairement son contrat d'acquisition, les sieur et dame Matagne n'étoient pas en demeure à son égard ?

Il y auroit alors erreur dans leur décision. L'acquisition de Beaugrand étoit connue de Matagne, l'acte par lui souscrit le 1 avril, peu de jours après la vente, qui rappelle non-seulement cette vente, mais le bail même, ne laissoit aucun doute sur la connoissance parfaite qu'ils avoient eue, et remplaçoit la notification qui auroit été faite de la vente. Considéré comme cessionnaire, le sieur Beaugrand étoit saisi vis-à-vis du débiteur, par l'acceptation de transport que celui-ci en avoit donné par l'acte du 1 avril (article 1690).

Ainsi les premiers juges sont formellement contrevenus à la convention, à la loi que les parties s'étoient elles-mêmes imposée.

Mais les premiers juges ajoutent que Matagne et

son épouse « n'ont pas été valablement mis en
» demeure aux termes de l'article 1230 du
» Code Napoléon. »

Ici, ils ont fait une fausse application de l'article 1230, sur lequel ils ont appuyé leur décision.

En effet, l'article n'est applicable qu'à l'hypothèse d'une obligation de livrer ou de faire une chose, avec stipulation d'une peine en cas d'inexécution, sans fixation de terme pour l'exécution : si le terme est fixé, le créancier a le droit de demander ou la peine ou l'exécution de la convention ( article 1228 ); il ne peut demander les deux cumulativement, que dans le cas où la clause pénale seroit stipulée pour le simple retard ( article 1229 ).

Mais dans le cas où il n'y a pas de terme fixé pour l'accomplissement de l'obligation, la loi veut que le débiteur soit mis en demeure ( article 1230 ), demeure qui ne peut être constatée que par une sommation juridique de remplir l'obligation.

Si cet article étoit applicable à l'hypothèse, la décision des premiers juges contreviendroit à l'article même 1230 et à l'article 1228, en ce que le terme pour accomplir l'obligation ayant été fixé par le contrat même, l'échéance suffisoit seule pour constater la demeure, et les juges en ce cas, établiroient une exception contraire à la loi même qu'ils invoquent.

Ils contreviendroient à l'article 1228, qui laisse au choix du créancier, après l'échéance du terme fixé, la faculté de demander ou la peine ou l'exécution de la convention, sans laisser ce choix à la disposition des juges.

Les premiers juges, dans leurs décisions, sont formellement contrevenus à la disposition de l'article 1139 du Code Napoléon, qui porte :

« Le débiteur est constitué en demeure, soit
» par une sommation ou par autre acte équiva-
» lent, soit par l'effet de la convention, lorsqu'elle
» porte que, sans qu'il soit besoin d'acte, et par
» la seule échéance du terme, le débiteur sera en
» demeure. »

Comment les juges de première instance ont-ils pu méconnoître cette disposition de la loi, et l'enfreindre d'une manière aussi notable ?

Par l'effet de la convention, Matagne et son épouse étoient constitués en demeure, sans qu'il fût besoin d'en faire la demande, et sans qu'il fût besoin d'aucune formalité judiciaire.

Par la seule échéance du terme, Martagne s'étoit lui-même reconnu en demeure. « A défaut par les-
» dits preneurs d'avoir satisfait aux payemens aux
» époques ci-devant rappelées (15 prairial, 15 fruc-
» tidor, 15 frimaire et 15 ventose), le bail se trou-
» vera par le seul fait résilié. »

Ainsi donc Matagne et son épouse étoient valablement mis en demeure par le seul fait de non payement aux époques par lui indiquées ; le bail étoit résilié de plein droit dès ce moment sans qu'il fût besoin d'aucune formalité judiciaire ; et ils étoient tenus de déguerpir sans qu'il fût besoin de se pourvoir « pour les y faire condamner, at-
» tendu qu'ils s'y soumettent dès maintenant, comme
» pour lors. »

La contravention aux dispositions de l'art. 1239, et à la convention des parties, est trop frappante pour craindre que les juges d'appel partagent l'opinion du tribunal de première instance.

Matagne et son épouse ont d'autant plus de tort, que la peine étoit encourue depuis près de quatre mois, lorsque le sieur Beaugrand s'est pourvu ; qu'ils avoient eu un temps plus que suffisant pour essayer de se libérer ; que ne le faisant pas, et connoissant leurs obligations, ils ont volontairement couru les risques de la peine qu'ils s'étoient imposée.

Le deuxième motif que les premiers juges ont donné pour appui à leur décision, n'est pas plus soutenable.

Ils ont fait des offres ! Oui ; mais en temps non opportun, quatre mois dix jours après que la peine étoit encourue, et postérieurement à la demande formée en déguerpissement ; offres qu'ils n'ont pas même été dans la possibilité de réaliser devant le tribunal ; offres incomplètes, puisqu'au moment du jugement quatre termes étoient échus, et qu'ils ne faisoient soumission que pour trois ; qu'ils demandoient encore un délai de quinze jours pour effectuer leurs offres ; terme que le jugement leur accorde, en renvoyant le créancier à se jeter dans les embarras d'un nouveau procès pour être payé.

« Il est de la prudence du juge d'empêcher la
» ruine du fermier, sur-tout quand celui-ci a la
» bonne volonté de s'acquitter, disent les premiers
» juges. »

Il est difficile d'adopter l'idée que la résiliation du bail opéreroit la ruine du fermier. A défaut de payement, le fermier l'avoit lui-même stipulée ; il avoit promis de déguerpir ; il connoissoit bien que son déguerpissement ne pouvoit opérer sa ruine : c'étoit à lui à calculer les risques auxquels il s'exposoit.

Au surplus, les juges ne doivent point s'écarter

de la loi, et aucune considération ne peut les engager à l'enfreindre. Ici ils ont anéanti et la convention expresse des parties, et les dispositions d'une loi positive qui en ordonnoit l'exécution : leur jugement ne peut donc subsister.

Les premiers juges ne s'étant point arrêtés aux faits invraisemblables exposés par Matague, sur lesquels il a fait interroger Beaugrand, qui y a attribué des réponses précises, il ne peut plus en être question sur l'appel.

Au surplus le Conseil de jurisprudence ne pourroit, à cet égard, que répéter les réponses déjà faites dans le mémoire qui lui a été adressé ; et il s'en dispensera.

Ce Conseil estime donc que Beaugrand est bien fondé à appeler du jugement rendu par le tribunal de première instance.

---

## QUESTION.

L'article 386 du Code Napoléon, déclarant déchu de l'usufruit légal le père ou la mère contre lequel le divorce a été prononcé, cet usufruit est-il reversible sur la mère qui a obtenu le divorce contre son mari ?

### SOLUTION.

L'usufruit des biens personnels des enfans est acquis au père, en raison des droits attachés à sa puissance. L'article 384 lui en assure la jouissance pendant toute la durée de sa vie. Tant qu'il existe, la mère ne peut obtenir la concession de cet usufruit.

Ainsi le Conseil de jurisprudence estime que,

sur la question qui lui est proposée, il y a lieu de décider que le divorce ayant ravi au père, d'après le vœu de l'article 386, l'usufruit des biens de ses enfans, la mère en sera saisie du moment qu'elle sera revêtue de la puissance paternelle, c'est-à-dire, du jour du décès du mari : jusqu'à cette époque il restera aux enfans.

***

### QUESTION.

Le mineur émancipé peut-il, sans l'assistance de son curateur, donner décharge d'un capital mobilier, provenant des épargnes qu'il a faites sur ses dépenses ?

### SOLUTION.

L'article 482 dispose en termes généraux, que le mineur émancipé doit être assisté de son curateur toutes les fois qu'il reçoit et donne décharge d'un capital mobilier ; et il impose au curateur l'obligation d'en surveiller l'emploi.

Cet article ne distingue pas. *Ubi lex non distinguit, nec nos distinguere debemus.* Quelle que soit la cause originaire du capital, il est dans la prévoyance de la loi d'en assurer la conservation au mineur. La décision générale de la loi ne souffre aucune exception, et repousse toute espèce de distinction.

***

### *Point de fait.*

Un mari impugne le testament de sa femme coupable de suicide. Il prétend qu'elle étoit égarée par un délire frénétique lorsqu'elle s'est donné la mort; et, sur ce motif, se refuse, en sa qualité de tuteur légal de son fils, à faire la délivrance du legs aux héritiers institués.

Ceux-ci en demandent la délivrance provisoire sous caution. Ils argumentent de la maxime : *provision est due au titre.*

Les premiers juges ont accueilli cette demande. Ils ont motivé leur jugement sur ce que, 1.º le testament attaqué ne présentoit aucun vice de forme ; 2.º sur ce que l'écriture du testateur n'étant pas méconnue, le testament étoit devenu authentique par le dépôt qui en avoit été fait chez un notaire ; et que par conséquent, sous ce rapport, il constituoit un acte duement exécutoire, dont les effets ne pouvoient être paralysés par une opposition qui, par ses causes, ouvroit un vaste champ aux débats des parties.

L'appel que le mari se propose d'interjeter fait naître la question suivante, dont la solution est déférée au Conseil de jurisprudence.

### QUESTION.

L'héritier légitimaire peut-il exciper de l'incapacité du testateur, pour refuser la délivrance au légataire universel, lorsque d'ailleurs le testament est reconnu valable dans la forme ?

### SOLUTION.

Les articles 1004 et 1005 renferment les élémens de la décision qui peut assurer, dans l'intérêt du mari, le succès de son appel.

L'article 1004 est ainsi conçue : « Lorsqu'au » décès du testateur il y a des héritiers auxquels » une quotité de ses biens est réservée par la loi, » ces héritiers sont saisis de plein droit, par sa

» mort, de tous les biens de la succession ; et le lé-
» gataire universel est tenu de leur demander la
» délivrance des biens compris dans le testament. »

L'article 1005 porte : « Néanmoins, dans les
» mêmes cas, le légataire universel aura la puis-
» sance des biens compris dans le testament, à
» compter du jour du décès, si la demande en dé-
» livrance a été faite dans l'année depuis cette
» époque ; sinon cette jouissance ne commencera
» que du jour que la délivrance aura été volontai-
» rement consentie. »

Ainsi, en appliquant ces principes à l'espèce, il
est constant que l'enfant, dont le mari est le tuteur
naturel et légal, a été de plein droit saisi de la succession de sa mère.

Si la loi soumet le légataire universel à l'obligation nécessaire de demander la délivrance à l'héritier légitimaire, elle suppose par cela même que
cette demande doit être formée en justice, puisqu'elle accorde les fruits, à dater de la demande,
toutes les fois que la concession du legs n'a pas été
volontairement consentie.

De la nécessité d'adresser en justice l'action en
délivrance, il suit encore que le Code Napoléon
admet la possibilité d'une opposition exercée du
chef de l'héritier contre lequel la demande est
faite.

Or, il ne peut être dans l'intention du législateur que l'effet de l'opposition, dont elle prévoit
l'hypothèse, soit purement illusoire ou sans effet ;
d'un autre côté, une opposition, telle que la loi l'a
prévue, ne peut pas avoir d'autre cause que celle
résultant du vice dont est inficié le titre du légataire
universel.

Il faut donc épuiser, au préalable, la question de

savoir si le titre est valable ou non, pour déterminer s'il y a lieu d'accueillir ou de rejeter la demande en délivrance du legs.

Ces principes sont incontestables; ils sont dans
la raison et dans la loi. La maxime invoquée par
le légataire, et qui a entraîné les premiers juges :
*la provision est due au titre*, peut-elle balancer
ou neutraliser leur application à l'espèce ?

Quelle que soit la généralité des termes de cette
maxime, l'application n'en doit pas être tellement
absolue, qu'elle ne soit susceptible de subir quelques exceptions.

Le Conseil a prouvé qu'il est dans le vœu de la
loi d'autoriser une opposition à la demande en délivrance, dirigée par l'héritier institué; mais la loi
garde le silence sur le caractère et la nature des
vices qui peuvent exister dans un testament, et qui
peuvent être la base de l'opposition. Le Code a par
conséquent laissé dans le domaine des juges la décision de la question de savoir si, d'après les circonstances du fait, il doit suivre la maxime générale ou appliquer l'exception.

Le Conseil de jurisprudence est donc fondé à
décider que la cause présente par elle-même des
circonstances assez graves pour déterminer le rejet
de la demande en délivrance provisoire du legs. Les
vices dont on excipe pour faire tomber le testament attaquent sa substance même; d'ailleurs, il y
a d'autant moins de danger à surseoir provisoire-
ment à l'exécution de la délivrance, que cette suspension ne lèse en aucune manière les intérêts des
légataires universels, attendu que les biens ne peuvent être aliénés; et qu'en dernier résultat, si les
moyens allégués par l'héritier légitimaire sont rejetés, si le testament est déclaré valable, les fruits

sont assurés au légataire universel du jour même qu'il a intenté sa demande en délivrance.

---

### QUESTION.

Les tribunaux de commerce sont-ils compétens pour connoître de la validité de la forme extérieure d'un acte notarié, constitutif d'une obligation commerciale?

### SOLUTION.

Les juges de commerce sont des juges d'exception ; leurs attributions sont limitées dans une sphère étroite dont ils ne peuvent pas s'écarter. Ainsi, l'exception élevée incidemment dans le cours d'une contestation pendante devant eux, exception qui tend à arguer de nullité un acte notarié, en ce qui concerne la forme extérieure dont il est revêtu, n'est pas susceptible d'être jugée par eux. Ils doivent renvoyer les parties devant qui de droit, avant de statuer sur le fond du litige.

Le Conseil de jurisprudence estime donc qu'il y a lieu d'appeler du jugement du tribunal de commerce qui a mal à propos connu du mérite de l'exception dont il s'agit. Ce jugement ne peut échapper à l'infirmation des magistrats supérieurs, quant à cette exception. La cause et les parties seront renvoyées devant qui de droit.

---

### QUESTION.

Lorsque l'objet principal d'une demande est d'une somme au-dessous de 1000 fr., mais s'élève, par l'augmentation des frais de protêt, à une somme excédante, l'appel est-il recevable?

### SOLUTION.

La fin de non-recevoir paroîtroit fondée sur l'article 646 du Code de commerce, ainsi conçu : « L'appel ne sera pas reçu, lorsque le principal » n'excèdera pas la somme ou la valeur de 1000 fr., » encore que le jugement n'énonce pas qu'il est » rendu en dernier ressort, et même quand il énon- » ceroit qu'il est rendu à la charge de l'appel. »

Des dispositions de cet article, résulte la conséquence que le principal n'étant pas susceptible d'appel, il ne peut y avoir appel de l'incident auquel l'affaire a donné naissance.

Or, dans l'espèce soumise à l'examen du Conseil, le principal de la demande ne consiste que dans la somme portée au billet qui ne s'élève pas à 1000 fr. Les frais de protêt, compris par le demandeur lui-même dans les conclusions de son exploit, ne doivent être considérés que comme accessoires de la condamnation.

Il y a donc lieu de décider que l'appel est recevable.

———————

### QUESTION.

Un individu pourvu d'un conseil judiciaire peut-il valablement tester?

### SOLUTION.

Le Code Napoléon, moins rigoureux que la loi romaine, n'a pas frappé d'interdiction le prodigue. Le droit romain plaçoit le dissipateur dans la même cathégorie que le furieux ou l'imbécille. On se rap-

pelle à cet égard la formule que le préteur fulmi-
noit, toutes les fois qu'il plaçoit un individu dans
les liens de l'interdiction, pour cause de prodiga-
lité : *Quoniam bona patria et avita nequitiá tuá
disperdis , et liberos ad egestatem perducis ;
idcircó eá re, commercioque tibi interdico.*

L'article 513 a apporté un juste tempérament à
la sévérité de l'ancienne législation française. Il permet la dation d'un conseil judiciaire au prodigue,
mais ne l'interdit pas. « Il peut être défendu aux
» prodigues, dit cet article, de plaider, de transi-
» ger, d'emprunter, de recevoir un capital mobilier
» et d'en donner décharge , d'aliéner ni de grever
» leurs biens d'hypothèques, sans l'assistance d'un
» conseil qui leur est nommé par le tribunal. »

Cet article fixant d'une manière précise les actes
que le prodigue ne peut faire légalement sans l'assistance du conseil qui lui a été judiciairement déféré, le Conseil de jurisprudence doit prendre pour
point de départ de sa décision, un principe consacré par la législation ancienne et par la nouvelle.

Domat dit , d'après les lois romaines : « Pour
» connoître quelles sont les personnes qui ont le
» pouvoir de tester ou de recevoir quelque libé-
» ralité par testament, il faut savoir quels sont ceux
» que les lois en rendent incapables; car quiconque
» ne se trouvera dans aucune incapacité, pourra
» tous les deux. » *Lois civiles , livre 5, tit. 1,
sect. 2, n.º 1.*

Cela posé, il suffit d'interroger l'article 902 du
Code Napoléon. « Toutes personnes peuvent dis-
» poser et recevoir, soit par donations entre-vifs,
» soit par testament, excepté celles que la loi en
» déclare incapables. »

L'article 513 précité, énumérant avec soin les actes qui sont dans la capacité civile du prodigue, on ne peut suppléer à ceux qu'il n'a pas textuellement exprimés. D'ailleurs, le testament est un acte unilatéral, qui doit être le résultat de la volonté libre et spontanée du testateur, et affranchi de l'influence de toute volonté étrangère à la sienne : *Testamenta debent esse firma, et non pendere ex alieno animo.* La capacité requise pour la faction active du testament est indivisible ; elle doit émaner exclusivement de la personne même du testateur.

Vainement diroit-on que quoique l'article 513 dont les dispositions sont co-rélatives à celles portées dans l'art. 499, n'ait pas textuellement ravi au prodigue le droit de faire une donation entre-vifs, le prodigue est cependant, par la force même des choses, privé de ce droit, qu'ainsi puisque la prohibition s'étend à la donation entre-vifs, elle doit, par une conséquence nécessaire, s'appliquer au testament.

Il suffit d'un léger examen pour écarter cet argument. Sous le mot *aliéner* dont le législateur s'est servi dans les art. 499 et 513, il est évident que l'on doit comprendre, par l'acception générique de ce mot, la donation entre-vifs, qui, par sa nature, tend à dépouiller, dès l'instant de sa perfection même, le donateur. Tous les actes dévestitifs sont interdits au prodigue, sans le concours de son conseil. Ainsi il est incontestable que, d'après le texte et l'esprit de la loi, le prodigue ne peut donner entre-vifs.

La dation du Conseil judiciaire n'a donc, dans le vœu du législateur, d'autre but déterminé, que

celui d'interdire, au prodigue, la faction de tous
les actes entre-vifs, dont les effets peuvent entraîner
sa ruine.

Mais, en cette matière, tout est rigoureux : on
ne peut ni suppléer, ni retrancher aux dispositions
intentionnelles ou textuelles du législateur. Par
cela même que le testament n'est pas au nombre
des actes interdits au prodigue; par cela même le
prodigue a le droit de tester.

Si l'acte constitutif de ses dernières volontés,
porte avec lui le caractère des vices qui peuvent
en déterminer la nullité, les parties intéressées
pourront l'attaquer par les voies autorisées par la
loi. Jusque-là, le testament reste inattaquable, parce
que, en un mot, l'interdit n'a point de volonté légale, et que le prodigue est constitué par une présomption *juris et de jure* dans la capacité d'en
avoir une.

D'après tous ces motifs, le Conseil de jurisprudence estime que le testament du prodigue N. est
valable.

<hr>

## QUESTION.

La requête civile est-elle ouverte contre les jugemens rendus par les tribunaux de commerce?

## SOLUTION.

La requête civile est un moyen extraordinaire
de se pourvoir contre un jugement pour le faire
rétracter dans les cas expressément autorisés par la
loi.

« Non seulement les parties, disoit M. le comte
» Bigot de Préameneu, en exposant les motifs de
» la loi au corps législatif, non seulement les pa:

» ties doivent être admises à s'opposer à un juge-
» ment rendu sans qu'elles aient été appelées, mais
» encore celui qui, ayant été appelé, a été con-
» damné en dernier ressort, ses héritiers, ses suc-
» cesseurs ou ayant cause, doivent être admis à
» représenter aux mêmes juges que leur religion
» a été surprise, et que leur jugement ne porte
» pas sur des bases essentielles. Un jugement n'est
» que la déclaration de ce qui est vrai et juste sur
» les points contestés; déclaration donnée solem-
» nellement par les organes de la loi. Lorsque les
» juges se sont écartés des formes de procéder, qui
» prescrites à peine de nullité, ont été regardées
» comme nécessaires, leur jugement n'a plus le
» caractère de solemnité ».

Ces expressions de l'orateur du gouvernement
sembleroient donner à croire que la requête civile
peut être ouverte contre toutes décisions judiciaires, abstraction faite du caractère et de la qualité des magistrats dont elles émanent.

Mais l'art. 480 du Code de procédure a signalé
tous les cas dans lesquels on pouvoit attaquer, par
la voie de la requête civile, les jugemens ou arrêts.
La requête civile est une voie rigoureuse et extraordinaire, qui, d'après les termes de cet arrêt, ne
peut être accordée que contre les arrêts et les jugemens des tribunaux de première instance en dernier ressort. *Inclusio unius, exclusio alterius.*
La loi n'ayant pas parlé des jugemens prononcés
par les tribunaux de commerce, le Conseil de jurisprudence estime qu'il n'y a pas lieu à attaquer
celui qui lui est soumis par la voie de la requête
civile.

Les tribunaux de commerce sont des tribunaux
d'exception ; leur organisation est distincte de

celle des autres tribunaux : on ne peut point raisonner par assimilation des dispositions réglémentaires des uns, pour les appliquer aux autres. La célérité avec laquelle doivent s'exécuter toutes les opérations commerciales, sollicitoit vivement les exceptions au droit commun, qui se rencontrent à chaque pas dans le Code de commerce.

---

### QUESTION.

Sous l'empire du Code de Commerce, la vente d'un navire doit-elle être poursuivie devant le tribunal civil ou devant le tribunal de commerce?

### SOLUTION.

Cette question a été l'objet d'une vive controverse entre les jurisconsultes. Le Conseil de jurisprudence va balancer les raisons de douter et de décider, afin de mieux asseoir les bases de son opinion.

Pour soutenir quels tribunaux de commerce sont seuls compétens pour connoître de la vente d'un navire, on dit : les amirautés auxquelles ont succédés les tribunaux de commerce, étoient seules compétentes pour cet objet et pour tout ce qui concernoit le commerce maritime. L'article 2, titre 12 de la loi du 24 août 1790, en leur conférant les attributions attachées aux amirautés, déclare que le tribunal de commerce connoîtra des matières de commerce tant de mer que de terre. Depuis cette loi, la juridiction des tribunaux de commerce n'a subi aucune restriction; seulement la connoissance des prises a été dévolue à un tribunal spécialement chargé de prononcer sur leur validité.

On invoque, à l'appui de cette opinion, les articles 155, 156 et 163 du premier projet du Code
de commerce, ainsi que les mêmes articles du
projet revisé.

L'article 155, dit-on, portoit que le commandement devoit contenir élection de domicile dans
le lieu où siége le tribunal de commerce devant
lequel la vente doit être poursuivie.

L'article 156 déclaroit que les significations à
faire au propriétaire du navire, s'il étoit étranger,
le seroient tant au capitaine qu'au commissaire du
gouvernement près le tribunal de commerce.

On proposoit alors d'établir des commissaires
du gouvernement près les tribunaux de commerce.

L'article 163 portoit que les adjudicataires seroient tenus de payer le prix de leur adjudication
dans le délai de vingt-quatre heures, ou de le con-
signer sans frais au greffe du tribunal de commerce.

Enfin, c'est surtout sur cet article, conservé avec
additions par l'article 209, que les partisans de
cette opinion se retranchent. L'auteur du *Journal
de la jurisprudence commerciale*, an 1808, 1.re
partie, p. 336, M. Boucher l'a professée ouvertement.

Mais le Conseil de jurisprudence embrasse une
opinion contraire, et soutient que le tribunal civil
est exclusivement compétent pour connoître de la
vente d'un navire.

Deux raisons puissantes viennent au secours du
consultant pour appuyer cette opinion.

1.° L'article 442 du Code de procédure déclare
que les tribunaux de commerce ne peuvent connoître de l'exécution de leurs jugemens; or la
vente forcée d'un navire ne peut être provoquée
qu'en vertu d'un titre d'une exécution parée. Les
tribunaux de commerce l'impriment à la vérité à

leurs jugemens; mais la suite que les décisions qui émanent de ces tribunaux peuvent entraîner, les difficultés auxquelles elles peuvent donner naissance dans le cours de leur exécution, ne sont point dans la sphère de leurs attributions.

2.º Par l'article 627 du Code de commerce, le ministère des avoués est interdit pour la postulation devant les tribunaux de commerce, et l'article 204 du même Code porte que la publication de la vente doit désigner le nom de l'avoué constitué par le poursuivant.

Telles sont les raisons sur lesquelles le Conseil de jurisprudence se fondoit, lorsqu'un avis du Conseil d'état, approuvé le 17 mai 1809 et inséré au Bulletin des lois, n.º 4391, vint dissiper tous les doutes et confirmer son opinion.

---

### QUESTION.

Une assignation donnée à comparoître dans le délai de la loi, est-elle valable?

### SOLUTION.

Le Conseil de jurisprudence est de l'avis de l'affirmative. Contre son opinion on invoque l'autorité de M. Pigeau, qui parle ainsi, page 121 de son ouvrage sur la procédure, Tom. Ier.

« Il n'y auroit aucun inconvénient à assigner,
» dans le délai de la loi, si le Code prescrivoit un
» délai uniforme pour toutes les assignations ;
» mais il y a des cas dans lesquels ce délai est ou
» plus long ou plus court; il est plus long, lorsque
» la demeure du défendeur est éloignée du tri-

» bunal où l'affaire est portée de plus de trois
» myriamètres , ou lorsqu'il demeure hors de
» France. Il est plus court, lorsqu'il s'agit de re-
» connoissance ou de vérification d'écriture pri-
» vée; il n'est alors que de trois jours (193). Il y
» a d'autres cas dans le Code où le délai de l'assi-
» gnation est plus court que le délai ordinaire ».

» C'est pour éviter toutes les méprises sur le
» délai de l'assignation que le Code exige que
» l'assignation contienne le délai dans lequel le dé-
» fendeur doit comparoître. L'assignation donnée
» dans le délai de la loi ne remplit pas ce but,
» puisqu'elle n'informe pas l'assigné du délai que
» la loi lui accorde. L'assigné, dira-t-on, trouve
» ce délai dans la loi qu'il est censé connoître.
» Cela est vrai; mais on sait que, dans le fait, les
» particuliers et surtout les habitans des campagnes
» n'ont aucune connoissance des lois sur la procé-
» dure, et ne sont pas à portée de consulter pour
» s'en instruire. Il arriveroit donc que, contre le
» vœu de la loi, l'assignation ne leur apprendroit
» pas le délai dans lequel ils doivent se présenter
» au tribunal. Ces motifs doivent faire décider que
» l'assignation dans laquelle on n'auroit pas énoncé
» d'une manière précise le délai de la comparu-
» tion, doit être déclarée nulle ».

Quel que soit le respect que le Conseil de jurisprudence professe pour les opinions exprimées par
ce docte jurisconsulte, il est fondé à soutenir la validité de l'ajournement argué de nullité.

Nul n'est présumé ignorer le droit ; nul n'est
restituable contre cette ignorance.

Tous les raisonnemens viennent échouer devant
cet axiôme. Dans l'espèce, le délai de l'ajournement

étoit suffisamment exprimé par la loi, pour fixer l'incertitude de l'assigné, et faire évanouir toute espèce d'équivoque.

Un arrêt rendu par la Cour d'appel de Bruxelles, en date du 22 mars 1810, confirme cette opinion; et le Conseil de jurisprudence estime que le consultant est bien fondé dans le mérite de l'exception qu'il propose.

### QUESTION.

La demande en bénéfice de cession doit-elle être portée devant le tribunal civil ou devant le tribunal de commerce?

### SOLUTION.

D'après le texte de l'article 635 du Code de commerce, §. 4, portant que les tribunaux de commerce connoissent des cessions de biens faites par les faillis, on pourroit croire que la connoissance de toutes les demandes de cette nature n'appartient aux tribunaux de commerce, que lorsqu'il s'agit de créances dont la cause a été déterminée par des opérations commerciales; mais que les tribunaux civils sont saisis de ces sortes d'actions, toutes les fois que les dettes sont civiles ou sont commerciales et civiles tout à la fois.

Le Conseil de jurisprudence estime que cette distinction n'est pas dans la loi, et ne résulte pas du §. de l'article invoqué.

La question de savoir si un débiteur doit être ou non admis au bénéfice de cession, est une question dont la solution présente des difficultés trop ardues pour être fixées par les juges de commerce. Ces difficultés se rattachent aux règles qui sont dans le domaine du droit civil.

D'ailleurs, le Code de commerce combat virtuellement l'opinion contraire à celle du Conseil.
L'article 572 de ce Code déclare que dans le cas
de la détention de la personne du débiteur, le jugement qui l'admet au bénéfice de cession doit
ordonner son extraction. Or, les tribunaux de commerce ne peuvent ordonner l'extraction d'un débiteur, parce que, d'après le texte formel de l'article 442 du Code de commerce, ils ne peuvent
connoître de l'exécution de leurs jugemens.

Il y a plus ; l'article 635 dont on argumente,
milite à l'appui de l'opinion du Conseil. Cet article
n'accorde aux tribunaux de commerce la connoissance des cessions de biens, que pour la partie qui
leur en est attribuée par l'article 901 du Code de
procédure. Or, quelle est la partie de ce jugement ?
Elle ne consiste que dans la réitération opérée par
le débiteur en personne, de la cession précédemment admise. Par conséquent, il faut en conclure
que si les tribunaux de commerce ne connoissent
des demandes en cessions de biens que pour cette
partie, la loi leur interdit la connoissance de l'autre
partie : *Qui de uno dicit, de altero negat.*

D'après ces considérations, le Conseil de jurisprudence estime que le jugement du tribunal de
commerce qui a prononcé sur la demande en cessions de biens du sieur D., qui lui a été déférée,
sera infirmé sur l'appel que le consultant doit en
interjeter.

------

## QUESTION.

L'acceptation d'un legs dont on a touché le montant, rend-il incapable d'attaquer comme héritier
le testament qui contient la libéralité ?

### SOLUTION.

Le Code Napoléon n'a pas prévu le cas d'exécution d'un testament ; ainsi, il faut recourir au droit ancien pour résoudre la question agitée.

D'après les anciens principes, personne n'est censé renoncer gratuitement à ses droits, lorsque la renonciation n'est pas faite expressément.

Un autre principe non moins certain, c'est que l'héritier légitime qui a partagé une succession avec l'héritier institué, peut, si par la suite il reconnoît quelques vices dans le testament, revenir contre le partage qu'il a fait. *L. 4, c. de jure et facti ignorantia.*

Un troisième principe enfin, c'est que pour renoncer validement à la nullité résultante d'un testament, il faut le ratifier expressément, *inspectis tabulis et cognitis ejus verbis.*

De ces principes, il résulte évidemment que les acceptant le legs n'ont point renoncé au droit d'attaquer le testament et d'en faire prononcer la nullité.

C'est ainsi que l'ont décidé deux arrêts de la Cour d'appel de Turin, en date des 4 et 22 mars 1806.

Les consultans sont bien fondés à demander la nullité du testament dont il s'agit.

---

### QUESTIONS.

Le propriétaire d'un bois est-il fondé à demander des fossés pour séparer sa propriété de la terre de son voisin.?

Un bois est-il toujours censé clos de fossés, lors même qu'il n'y en a pas ; le propriétaire du

bois qui veut être clos par des fossés, est-il obligé
de creuser sur son terrein, et de détruire ainsi une
partie de son bois?

### SOLUTIONS.

Le propriétaire d'un bois ne peut jamais être
fondé à demander des fossés au propriétaire de la
terre, pour séparer les bois de la terre.

Les fossés n'ont d'autre but que de favoriser l'é-
coulement des eaux pluviales, ou de défendre les
propriétés.

Si les eaux pluviales ne nuisent qu'à une seule
propriété, c'est au maître à les faire creuser sur
son terrein, parce que c'est lui seul qui profite de
l'écoulement. Si les maîtres des deux héritages
contigus trouvent que le séjour des eaux leur porte
préjudice, c'est à eux à s'en entendre, mais, même
dans cette supposition, il ne peut être contraint à
contribuer à la confection du fossé.

Si le fossé n'est nécessaire que pour défendre
l'héritage, c'est à celui qui veut être clos et défendu,
à faire le fossé.

La construction du fossé est une charge imposée
à la propriété, l'entretien annuel est encore une
autre charge; mais nul ne peut être contraint à
supporter une charge malgré soi.

On peut appliquer aux fossés les principes du
mur mitoyen : tout propriétaire d'un tel mur
peut se dispenser de contribuer aux réparations
et reconstructions, en abandonnant le droit de mi-
toyenneté, pourvu que le mur ne soutienne pas
un bâtiment qui lui appartienne.

Par la même raison, on ne peut contraindre
son voisin à contribuer à la construction et entretien des fossés.

Les limites ou bornes les plus naturelles sont les pierres que les arpenteurs placent pour séparer les deux héritages ; l'établissement des bornes a pour unique but d'empêcher les usurpations que chaque voisin seroit tenté de faire, et il suffit d'un signe apparent pour constater les limites des deux héritages.

Les bois ne peuvent jamais être présumés ou censés clos de fossés, quoiqu'ils ne le soient pas réellement.

Quel seroit le but de cette présomption ? La loi n'a pas déterminé l'espèce de bornes qui devoit séparer chaque nature d'héritage ou de terrein. C'est au propriétaire qui veut être plus sûrement défendu, à faire les ouvrages qu'il faut pour augmenter sa défense ; c'est sur son terrein qu'il doit établir les ouvrages qu'il fait ; c'est à lui à calculer si les avantages qu'il pourra obtenir de l'établissement des fossés, lui compenseront la perte des bois qu'il éprouvera, mais il ne peut jamais contraindre son voisin à y contribuer d'aucune manière.

---

### QUESTION.

Les parens du père d'un enfant naturel sont-ils fondés à demander que sa mère soit privée de sa tutelle ?

### SOLUTION.

L'enfant naturel qui n'est pas légalement reconnu, n'a aucun parent ; il n'est membre d'aucune famille, les parens des auteurs de ses jours lui sont absolument étrangers, i;s n'ont aucun droit d'inspection sur lui, ni sur ceux à qui son éducation a été confiée.

Sous l'ancienne législation il n'existoit pas de rapports civils entre le père et l'enfant naturel ; il n'existoit entre eux que des liens naturels ; le père n'avoit pas d'autorité sur son enfant naturel : ce dernier, même mineur, pouvoit se marier sans son consentement.

La loi du 4 juin 1793 a établi, à la vérité, des relations civiles entre les pères et les enfans naturels, en accordant à ceux-ci la successibilité. D'un côté, le père se trouve investi des mêmes droits sur eux que sur ses enfans légitimes ; de l'autre, devenus membres de la famille, les enfans naturels acquièrent le droit de parenté avec tous ceux qui la composent.

Mais ils ne peuvent obtenir cet avantage que lorsqu'ils ont été reconnus légalement.

Il faut donc pour résoudre la question distinguer quatre époques.

1°. Si le père est mort avant la loi du 4 juin 1793, il n'y a jamais eu entre lui et son fils de relation civile, point conséquemment de liaison civile entre l'enfant naturel et les parens du père. Ces derniers sont non-recevables à provoquer la destitution de la mère.

2°. Si le père est mort dans l'intervalle de la loi du 4 juin 1793 à celle du 12 brumaire an 2, il faut distinguer si l'état de l'enfant est reconnu, d'après une possession d'état conforme à l'article 8 de cette loi, ou s'il n'est pas reconnu.

Au premier cas, il existe entre les parens du père et son fils naturel des liens civils : en conséquence, leur action peut être admise s'ils ont des motifs déterminans.

Au second cas, n'existant pas encore de liens civils entre l'enfant naturel et la famille de son père, elle est donc, quant à présent, non recevable.

3°. Si le père est mort depuis la loi du 12 brumaire, les droits des enfans ont été suspendus jusqu'à la promulgation du Code. Les droits des parens du père à son égard ont été pareillement en suspens. Ainsi, jusqu'à la promulgation du Code, ils n'ont pas eu qualité pour diriger une action de cette nature.

4°. Si le père est mort depuis la promulgation du Code Napoléon, ils sont habiles à examiner la conduite de la mère, et à lui faire ôter la tutelle si les faits qu'ils ont à prouver contre elle sont de nature à déterminer cet acte de rigueur.

Les liens civils qui existent entre les parens du père et son fils naturel, leur permettent d'interposer l'autorité des lois pour censurer la conduite de la mère et la priver des facultés qu'elle lui accorde lorsqu'elle s'en est rendue indigne.

En effet, du moment que le législateur a identifié l'enfant naturel à la famille, du moment que le père conserve sur lui la même puissance que celle qu'il exerce sur ses enfans légitimes; du moment que l'enfant naturel reconnu ne peut contracter mariage sans le consentement de son père, ou sans lui avoir fait l'acte respectueux commandé par la loi; du moment qu'il devient son héritier à défaut d'autre successible; du moment enfin que le père peut sévir contre lui, comme il le feroit contre ses autres enfans, il faut en tirer la conséquence qu'il fait partie de la famille, et que dès lors cette famille a le droit d'examiner la conduite de la mère, de la critiquer, et de provoquer sa destitution de la tutelle, si elle s'est rendue indigne de remplir un aussi honorable emploi.

### QUESTION.

Un exécuteur testamentaire, quoique notaire, doit-il être considéré comme simple dépositaire des sommes léguées, et être tenu d'en rendre compte aux légataires, quand bien même il justifieroit les avoir versées à la caisse d'amortissement?

### SOLUTION.

Le notaire exécuteur testamentaire, dépositaire des deniers de la succession pour acquitter les sommes léguées, n'en est pas dépositaire comme notaire, comme officier public : il en est dépositaire en sa seule qualité d'exécuteur testamentaire, et comme le seroit tout autre particulier non notaire.

Pour décider si l'exécuteur testamentaire, simple particulier, qui a versé à la caisse d'amortissement, est libéré envers les légataires en leur représentant la quittance qui constate le versement, il faut examiner s'il est dans le cas de la loi du 23 septembre 1793, qui a ordonné le versement à la caisse d'amortissement.

Elle ordonne, article 3, le versement 1°. des dépôts lors existans, faits chez des notaires ou autres officiers publics, en vertu de jugement ou par permission de justice; 2°. des dépôts faits entre les mains de particuliers, en vertu de jugemens ou par permission de justice; 3°. de ceux faits volontairement lorsqu'il sera survenu entre les mains du dépositaire, des saisies ou oppositions. L'art. 6 contient cette dernière disposition pour les dépôts volontaires qui auront lieu par la suite.

Le dépôt dont il s'agit dans l'espèce n'est pas dans la première classe, parce que d'une part, le

notaire n'a pas reçu comme officier public, et que
d'autre part, il n'y a eu ni jugement, ni permission de justice pour faire ce dépôt : il n'est pas
dans la seconde, parce que, fait entre ses mains,
comme particulier, il n'y a eu ni jugement ni permission de justice : il est dans la troisième classe,
parce que le dépôt est volontaire. La loi oppose
ici le dépôt volontaire au dépôt judiciaire : elle appelle dépôt volontaire, celui qui est fait sans jugement ni permission de justice.

Ainsi, pour décider la question proposée, il faut
savoir s'il y a eu saisie ou opposition entre les mains
du notaire, ou s'il n'y en a pas eu. Au premier
cas, le versement à la caisse d'amortissement a été
forcé : le notaire est libéré en représentant la quittance du versement. Au deuxième cas, le versement a été purement volontaire de sa part : il doit
représenter aux légataires la somme qu'il a eue en
dépôt, comme exécuteur testamentaire.

---

### QUESTION.

Les bénéfices d'un bail cédé par le père à l'un
de ses enfans, sont-ils compris dans les objets rap-
portables à sa succession ?

### SOLUTION.

Il faut distinguer entre les bénéfices qui résultent de l'industrie, et ceux qui proviennent des conditions avantageuses d'un bail. Les premiers appartiennent au cultivateur, et doivent lui rester. Les
seconds étoient essentiellement dans le bail, et faisoient partie du patrimoine du cédant ; ils doivent

donc être rapportés. Pour en fixer l'objet, il faut
le faire évaluer par deux experts cultivateurs : et ils
en trouveront la juste mesure dans la somme qu'ils
auroient pu donner eux-mêmes au temps de la cession pour l'obtenir.

----

### QUESTION.

Les expropriations forcées peuvent-elles être
poursuivies et prononcées valablement en vacations?

### SOLUTION.

La chambre des vacations a le pouvoir de statuer
sur toute matière, sans aucune exception : ainsi l'a
décidé la Cour suprême. La raison est que les
jugemens à rendre en vacations ne sont que la
continuation de la distribution de la justice, et que
pendant ce temps, les principes ne cessent pas d'a-
voir leur application. La seule différence qui existe
entre les temps ordinaires et celui des vacations,
est que les chambres ou sections des vacations sont
« uniquement chargées de prononcer sur les affai-
» res qui requièrent célérité ».

Ainsi, la question proposée se réduit à examiner
si l'expropriation forcée requiert célérité.

L'affirmative devient certaine : lorsqu'on ouvre
la loi, on y voit que le législateur a eu pour but d'é-
tablir une procédure abrégée, afin d'éviter la ruine
totale du débiteur, écrasé par les longueurs interminables du décret forcé. L'affiche peut avoir lieu un
mois après le commandement ; elle doit indiquer le
jour de la vente ; le procès-verbal de son apposition
doit être notifié à la partie saisie et aux créan-

ciers inscrits ; il ne peut y avoir plus d'un mois entre cette notification et le jour indiqué pour la vente ; l'adjudication doit avoir lieu, au jour indiqué par l'affiche, ou tout au plus remise au mois, si le bien n'est pas porté à plus de quinze fois le revenu, suivant la matrice du rôle. La loi ne fixe aucun temps pour les poursuites préliminaires ; elle n'en fixe donc aucun pour l'adjudication qui doit avoir lieu à une époque fixe et déterminée, à partir de ces poursuites. Ainsi l'expropriation forcée peut être valablement prononcée en vacations. Si elle ne pouvoit être prononcée par le tribunal en vacation, il y auroit, contre la disposition de la loi, un temps de l'année pendant lequel on ne pourroit procéder à l'affiche, à l'apposition d'affiche, au procès-verbal d'apposition d'affiche, savoir, pendant la quinzaine qui précède les vacations, et pendant le dernier mois des vacations. Si à la première publication qui auroit lieu à la veille des vacations, le bien n'étoit pas porté à quinze fois la valeur du revenu, l'adjudication seroit remise, contre le vœu de la loi, à plus de deux mois.

## QUESTION.

Des héritiers collatéraux qui se présentent long-temps après l'ouverture de la succession, sont-ils fondés à revendiquer les biens auxquels ils avoient droit, et qui auroient été vendus, soit par leur cohéritier, soit par celui qui n'en avoit que le titre apparent ?

## SOLUTION.

En toute succession, le second appelé peut, à

défaut du premier, se présenter et recueillir les biens du défunt. Le peut-il avant la renonciation expresse du premier, investi de droit des biens, par l'adage si connu, *le mort saisit le vif?* On distingue à cet égard la succession directe et la succession collatérale.

La propriété des enfans est en quelque façon la continuation de la propriété du père. La succession directe est si conforme au vœu de la nature, que les enfans ne sont privés de leurs droits que par une renonciation expresse. Tant qu'ils n'ont pas renoncé expressément, la saisine légale conserve tous ses effets à leur égard, et même à l'égard des tiers. La succession ne peut être regardée comme vacante, ni être appréhendée de fait par un collatéral, second appelé après eux, comme le plus proche à leur défaut.

Quant à la succession des collatéraux, l'héritier le plus proche saisi de droit, perd vis-à-vis des tiers l'effet de cette saisine légale, lorsqu'il ne se présente pas pour l'appréhender de fait. En conséquence, 1.° s'il ne se présente aucun autre parent, la succession est considérée comme vacante ; 2.° si un parent plus éloigné se présente et appréhende de fait la succession, en se portant pour héritier, les tiers, qui ne sont pas obligés de connoître la famille, sont fondés à le considérer comme tel, tant que le parent le plus proche ne réclame pas. Ainsi, tout ce qui se fait avec l'héritier apparent, est valable à leur égard.

Si par la suite il se découvre un parent plus proche qui réclame la succession en totalité, ou un parent aussi proche qui en réclame une portion, le réclamant doit rentrer en possession de l'hérédité, soit pour le tout, soit pour la portion qui lui étoit dévolue; mais sous la condition que tout ce qui a été fait avec l'héritier apparent, sera valable. Il doit s'imputer à lui-même de ce que par son silence, il a donné lieu de croire qu'il n'étoit pas héritier, et de traiter avec le parent qui s'étoit porté tel sans aucune réclamation de sa part. Un parent est plus obligé de connoître l'état de sa famille, que des tiers qui lui sont étrangers.

Par cette raison, les ventes et aliénations consenties par l'héritier apparent sont valables, l'acquéreur en devient propriétaire incommutable; l'héritier plus proche ne peut revendiquer l'immeuble aliéné; l'héritier aussi proche ne peut le revendiquer pour sa portion : ils ont seulement, contre l'héritier apparent, l'action en restitution de la valeur de leur propriété aliénée.

Si l'héritier plus proche est tenu des faits de l'héritier apparent qu'on invoque contre lui, il peut aussi *vice versá* profiter des conventions, des jugemens qui ont eu lieu en faveur de l'héritier apparent pendant sa gestion.

---

## *Point de fait.*

Le sieur B., négociant, domicilié à Paris, époux divorcé de Louise H., fait un voyage en Suisse à l'époque de 1800, où il contracte un nouveau mariage avec Auguste E., de la religion protestante, elle-même divorcée d'un premier mari.

Ils se sont mariés au domicile de la future, en Suisse, suivant le rit protestant, mais sans publications de bans au domicile du mari.

La nouvelle épouse a suivi son mari en son domicile à Paris, y a habité une année; et les époux n'ont pris aucunes précautions pour ratifier leur union, conformément aux lois françaises.

Ce mariage avoit été précédé d'un contrat passé en Suisse, mais fait par acte sous signature privée.

Après une année de cohabitation, les époux se sont séparés : la demoiselle E. est retournée en Suisse, et le sieur B. a continué son domicile à Paris.

### QUESTION.

Le mariage contracté en Suisse entre le sieur B., catholique, domicilié à Paris, et la demoiselle E., protestante, est-il valide, conformément aux lois françaises ?

### SOLUTION.

La solution de cette question se puise dans les lois qui régissoient les parties à l'époque de la célébration.

La différence des religions n'étoit point un obstacle au mariage ; et déjà avant la révolution on n'observoit plus l'édit de 1680, qui avoit interdit le mariage entre les catholiques et les protestans.

Mais le mariage devoit être notoire, et il ne l'étoit que par la publication des bancs de mariage au domicile de l'un et l'autre époux, à peine de nullité. La déclaration du 26 novembre 1639 exigeoit encore que le mariage fût célébré en présence de quatre témoins et par le curé de l'une des parties contractantes, ou sur permission.

Quant au mariage des Français en pays étrangers, la déclaration du 16 juin 1685 exigeoit l'autorisation du Souverain, et prononçoit la peine des galères contre les hommes, et du bannissement contre les femmes, confiscation de leurs biens ou amende de 20,000 liv. tant contre les époux que contre les père et mère, tuteur et curateur, qui y auroient consenti.

Tels étoient les principes sur la matière, lors de la publication de la loi du 20 septembre 1792. Cette loi, considérant le mariage comme un contrat civil, a ordonné la publication des bans ou promesses de mariage à la municipalité du domicile de chacun des époux, et n'en a point dispensé ceux contractés en pays étrangers, principes de nouveau consacrés par le Code Napoléon.

L'article 165 exige qu'il soit célébré publiquement devant l'officier civil du domicile de l'une des deux parties. Dans le cas particulier, le mariage ayant été contracté en Suisse au domicile de la future et devant le pasteur qui avoit le droit de le proclamer, il l'a été devant l'officier civil de l'une des parties : sous ce rapport point de nullité à opposer.

Mais le futur étoit français, avoit son domicile à Paris; et par son séjour momentanné en Suisse, où il n'étoit sans doute que pour les affaires de son commerce, il n'a pu perdre la qualité et les priviléges qui lui étoient acquis.

Il n'avoit point formé d'établissement en Suisse; et loin d'avoir manifesté son intention d'y fixer son domicile, il a prouvé son intention contraire en revenant à son domicile et y conduisant son épouse. Ainsi, il devoit se conformer au prescrit de la loi française, en ce qui concernoit les formalités préliminaires à son mariage.

« Le mariage contracté en pays étranger entre
» Français, et entre Français et étranger, sera va-
» lable, s'il a été célébré dans les formes usitées
» dans le pays, pourvu qu'il ait été précédé de

» publications prescrites par l'article 63, au titre
» des actes de l'état civil (Code Napoléon, ar-
» ticle 170. ) »

Ainsi, le mariage des Français contracté en pays
étranger, quoique célébré dans les formes usitées
dans le pays, est nul s'il n'a pas été précédé des publications prescrites par l'art. 63, qui porte :

« Avant la célébration du mariage, l'officier de
» l'état civil fera deux publications à huit jours ; il
» sera inscrit. »

Le sieur B. ne pouvoit donc pas valablement
contracter mariage en Suisse sans au préalable faire
faire à la municipalité de son domicile les publications prescrites par la loi. « Les deux publications
» ordonnées par l'art. 63 seront faites à la munici-
» palité du lieu où chacune des parties contrac-
» tantes aura son domicile (art. 166). »

Le sieur B. avoit son domicile à Paris, se ma-
riant en Suisse, il devoit faire faire à sa municipalité les publications prescrites : leur omission emporte la nullité du mariage par lui contracté.

Cette formalité, eût-elle été observée, la loi,
pour reconnoître son mariage, lui prescrivoit une
autre formalité. « Dans les trois mois après le re-
» tour du Français sur le territoire de la répu-
» blique, l'acte de célébration du mariage con-
» tracté en pays étranger sera transcrit sur le re-
» gistre public des mariages du lieu de son domi-
» cile. »

Le sieur B., qui sans doute ne se dissimuloit pas
la nullité de son mariage contracté sans publications à sa municipalité, n'a pas cru pouvoir y présenter son acte de célébration pour y être transcrit sur les registres.

Il est constant que la loi du 20 septembre 1792

a été violée. Elle prescrivoit la publication des bans à la municipalité du domicile du sieur B., à Paris. Il est prouvé qu'ils n'y ont point été publiés : ainsi le mariage n'est pas valable.

La loi du 20 septembre 1792 distingue les conditions prescrites, à peine de nullité ; et on doit distinguer ce qui tient à l'intérêt public de ce qui n'est relatif qu'à l'intérêt privé entre le contrat naturel et le contrat civil.

Il n'y a pas de contrat civil de mariage. Si l'on a négligé les formalités prescrites pour sa validité, la publication des bans à la municipalité du domicile de l'une des parties (cette formalité est de droit public), le mariage n'est point valable, il n'existe point ; et il n'y a pas lieu à poursuivre l'annulation de ce qui n'existe pas.

En France on n'admet point de contrat de mariage passé par acte sous signature privée : ainsi, celui passé entre les parties n'est point valable, et seroit rejeté dans tous les tribunaux.

Si le mariage étoit valide, suivant les lois françaises, il n'y auroit de moyen pour en obtenir la dissolution que celui du divorce ; et comme le divorce ne pourroit être demandé pour cause déterminée, il ne pourroit avoir lieu que par consentement mutuel : mais pour cela il faut que la femme ne soit pas âgée de quarante-cinq ans. Toutes les autres conditions se rencontrent. Ici les parties sont majeures, le mariage est célébré depuis plus de deux ans, et il n'a pas duré 20 ans.

Mais pour cela il faudroit que la femme parût en personne à toutes les opérations prescrites par le Code Napoléon ; et elle demeure en Suisse. Elle seroit donc forcée d'habiter Paris, d'y faire un séjour au moins de treize mois, ou des voyages très-fréquens et qui seroient dispendieux.

Mais pour la sûreté de toutes les parties, et particulièrement du mari et de ses héritiers, Auguste E. peut s'adresser au consistoire de son domicile, où le mariage a été contracté, obtenir acte de divorce, pour lequel il suffit du consentement par écrit du sieur B. ; le consistoire pourra aussi prononcer la nullité du mariage, fondé sur ce qu'il a été contracté par un Français domicilié à Paris, sans publication de bans à la municipalité de son domicile; mais pour cela, on le répète, il faut le consentement exprès et par écrit du sieur B.

Le divorce ou la nullité ainsi prononcé sur la demande même d'Auguste E., celle-ci ne pourra plus se prévaloir de son mariage pour former des prétentions soit contre le sieur B. soit contre ses héritiers, qui seront toujours fondés à lui opposer le divorce qu'elle aura fait prononcer elle-même, ou la dissolution par elle demandée de son mariage, fondée sur le défaut de publication de bans à la municipalité du domicile du sieur B.

# INFLUENCE DU DROIT ROMAIN.

## SUR LA LÉGISLATION DE TOUS LES PEUPLES, ET NÉCESSITÉ DE L'ÉTUDIER.

*Par M. A*GRESTI*, Jurisconsulte Napolitain, ancien Professeur de droit à l'Université de Jurisprudence, juge en la Cour de Cassation du royaume de Naples, Membre du Conseil de Jurisprudence.*

Mœurs, usages, habitudes, administration publique et religion, peuples et empires, tout a changé et subi les plus grandes révolutions; la législation romaine a enchaîné seule l'action du temps, s'est placée au-dessus de tous les événemens naturels et politiques; elle s'est conservée dans la généralité de ses principes, malgré la longueur des siècles qui se sont écoulés depuis son origine, et devenue enfin la base du code privé de la plus grande partie des états que nous connoissons : son immortalité paroît avoir été prononcée du consentement unanime des peuples. Voilà ce qui annonce sans doute la bonté exclusive des principes qu'elle a dictés : mais le soleil n'a pas les mêmes attraits pour tous les êtres de l'univers; il y en a qui, dans l'impuissance de soutenir l'éblouissant effet de ses rayons, habitans des airs dans la nuit, vont, pendant le jour, s'ensevelir dans la profonde obscurité des cavernes. Tels ceux qui ont critiqué les lois romaines, soit défaut de moyens, soit découragement, s'étant trouvés bien au-dessous des efforts qu'exige l'étude de ses lois, en ont dédaigné la connoissance : jaloux d'ailleurs des avantages qu'elle procureroit à d'autres, ils ont tenté de prouver, par de faibles argumens, que de nos jours elle est inutile. Ennemis de la lumière, ils auroient voulu la détruire, et ils n'ont pas senti combien cette lutte étoit inégale, et que le combat une fois engagé, ne serviroit qu'à raffermir encore l'inébranlable empire de la jurisprudence romaine. On en sera bientôt convaincu; car je prouverai non seulement l'utilité, mais la nécessité même d'en connoître les principes.

S'il est vrai que dans toutes les sciences leur perfection est en raison composée des soins et des travaux que l'on a employés pour surmonter les difficultés qu'elles présentent des connoissances des siècles où chaque science a été cultivée, enfin de la durée du temps pendant lequel on s'en est constamment occupé, les lois romaines mériteront sans doute cet éloge sur celles de tous les peuples du monde; que l'universalité de leurs théories offre réellement cette perfection à laquelle les humains peuvent atteindre; et le suffrage unanime de tant de peuples qui les ont adoptées, et la voix de tant d'habiles jurisconsultes qui les ont étudiées toute leur vie, auront proclamé avec justice la bonté des principes qu'elles renferment.

Rome naît, s'accroît et prend toutes les formes de l'administration publique : dans ces siècles de lumières, les premiers hommes de l'état, enrichis de toutes les connoissances et de tout le savoir des Grecs, s'occupent toujours de la jurisprudence et de la législation; et encouragés par toute la force de la considération générale, ils ne négligent aucune science qui soit en rapport avec les deux premières. Ils se forment pendant quelque temps en

deux sectes, et de vives discussions occasionnées
par l'animosité des parties, font rejaillir de nouvelles lumières sur les questions qui les divisent.
Chaque élève de ces grands hommes en profite ;
elles lui servent à rectifier et à modifier les opinions reçues ; elles le conduisent à la découverte
d'autres vérités. Bientôt devenu lui-même l'émule
de ses modèles, il laisse à son tour des élèves qui
l'égalent.

Les Romains aidés du temps, guidés par l'expérience, le plus puissant secours du génie, cor-
rigent toutes celles de leurs institutions qui s'étoient
trouvées défectueuses dans la pratique.

De tels travaux dus sans interruption à ces hommes célèbres qui se sont constamment succédés
depuis l'origine de Rome jusqu'au troisième siècle
de l'empire, époque à laquelle l'étude de la legis-
lation tomba pour ne se relever de long-temps,
ont dû produire cet effet que les lois qu'ils nous
ont transmises régleront le plus souvent le sort des
particuliers dans les différends qui les intéressent,
ou ces différends ne seront pas décidés avec justice.

Deux choses doivent nous frapper le plus lorsque nous voulons examiner ces lois. Ce sont la fécondité et la justesse de leurs principes.

Quiconque voudroit se faire une idée de l'étendue et de la fécondité qui leur sont propres, n'a
qu'à jeter les yeux sur ces immenses volumes que
nous présentent les commentaires de ces lois,
ceux du droit canonique, du droit féodal, du
droit coutumier et des ordonnances.

On verra avec étonnement sans doute que les
commentateurs de ces différens droits ont tous
puisé dans les lois romaines les règles pour décider
une foule accablante de questions, et souvent, ce

qui est bien plus étonnant encore, des questions que des rapports tout-à-fait nouveaux et tels que ceux qu'une législation postérieure avait fait naître, leur ont présentées. Ce n'est pas que je prétende qu'ils aient toujours bien décidé. Je porte une opinion essentiellement contraire; mais c'est faute de lumières et de moyens s'ils sont tombés dans l'erreur : nul reproche ne doit être adressé en cela aux lois romaines.

Les bornes de mon travail me permettent à peine d'offrir, avec rapidité, quelques idées générales sur la nature des lois qui nous occupent. Celles qui sont relatives aux personnes ont épuisé tous les moyens de rendre leur condition égale : dans quelques circonstances qu'un individu se trouve placé, absent, mineur, l'esprit dérangé ou le physique accablé, des règles particulières le ramènent à un point où son impuissance de se défendre ne lui soit plus nuisible, et où les passions de ceux qui l'entourent venant briser leurs efforts contre la loi qui le protège, ils ne puissent profiter de sa faiblesse. L'accord de ces règles particulières avec les règles générales qui maintiennent chacun dans la possession de ses droits, est tellement parfait que l'on a trouvé précisément ce milieu où les droits de tous sont également respectés; et dans cette lutte continuelle de force et de faiblesse, la loi qui secourt le foible rend le combat exactement égal, ou pour m'énoncer mieux encore, elle évite même que le combat puisse s'engager.

Relativement à l'état des personnes, la loi garantit à chacun l'état civil qu'elle-même lui a assigné au moment de sa naissance. Que toutes les passions particulières de ceux que la nature appelle à le défendre, se déchaînent pour ravir cet état à l'enfant dans un âge où il ne sait pas encore d'avoir un état civil à conserver, ce seroit en vain : les législateurs romains qui ont connu l'homme, ses passions et les moyens qu'il emploie pour les satisfaire, ont pris de telles précautions que rien ne peut détruire cet état que la loi a fixé, sans la volonté de l'individu auquel il appartient.

Ils ont regardé, dans l'union des deux sexes, un lien qui intéresse les époux, leur famille et l'état. Ils ont respecté la loi naturelle qui ordonne que la liberté réciproque en soit la base ; et lorsqu'ils ont vu l'impuissance de cette loi pour prévenir et arrêter les écarts des passions, ils n'ont négligé de mesures pour que, sans enfreindre les droits de l'homme, sa liberté, dans le mariage, ne dût avoir aucune suite dangereuse ni pour les époux eux-mêmes, ni pour l'état, ni pour leur famille.

Les mêmes lois romaines ont établi la puissance paternelle. Les bornes de ce pouvoir ont été plus ou moins étendues, suivant les différentes formes qu'a prises le gouvernement de Rome, et surtout selon que les mœurs ont été pures, altérées ou corrompues. Le dernier état de la législation romaine sur ce point a amené l'autorité paternelle à un terme où sans blesser ni la constitution de l'état, ni la liberté civile des enfans, le père a dans ses mains tous les moyens pour corriger ces premiers écarts de la jeunesse, qui n'offrent de preuve que dans le sein des familles que le magistrat ne sauroit punir, et qui, sans retour, fraient souvent la route aux plus grands crimes.

L'on voit également dans les règles de leur droit positif sur la propriété, l'étendue du génie et des connoissances des législateurs et des jurisconsultes romains. Que cette propriété prenne toutes les for-

mes dont elle est susceptible, l'on trouvera dans
les lois romaines autant de règles particulières conformes à la nature individuelle de chacune de ces
formes et à toutes les modifications qu'elle peut recevoir. L'ensemble de ces règles vient former ce
principe unique : « Tout citoyen disposera à son
» gré de ses propriétés en tant que cette liberté
» n'est point nuisible à l'intérêt public. Les con-
» ventions et les dispositions de dernière vo-
» lonté seront exécutées conformément à ce prin-
» cipe. »

Les autres lois offrent des règles les mieux méditées pour s'assurer de la volonté libre des testateurs et des contractans, et ces règles ou elles anéan-
tissent toutes les surprises du dol, de la fraude et
de la violence, ou par une pénétration profonde
des pensées de l'homme et de sa manière de les
annoncer, elles interprètent sa volonté lorsqu'elle
est obscure.

On a trop parlé des subtilités des lois romaines
pour que je ne me voye obligé de combattre un
tel reproche.

Il en est des subtilités de ces lois, comme de
leurs antinomies. On croit rencontrer de ces contradictions à chaque ligne, tandis que le jurisconsulte éclairé trouve dans des théories générales le
moyen de les concilier toutes ; si l'on veut en
excepter fort peu d'exemples que l'on pourroit
citer à peine dans cette immense quantité de passages de jurisconsultes qui composent les Pandectes, et de lois de plusieurs Empereurs qui sont
renfermées dans le Code. Ainsi je ne discon-
viendrai pas que les lois romaines n'offrent réellement quelque exemple de subtilité ; mais je sou-
tiendrai que de tels exemples sont on ne peut pas

plus rares ; j'établirai même à cet égard une distinction très-naturelle, que personne que je sache n'a encore présentée.

Le Digeste renferme des lois de la république, des édits des préteurs, regardés par les Romains, sur-tout après leur rédaction par ordre d'Adrien, comme faisant partie de leur législation positive, les délibérations du sénat et des Empereurs, et les interprétations données à ces différentes lois par les jurisconsultes qui les rapportent, quelquefois en entier, dans leurs passages. Toutes ces différentes parties, dont nous voyons que le Digeste est composé, ont eu, après la Collection de Justinien, également force de loi ; mais il n'en n'existe pas moins entre les lois que je viens d'énoncer et les interprétations qui leur ont été données, une différence originelle qu'il est nécessaire de remarquer.

Je peux avancer avec confiance que dans le Digeste, les lois proprement dites offrent en général une théorie aussi lumineuse que juste, et qu'elles ne sont rien moins que subtiles.

Que dirai-je des sentences et des opinions des jurisconsultes romains, qu'on regarde aujourd'hui dans les Pandectes comme autant de lois ?

Leurs sentences sont ou la répétition des principes de leurs législateurs, ou elles nous offrent des inductions tirées des lois, ou enfin elles présentent des règles pour expliquer la volonté, souvent mal énoncée, des contractans et des testateurs.

Je n'ai à présenter aucune observation nouvelle pour celles des sentences des jurisconsultes qui ne sont que la répétition des principes des lois. Il est évident que leur nature est la même que celle des règles qu'elles sont destinées à nous rappeler.

Relativement à ces opinions qui sont autant de conséquences des lois écrites, je dois vous offrir une remarque qui tombera sur les jurisconsultes de l'antiquité, mais qui frappera beaucoup plus encore les jurisconsultes de nos siècles.

Toutes les lois romaines annocent ce principe, qu'il ne faut voir dans la loi que l'esprit de la loi même, surtout lorsqu'il s'agit d'en tirer des conséquences. Oserai-je le dire ! quelquefois les jurisconsultes romains n'ont pas senti eux-mêmes toute la force de ce principe éternellement lumineux, ou s'ils l'ont toujours sentic, ils ont au moins manqué quelquefois d'en faire la juste application, et c'est alors que leurs décisions peuvent se trouver subtiles.

Il existe une différence très-sensible entre les conséquences que l'on peut tirer des termes d'une loi ou de la raison qui l'a dictée. Cette différence qui est la seule clef de l'interprétation des lois de tous les peuples, forme le secret des erreurs multipliées des jurisconsultes de tous les temps et de tous les pays.

On est exposé à des subtilités qui enfantent le plus souvent des injustices, toutes les fois qu'on veut tirer des conséquences des expressions d'une loi, lors même que ces conséquences en découlent nécessairement; mais, lorsqu'on a saisi le principe qui l'a dictée et que l'on se renferme uniquement dans ce principe, je soutiens que l'on peut embrasser hardiment la généralité des questions qui peuvent prendre leur source dans l'objet qui a porté le législateur à établir sa disposition, et que l'on ne sera jamais exposé à en faire une fausse application.

Un exemple fera mieux connoître une théorie

qui peut ne pas être claire pour tout le monde.

Par le sénatus-consulte macédonien, tout créancier qui auroit prêté de l'argent à un fils de famille, n'avoit point d'action contre lui, lors même qu'il ne seroit plus soumis à la puissance paternelle. La loi Cornelia regardoit les prisonniers de guerre comme étant morts au moment où ils tomboient au pouvoir de l'ennemi; mais lorsqu'ils recouvroient leur liberté, et qu'on leur accordoit le droit de retour, ils étoient regardés comme ne s'étant jamais absentés de Rome. Leur puissance sur leurs enfans étoit dissoute dans le premier cas, depuis le moment de leur captivité; et, dans le second cas, ils étoient sensés l'avoir conservée, même dans l'intervalle.

Ulpien, en rapprochant les dispositions de ces différentes lois, en a tiré cette conséquence, que le créancier qui prêteroit de l'argent à un fils de famille durant la captivité de son père, auroit ou n'auroit point d'action contre lui, suivant que le père ne jouiroit pas ou qu'il jouiroit du droit de retour.

On ne sauroit disconvenir, lorsqu'on n'examine que les dispositions verbales de ces lois, que l'induction de ce jurisconsulte n'ait été très-conséquente.

La loi ne donne point d'action à celui qui auroit prêté à un fils de famille; or le même individu est regardé, pendant le même intervalle, comme fils ou comme père de famille, suivant que son père jouit ou qu'il ne jouit pas du droit de retour; donc dans le premier cas, le créancier aura prêté à un fils de famille, et il n'aura point d'action contre lui; dans le second cas, il aura prêté à un père de famille, et il ne trouvera aucun obstacle dans les dispositions du sénatus-consulte.

Examinons maintenant les principes qui ont dicté ces lois, nous trouverons que la conséquence d'Ulpien n'est qu'une subtilité.

Du temps des Romains, le droit des gens autorisoit l'esclavage à l'égard des prisonniers de guerre, parmi toutes les nations alors connues. Les Romains ne pouvoient empêcher aux autres peuples l'exercice d'un droit qu'ils reconnoissoient eux-mêmes par leur pratique; mais l'orgueil et la fierté de Rome étoient hautement blessés de voir ses citoyens esclaves d'un ennemi qu'elle méprisoit. Dès-lors elle rayoit des tables publiques celui qui tomboit au pouvoir de ses ennemis, et il étoit regardé comme mort sur le champ de bataille, plutôt que captif d'une autre nation. Ce même prisonnier pouvant, ou par son adresse, ou par le traité qui auroit terminé la guerre, recouvrer sa liberté, et retourner à Rome, si nul reproche ne pouvoit lui être fait, si nul motif d'utilité publique ne s'y opposoit, il étoit de la justice des lois romaines que non-seulement il fût reconnu comme citoyen, mais qu'il recouvrât même ce que sa captivité lui avoit occasionné de pertes. Ainsi, parmi les autres droits dont il recouvroit l'exercice, même pour le passé, il reprenoit encore sa puissance paternelle, et par conséquent tout ce que ses enfans avoient acquis dans l'intervalle lui étoit acquis, ceux-ci ne devant pas profiter du malheur de leur père. Mais s'il étoit mort dans les fers, ou qu'ayant même recouvré sa liberté naturelle, on lui eût refusé par de justes motifs le droit de retour, ses enfans qui ne lui auroient rien dû, auroient alors acquis pour eux-mêmes. C'est pourquoi ils étoient regardés tantôt comme soumis à la puissance paternelle, et tantôt comme pères de famille.

Il nous reste à examiner encore le principe du sénatus-consulte macédonien.

A l'époque où ce sénatus-consulte fut décrété, les fils de famille, si l'on veut en excepter les militaires, n'avoient rien en propre. Leurs pères leur laissoient quelquefois l'administration d'un pécule ; mais cette administration même étoit bornée. Dans l'impuissance de pouvoir satisfaire, dans un temps de corruption extrême, leurs aveugles passions : ces fils de famille faisoient des contrats ruineux avec des usuriers qu'ils s'obligeoient de payer au moment où ils se verroient affranchis du joug paternel ; et ces usuriers qui risquoient de perdre leur argent, si leurs débiteurs décédoient avant leur père, leur imposoient en conséquence des conditions on ne peut pas plus odieuses : d'ailleurs, ces emprunts devoient favoriser les dérèglemens des fils de famille, plus portés à la dissipation, lorsque ne possédant point de propriété, ils ne sentent pas le prix de cette possession.

Si nous trouvons que ces deux inconvéniens existoient même durant la captivité du père, nous pourrons en conclure que la distinction d'Ulpien blesse l'esprit du sénatus-consulte qui avoit cherché à les éviter.

Pendant cet intervalle, la condition des fils de famille restoit la même : la succession des parens dont le pécule que ceux-ci leur laissoient administrer, faisoit partie, pouvoit leur être due, si le parent n'avoit point joui du droit de retour, du moment de sa captivité ; mais ils n'en avoient la possession que lorsque le père seroit réellement

mort, ou que le droit de retour lui eût été définitivement refusé. Ainsi, avant l'un ou l'autre de ces
deux évènemens, les fils de famille ne possédoient
rien, et un curateur prenoit l'administration des
biens de l'absent. Ajoutez que l'incertitude si le père
jouiroit ou non du droit de retour, étoit pour l'u-
surier la même que celle de savoir si le fils auroit
ou s'il n'auroit pas survécu son père, et par conséquent le contrat devoit être également ruineux;
et ces sommes confiées à des fils de famille dans
une telle position, devoient favoriser leurs dérèglemens d'autant plus que pendant l'absence de leur
père, nulle puissance n'arrêtoit leurs désordres.

Le même jurisconsulte a trouvé dans ce sénatus-
consulte des distinctions qui sont évidemment justes, et c'est lorsqu'il ne s'est attaché qu'à la raison
qui l'avoit fait décréter. Je n'en rapporterai qu'une
seule qui n'est nullement écrite dans le sénatus-
consulte, mais qui est dans son esprit. Le créancier,
observe Ulpien, a droit de demander sa créance,
si le fils de famille a eu besoin d'emprunter pour
faire face à une obligation nécessaire. Il est évident
que la loi qui cherchoit à éviter le désordre, ne
vouloit point mettre le fils de famille dans l'impossibilité de subvenir à ses besoins.

Ainsi, toutes les fois que les jurisconsultes romains se sont renfermés dans la raison qui a dicté
la loi, qu'ils n'ont consulté ses expressions que pour
y trouver le principe qui l'avoit animée, les appli-
cations de ce principe aux différentes questions
qu'ils ont décidées, peuvent être regardées comme
autant d'émanations pures de la volonté suprême
du législateur et justes comme elles.

Mais lorsqu'ils se sont laissés entraîner par les
expressions de la loi que l'on peut toujours consi-

dérer comme étant elle-même une conséquence du principe du législateur, alors ils se sont écartés quelquefois de la vérité ; car telle est la progression de la méthode de raisonner, qu'à mesure que nous nous éloignons du premier principe, et que nous tirons des inductions des conséquences de ce principe même, plus nous sommes exposés à tomber dans l'erreur. Ce n'est pas que s'il étoit possible de partir d'un principe, et d'aller de conséquences en conséquences sans jamais se tromper, la dernière proposition ne dût être aussi vraie que la première ; mais c'est que plus la chaîne des conséquences est étendue, si la moindre erreur vient se mêler à nos raisonnemens, et que sans l'apercevoir, ce qui n'est pas toujours facile, nous continuions à aller d'inductions en inductions, nous arriverons à un terme où l'absurdité de la dernière proposition viendra nous apprendre combien nous nous sommes écartés du premier principe, et combien il est dangereux d'argumenter ainsi. Il devient plus difficile de s'en apercevoir, lorsque ces conséquences restent plausibles, quoique bien éloignées d'être justes ; et c'est alors qu'occupés de la recherche de la vérité, nous embrassons des erreurs.

Relativement aux règles destinées à éclaircir la volonté obscure des contractans ou des testateurs, lorsque les jurisconsultes romains se sont laissés guider, en les établissant, par la connoissance de l'homme et de sa manière d'annoncer ses idées, par cette science de pénétration qui nous fait recon-noître sa volonté lors même qu'elle est enveloppée par d'épaisses ténèbres, et qui nous fait trouver souvent dans les signes extérieurs de sa pensée moins ce qu'il a dit que ce qu'il a voulu dire ; c'est alors que leurs règles sont le chef-d'œuvre du jugement humain. Mais, lorsqu'oubliant qu'ils ne devoient chercher dans ces signes extérieurs de la pensée de l'homme que sa volonté, ils ont voulu consulter les dispositions du droit positif pour l'éclaircir, ils sont tombés aussi quelquefois dans l'erreur ; car les contractans ou les testateurs ignorant souvent ces dispositions positives, il ne peut exister aucun rapport entre ces mêmes dispositions et la manière dont ils auront annoncé leur volonté. Je vais éclaircir par un exemple l'observation que je viens de présenter.

Le jurisconsulte Triphoninus rapporte dans la loi 45, au titre *de excusationibus*, deux nominations de tuteur testamentaire ; la première est ainsi conçue : « que Titius, tant qu'il n'est pas absent » pour cause publique, soit le tuteur de mes en- » fans. » Dans la seconde il est dit : « que Titius » soit tuteur ; lorsqu'il s'absentera pour cause pu- » blique, il ne soit pas tuteur ; lorsqu'il retournera » il soit tuteur. »

Posons d'abord en principe, que la tutelle testamentaire n'est déférée, à moins que l'utilité du pupille ne s'y oppose, que conformément à la volonté du testateur. Il faut donc, dans ces espèces de nominations, se borner à examiner uniquement quelle a été sa volonté. Il me paroît évident que dans les deux exemples rapportés, la volonté du testateur, quoique énoncée sous deux formes différentes, est la même, savoir ; que Titius fut chargé de la tutelle de ses enfans pendant tout le temps qu'elle devoit durer, excepté l'intervalle de son absence pour cause publique.

Avant de faire connoître la distinction vraiment subtile du jurisconsulte Triphoninus, relativement aux effets des deux nominations, je dois parler d'une disposition des lois romaines touchant les tuteurs au retour de leur absence forcée ; car c'est sur cette disposition que la distinction de ce jurisconsulte est basée.

Des tuteurs absens pour cause publique, ceux qui avoient commencé à gérer la tutelle avant leur départ, étoient tenus de reprendre l'administration aussitôt après leur retour ; et l'on accordoit une année de temps, après cette époque, à ceux qui devoient se charger pour la première fois de la tutelle qui leur étoit déférée.

Il est facile de saisir le motif d'une telle différence. Celui qui avoit été absent de son domicile, devant à son retour mettre ordre à ses affaires, et à l'époque où cette loi fut dictée, le délai d'une année étant accordé à ces absens pour se faire restituer contre tous les torts que l'absence leur avoit pu causer ; il y auroit eu une espèce d'injustice d'accabler un individu placé dans cette position du poids d'une administration tout-à-fait nouvelle et étrangère pour lui. Mais dans le cas où il avoit géré sa tutelle avant son départ, il se trouvoit déjà au fait de cette administration, toutes les affaires du pupille lui devoient être connues, et il lui devoit être facile de reprendre de suite ses fonctions.

Triphoninus, supposant d'abord que dans les deux cas le tuteur testamentaire avoit également commencé à gérer avant son départ, a pensé que lorsque le testateur avoit dit : « Titius soit tuteur » tant qu'il n'est pas absent pour cause publique, » on devoit regarder la tutelle qui avoit été déférée comme étant la même, et le tuteur devoit reprendre son administration aussitôt après son retour ; et que lorsque le testateur avoit ordonné « Titius soit tu- » teur ; lorsqu'il s'absentera pour cause publique,

» il ne soit pas tuteur ; à son retour il soit tu-
» teur, » on devoit à son retour considérer cette
tutelle comme étant nouvellement déférée, et le tuteur ne pouvoit être obligé à reprendre ses fonctions qu'au bout d'une année.

D'après les explications que j'ai données, on doit
sentir que dans ce dernier cas, comme dans le premier, le testateur n'avoit pas voulu que la tutelle
fût regardée au retour de l'absent comme n'étant
plus la même, et que la différence établie par la
loi ne pouvoit être applicable à l'espèce, l'esprit
qui l'avoit dictée n'ayant aucun rapport avec la
manière dont le testateur s'étoit énoncé ; car elle
dépendoit uniquement de la considération de ne
pas accabler un absent, aussitôt après son retour,
du poids d'une administration entièrement nouvelle et dont il ne connoissoit aucun détail. Ainsi,
dans cette occasion, le jurisconsulte a mal inter-
prété et l'esprit de la loi et la volonté du testateur.

Les lois renfermées dans le Code portent l'impression des temps où elles ont été écrites. Tant
que les chefs et législateurs de l'empire, entourés
par des jurisconsultes habiles et philosophes, n'ont
parlé que par leur bouche, leurs lois ont conservé
presque toujours un caractère imposant de justesse,
qui n'est rien moins que constant dans les siècles
qui ont suivi cette époque.

Je viens d'indiquer une différence entre les diverses théories que les jurisconsultes romains nous
ont présentées, et j'ai fait assez entendre que si l'on
peut quelquefois les accuser de subtilité, un tel
reproche tombera encore plus sur les jurisconsultes
de nos siècles. En effet, toute chose égale d'ailleurs,
supposition qui est sans doute bien favorable aux

modernes, si nous avons prouvé que l'on est exposé à être subtil et inconséquent à mesure que l'on s'éloigne du premier principe, et que l'on s'attache à ses conséquences, il est évident que nos jurisconsultes ont dû plus facilement tomber dans l'erreur, lorsqu'ils ont dû interpréter les interprétations des jurisconsultes romains, ou dans d'autres termes, lorsqu'ils ont dû tirer des argumens et des inductions, non pas du principe originel de la loi, mais des conséquences que les jurisconsultes de Rome avoient tirées eux-mêmes de ce principe, qu'ils avoient été plus à portée de connoître. Aussi prenons-nous souvent les subtilités des jurisconsultes de nos siècles pour celles du droit romain, et l'on auroit moins reproché la subtilité des lois romaines, si l'on eût toujours saisi le véritable esprit de ces lois.

Cette remarque doit faire sentir que l'espace de 1200 ans qui se sont écoulés depuis la rédaction de Justinien jusques à nos jours, a produit un tout autre effet que celui de porter de l'amélioration dans les théories de la législation privée, et il ne faut pas en être étonné. Sans nous arrêter sur ces siècles où toute étude de ces théories a été négligée, sans calculer le temps, époque bien plus dangereuse, où l'ignorance des véritables principes a produit tant d'erreurs, dont nous sentons encore aujourd'hui l'influence, l'on sait que nos jurisconsultes les plus éclairés, ceux dont les talens uniques, les connoissances précieuses, et les occupations continuelles, auroient pu vraiment corriger quelque défaut que l'on peut remarquer dans les lois romaines, se sont moins occupés de cet important soin que de celui de chercher à pénétrer les théories de ces lois elles-mêmes. Cela fait à la vérité un éloge pompeux de la bonté des principes qu'elles renferment; mais sans manquer à ce respect sincère et à cette juste considération que j'ai pour ces hommes qui, tous les jours, me servent de guide dans mes travaux, je pourrois avancer peut-être qu'en général ils se sont trop laissés éblouir par le majestueux ensemble de ces lois, et que, crainte d'en déranger l'harmonie, ils n'ont osé toucher à cet édifice éternel.

On a présenté contre les lois romaines une objection qui, du premier abord, doit frapper bien du monde. Quelle que soit la bonté des théories de la législation romaine, a-t-on dit, peuvent-elles s'appliquer à nos institutions particulières; et ne seroit-ce pas un principe certain que les lois d'une nation ne conviennent pas à une autre nation, et que, chez le même peuple, les lois qui lui ont convenu à une époque de son existence politique, lui seroient ou inutiles ou nuisibles dans une autre? Si cela est, a-t-on ajouté, les lois romaines auront parmi nous ce double défaut; qu'elles ont été écrites pour un autre peuple, et pour un peuple qui, dans ses différentes révolutions, a ressemblé aussi peu à soi-même qu'au reste des nations connues, et depuis et alors.

J'observerai que ce principe, qui peut être toujours vrai, lorsqu'on doit en faire l'application au droit public d'un peuple, ne l'est pas dans toute son étendue, lorsqu'on veut l'adapter au droit privé des nations.

Je n'avancerai pas ici qu'il n'y ait beaucoup de lois privées qui tiennent à la constitution particulière de chaque état, et qui doivent subir des modifications diverses, suivant la différence des gouvernemens où elles sont portées.

Les lois sur les successions, sur les dots, sur les avantages nuptiaux et sur les actes de libéralité, doivent nécessairement varier dans deux gouvernemens, dont l'un aura dû adopter pour principe l'égalité, et l'autre l'inégalité des fortunes. Les lois relatives à la puissance paternelle ou maritale sur les personnes et sur les biens, ne veulent pas être les mêmes dans une république que dans une monarchie. La masse des circonstances politiques n'influe pas peu sur les lois relatives au mariage.

Mais quelles que soient les différences que les lois politiques des peuples peuvent apporter dans leur législation privée, il sera toujours vrai de dire que l'universalité des principes dont cette législation est composée, repose presque toujours sur les mêmes bases, et que surtout les règles pour en faire l'application, en quoi consiste principalement la science du jurisconsulte, sont partout et dans tous les temps les mêmes.

Que la loi permete à un propriétaire de disposer d'une plus ou moins grande partie de ses biens : les mêmes différends subsisteront relativement à la portion disponible de ses propriétés, quelle qu'en soit la quotité que les lois privées peuvent avoir fixée.

Que là où toute idée d'égalité choque la constitution de l'état, et où l'inégalité même en est le soutien et la base, la loi appelle l'aîné à recueillir la plus grande partie des biens du père; qu'ailleurs les successions soient également partagées, quelque soit l'héritier et quelque soit la portion que la loi lui donne, les mêmes rapports existeront toujours entre l'héritier et ceux qui ont contracté avec le défunt : les mêmes questions s'élèveront entre eux, et les mêmes règles, comme celles qui sont également basées sur les droits de propriété, serviront toujours à décider ces procès, quelles que soient les personnes intéressées à les soutenir et à les défendre.

Qu'à Rome les mariages entre les patriciens et les plébéiens, entre les ingénus et les personnes d'une condition vile, soient permis ou défendus; que la défense des mariages entre parens soit plus ou moins étendue, il y aura toujours application des mêmes règles à faire touchant la validité ou la nullité de ces mariages, et les effets qui en résultent.

Que la tutelle soit testamentaire ou légitime, ou qu'elle soit déférée par le magistrat, les obligations et les droits des tuteurs, ainsi que des pupilles, resteront constamment les mêmes.

Enfin les règles relatives aux conventions des particuliers ne sauroient varier dans la législation privée d'aucun peuple.

C'est donc aux grands principes et à la manière générale et uniforme d'en faire l'application, suivant la variété des circonstances que le jurisconsulte philosophe s'arrête, et son œil ne voit à cet égard que de légères nuances dans les dispositions du droit privé, où le vulgaire aperçoit des différences très-grandes.

L'on pourroit objecter que ces règles et ces lois que je suppose les mêmes par-tout, par-tout utiles et par conséquent toujours justes, ne sont et ne peuvent être que les principes de la raison écrite et de l'équité; que ces principes sont simples, qu'ils sont gravés dans tous les cœurs, et que leur application doit, surtout dans le silence des passions, être comme ces principes mêmes, infiniment simple et facile.

Si la simplicité de ces principes que l'on croit
naturels et la facilité de leur application est reconnue, pourquoi demanderai-je, à mon tour, à
ceux qui voudroient soutenir uue telle objection :
Les législateurs et les jurisconsultes de tous les peuples, anciens comme modernes, n'ont-ils jamais
été d'accord sur la solution de la plus grande partie
des différends que les rapports et les passions des
hommes en société font élever parmi eux tous les
jours? Eh certes! je ne saurois trouver nulle preuve
plus convaincante de l'absurdité de l'opinion contraire, que celle qui résulte de la question que je
propose; les argumens qui naissent des faits étant
d'une force bien supérieure à ceux qui naissent de
simples raisonnemens. Il n'est donc pas vrai que
nous puissions trouver uniquement dans nos lumières la juste décision des causes qui nous divisent,
puisque le fait prouve que la même raison n'éclaire
et ne frappe pas également tous les hommes. En
effet, la justice ou l'injustice d'une cause est subordonnée à tant de rapports; ces rapports sont si
compliqués et il est tellement difficile de les saisir
tous, que, ou notre nature ne sera plus la même,
ou nos opinions sur les mêmes points seront toujours différentes.

Je peux conclure de tout ceci que ce seroit de la
dernière inconséquence de vouloir négliger l'étude
des lois romaines, où ces rapports ont tous été
saisis avec justesse; que si l'on rencontre encore
quelques légers défauts dans ces lois, elles ressemblent en cela au reste des institutions humaines, et
il seroit aussi absurde de soutenir que l'on doit renoncer à la législation romaine pour un tel motif,
qu'il le seroit de dire qu'il faut négliger tout ce
que les raisonnemens et les expériences des siècles

passés peuvent nous avoir appris dans tous les arts et dans toutes les sciences, par cette foible raison que les théories qui en sont le résultat, ne présentent pas un tout qui soit parfait dans chacune de ses parties. Nous retomberions, sans de si grands secours, dans l'enfance, et nous nous traînerions, comme ceux qui nous ont précédés, d'erreur en erreur, bien avant que d'arriver au point où nous en sommes.

Les lois romaines offrent des défauts dans leur rédaction ; mais ils sont si connus que, puisque cela est possible, il vaut mieux s'attacher à les faire disparoître, que d'entrer dans aucun détail à cet égard. Je présenterai seulement une observation qui est autant vraie que nouvelle.

C'est que ces défauts mêmes qui consistent dans l'obscurité et dans la complication de ces lois, produisent cet avantage, qu'ils exercent notre jugement dans la science qui nous est nécessaire, et que tout homme qui finira par bien comprendre les lois romaines, et par saisir et les principes qui les ont dictées et cette chaîne continuelle qui en lie toutes les conséquences aux principes mêmes et entre elles, pourra soutenir avec assurance que les lois de tous les autres peuples ne lui présenteront plus de difficultés, et il se trouvera insensiblement familiarisé avec toutes ces interminables questions, dont la solution paroît si difficile à tous ceux qui ont négligé de puiser dans les lois romaines les principes universels qui servent à les décider.

Il ne me reste qu'à parler de la méthode que l'on doit suivre pour applanir toutes ces difficultés qui découragent tant de monde de cette étude.

Ayant remarqué que la plupart des lois romaines

présentent autant de conséquences de principes uniques, et que l'on est sujet à s'égarer lorsqu'on s'attache moins à ces principes qu'à leurs conséquences, je dois chercher dans ces lois les différens qui les ont dictés, les exposer, les examiner sous les rapports d'utilité et de justice qu'ils peuvent offrir ; et cet examen, présenté avec clarté, faire découler de chacun de ces principes toutes les conséquences qui peuvent s'y rapporter, et ces conséquences seront autant de lois.

Ainsi on doit suivre à cet égard une méthode diamétralement opposée à celle qu'on a généralement suivie jusqu'à ce jour ; la plus grande partie des auteurs qui ont exposé le droit romain, ayant toujours cherché à étendre le nombre des questions et des espèces particulières définies par ce droit, tandis qu'il faut employer tous ses efforts pour les resserrer ; mais, en les resserrant, on doit chercher les principes universels qui puissent comprendre et les questions proposées par les Romains, et celles que nos jurisconsultes ont imaginées, ou qui peuvent naître de nos rapports actuels dans la société où nous sommes.

Ces principes, on doit les exposer dans l'ordre tracé par le Code Napoléon : ainsi, en s'y conformant, on rencontrera des avantages qui doivent nécessairement frapper tout le monde. L'on pourra faire le parallèle des dispositions du droit français avec celles du droit romain : l'on découvrira le plus souvent la source où ont été puisées les règles du droit privé français ; l'on y verra l'étendue qu'il faut donner à ces règles, ou les bornes entre lesquelles elles doivent être resserrées ; l'on y trouvera enfin les préceptes pour en faire une juste application.

Il n'est pas nécessaire de suivre l'ordre des lois

romaines; cette marche uniformément suivie jusqu'à ce moment, de commencer et de finir l'étude
du droit romain par l'explication des institutes, ou
par celle des principes qui y sont renfermés, dans
un autre ordre, doit être abandonnée.

Ce qui a fait adopter jusqu'aujourd'hui cette méthode d'étudier, a été l'exemple de Justinien lui-
même, et la croyance où l'on a été que les institutes offrent réellement les élémens de la législa-
lation romaine.

Quiconque voudra, après cette observation, comparer les passages des institutes à ceux des pandectes
et aux lois du code, trouvera que le plus souvent
ceux qui composent les institutes ont été tirés de
ces deux livres, et quelquefois même mot à mot ;
mais sans cette distinction gratuitement supposée
qu'ils ne sont composés que des élémens de cette
science. Ce simple changement de place ne peut
les avoir rendus ni plus ni moins difficiles. Que si
l'on trouve les institutes plus aisés à comprendre
que les pandectes et le code, cela vient de ce que
l'ordre en est beaucoup plus régulier ; que les institutes n'offrent ni la totalité des règles générales,
ni toutes leurs conséquences, ni toutes leurs exceptions ; ce qui rend nécessairement les institutes
moins compliquées que le digeste et le code, où tout
est renfermé dans un ordre qui joint à plusieurs
défauts, celui de ne pas être le même dans ces deux
volumes des lois romaines.

Mais c'est précisément parce que les institutes
n'offrent rien moins que l'ensemble des principes
du droit romain, que leur étude isolée en devient
inutile, ou peut nous offrir de fausses théories. Il
est évident que lorsqu'on se borne à l'étude des institutes, alors, faute de connoître cet ensemble de

principes lumineux dont elles ne sont qu'une émanation particulière, l'on est exposé à prendre une conséquence ou une exception pour règle générale, ou à faire une application trop universelle d'une règle qui sera elle-même bornée par d'autres principes. Que si l'on se propose d'étudier ensuite les lois du code, celles du digeste et les novelles, on se verra obligé de retourner sur ses traces et de parcourir nouvellement les théories des institutes ; car, ainsi que nous l'avons observé, ces théories ont été tirées des pandectes et du code, dont on ne sauroit exposer l'ensemble sans les répéter.

Dira-t-on que cette répétition est elle-même propre à en faire mieux graver dans l'esprit les principes ? Je demanderai quel seroit le motif de la préférence que l'on donneroit plutôt à la répétition des unes qu'à celle des autres des théories des lois romaines. Je demanderai si c'est une bonne méthode que celle de décomposer une science, d'en présenter d'abord quelques parties, de venir ensuite exposer ces mêmes parties dans un nouvel ordre, et jointes au reste des théories que l'on avoit d'abord passées sous silence.

Je soutiens, et tout homme ami de l'ordre le pensera avec moi, que ces principes se graveront mieux dans l'esprit, lorsqu'on parcourra régulièrement la chaîne qui les rassemble tous ; que l'on verra les rapports qu'ils ont entre eux ; que l'on rappellera les règles que l'on aura exposées d'abord, toutes les fois que l'on devra faire connoître la liaison qu'elles ont avec celles qui doivent les suivre ; que l'on offrira enfin avec un ordre constant et uniforme toutes les théories des lois romaines.

On n'aura pas, je pense, à regretter l'ordre des institutes ; celui du Code Napoléon, que la main

bienfaisante du gouvernement, aidée par les travaux de jurisconsultes célèbres, a donné à la France,
lui étant préférable à tous égards, on ne sera pas
privé des connoissances qu'elles offrent, puisqu'elles
seront présentées et réunies dans un seul tout avec
celles que renferment les lois du code, les pandectes, les novelles de Justinien et tous les fragmens
qui nous restent de la jurisprudence qui a précédé
ou qui a suivi celle du sixième siècle.

---

### QUESTION.

Sous l'empire de la législation actuelle, la contrainte par corps peut-elle être exercée pour dettes
commerciales, contractées par un septuagénaire?

### SOLUTION.

Cette question, soumise à l'examen du Conseil
de jurisprudence, a été vivement débattue devant
la Cour d'appel de Bruxelles, dans une espèce parfaitement semblable. Elle a été, de la part des
avocats des parties, l'objet d'une discussion sa-
vante, où tous les moyens qui peuvent militer en
faveur de l'affirmative et de la négative, ont été
respectivement épuisés.

Le Conseil de jurisprudence va donc se borner
à retracer sommairement les débats qui ont donné
naissance à l'arrêt intervenu le 7 avril 1810, avec
d'autant plus de raison qu'il n'est que la confirmation de la décision qu'il avoit donnée précédemment au consultant.

Pour soutenir que les septuagénaires sont affranchis de la contrainte par corps, sous la législation
actuelle, on développoit ce système.

L'article 800 du Code de procédure civile est une règle générale en matière de contrainte par corps. Cette règle n'admet aucune distinction entre les dettes purement civiles et les dettes commerciales. C'est donc par ce dernier point de la législation que la cause doit être décidée.

Le titre 15 du Code de procédure, intitulé *de l'emprisonnement*, détermine les formes, les effets et les causes qui entraînent la cessation de la contrainte par corps, prononcée par jugement, c'est-à-dire par jugement émané d'un tribunal civil ou d'un tribunal de commerce.

L'article 800, §. 5, du Code de procédure, placé sous ce titre, est ainsi conçu : « Le débiteur » obtiendra son élargissement, s'il a commencé sa » soixante-dixième année, et si, dans ce dernier » cas, il n'est pas *stellionataire.* »

Or la loi est une sur cette matière. Il n'y a pas plus de raison pour scinder le §. 5 de l'article 800, que pour syncoper le §. 3 du même article, relatif au bénéfice de cession.

Contre ce raisonnement, on objecte les dispositions de la loi du 15 germinal an 6, et l'art. 2070 du Code Napoléon.

Ce dernier article se réfère nécessairement pour tous les cas sur lesquels il n'a pas statué, aux règles fixées par les lois antérieures à sa promulgation, et par conséquent à la loi de germinal. « Il n'est » point dérogé, dit cet article, aux lois particu- » lières qui autorisent la contrainte par corps dans » les matières de commerce, ni aux lois de police » correctionnelle, ni à celles qui concernent l'ad- » ministration des deniers publics. »

C'est donc la loi de germinal qu'il faut inter- roger. Le premier titre de cette loi traite de la contrainte par corps en matières purement civiles, et les septuagénaires en sont affranchis. Le second, est relatif aux dettes commerciales, et l'exception établie en faveur de la vieillesse n'y est pas consacrée. On doit en conclure qu'ils restent sous le poids de cette condamnation rigoureuse.

On appuie ce raisonnement du silence du Code de commerce, sur l'exercice de la contrainte par corps.

Mais on demande comment il est possible d'admettre l'hypothèse que le législateur des trois Codes cités, ait eu besoin d'emprunter le secours d'une loi intermédiaire et circonstantielle, pour régir une matière aussi importante que celle de l'emprisonnement pour dettes ?

Les rédacteurs du projet de Code de procédure civile, avoient écarté l'exception faite en faveur des septuagénaires, en matière de dettes commerciales. Toutes les restrictions qu'ils apportèrent furent réduites à celle déterminée par le §. 5 de l'article 800, déjà cité.

Ainsi, de la conservation législative de cette restriction unique, il faut inférer que le vœu des rédacteurs du Code en définitif, fût de rejeter les autres exceptions proposées par la commission.

A cette doctrine, on oppose des autorités respectables et celle d'un jurisconsulte célèbre.

Un avis du Conseil d'état, du 6 brumaire an 12, déclare que l'exception portée en l'artice 5 du titre 1 de la loi de germinal, n'est applicable qu'aux contraintes par corps en matière civile.

Deux arrêts de la Cour de cassation, du 12 frimaire an 14 et du 10 juin 1807, l'autorité de M. le comte Merlin, dans son Répertoire, au mot *contrainte par corps*.

Mais on répond à ces autorités, que l'avis du Conseil d'état et l'arrêt de la Cour de cassation, du 12 frimaire an 14, ne peuvent neutraliser l'argument tiré de l'article 800 du Code de procédure civile, attendu qu'ils sont antérieurs à cette loi.

L'arrêt du 10 juin 1807 peut encore moins l'affoiblir : cet arrêt n'est pas contradictoire. Il se borne à rejetter le pourvoi dirigé contre un arrêt de la Cour d'appel de Paris, et même cette dernière Cour a, par un arrêt du 18 avril 1807, ordonné la mise en liberté du septuagénaire Romberg, détenu pour dettes de commerce.

Toutes les causes relatives à la liberté des citoyens sont des causes favorables. La liberté est un bien trop précieux, pour devenir l'objet d'un problême.

Abolie par la loi de 93, la contrainte par corps, rétablie par la loi du 24 vent. an 5, sur ses anciennes bases, et organisée par la loi du 15 germinal an 6, ne pouvoit être plus sévère qu'elle l'étoit sous l'ordonnance de 1669. Or, l'article 9, titre 34 de cette ordonnance, affranchit les septuagénaires de la contrainte par corps, fauf le cas où ils seroient atteints de délits.

Cette ordonnance est en concours avec l'article 156 de l'ordonnance de 1629, qui défendoit d'emprisonner les septuagénaires débiteurs; et si l'article 800 du Code de procédure civile a déclaré, sans aucune exception limitative, que le septuagénaire doit recouvrer sa liberté, s'il n'est pas stellionataire; à plus forte raison, le septuagénaire ne sera-t-il plus contraignable par corps, après sa soixante-dixième année révolue.

Tels étoient les moyens produits en faveur du septuagénaire.

Le système du défendeur y répond d'une manière victorieuse.

En matière de commerce, la loi n'a pas envisagé la personne du débiteur, mais l'objet, la nature de la dette, et les intérêts du commerce en général. La sévère exactitude que tout négociant doit apporter à remplir ses engagemens, la célérité que réclament, dans leur expédition, les opérations commerciales, ont déterminé le législateur à soumettre le commerce à des lois exceptionnelles du droit commun. La considération de l'âge, du sexe des personnes qui s'adonnent au négoce, doivent donc céder aux hautes considérations de la garantie publique. Quiconque exerce une profession, doit connoître toute l'étendue des devoirs qu'elle lui impose, des obligations dont elle le rend passible. Ainsi des ménagemens, des exceptions à la loi de la contrainte par corps, en faveur du septuagénaire, dégénéreroient en abus subversifs des principes tutélaires du commerce.

Après avoir développé ce principe, l'avocat du défendeur parcourt et combat successivement tous les moyens de l'adversaire.

On doutoit en France de l'application de l'article 9 du titre 34 de l'ordonnance de 1667, aux septuagénaires négocians ; du moins la question en étoit très-vivement controversée.

Dans la loi du 15 germinal an 6, qui règle le mode et l'exécution de la contrainte par corps, précédemment rétablie par la loi du 24 ventose an 5, on voit que les dettes purement civiles et les dettes commerciales y sont l'objet de deux titres distincts, et l'article 2070 du Code Napoléon n'y a pas dérogé.

De la combinaison des dispositions législatives

de la matière avec la jurisprudence, il conste en principe que l'exception en faveur des septuagénaires portée en l'article 5, titre 1.er de la loi du 15 germinal an 6, n'est applicable qu'aux contraintes par corps en matière civile.

La Cour de cassation, déterminée par cette considération, a rejeté, par son arrêt du 12 frimaire an 14, le pourvoi dirigé contre un arrêt de la Cour d'appel de Rouen qui avoit jugé que le négociant septuagénaire restoit soumis à la contrainte par corps.

» Attendu, dit la Cour de cassation, que la » loi du 15 germinal an 6 n'a excepté les septua » génaires de la contrainte par corps qu'en ma » tière purement civile, et non en matière de » commerce; que cette loi a aboli celles anté » rieures sur le fait de la contrainte par corps, et » que loin d'être abolie par l'article 2066 du » Code Nopoléon, elle se trouve conservée par » l'article 2070 du même Code ».

On ne peut point argumenter de l'arrêt contraire rendu par la Cour d'appel de Paris, le 18 avril 1807; cette même Cour s'est réformée par arrêt du 8 mai suivant, arrêt par lequel elle a déclaré que les septuagénaires restoient soumis à la contrainte par corps.

Il y a plus, sur ce second arrêt, la Cour de cassation a rejeté le pourvoi, nonobstant le moyen tiré de l'article 800 du Code de procédure civile.

« Considérant, dit cet arrêt, que la loi du 15 » germinal an 6, qui a rétabli la contrainte par » corps n'a exempté les septuagénaires qu'en ma » tière purement civile, et non en matière de com » merce; que cette loi est maintenue par l'article » 2070 du Code Napoléon, et que l'article 800 du

» Code de procédure civile ne renfermant point
» de dérogation à cet article, il doit être entendu
» dans ses rapports avec les lois antérieures subsis-
» tantes, etc. ».

Telle est au surplus, l'opinion de M. le Comte
Merlin, dans son *Répertoire*, au mot *contrainte
par corps*.

Il est donc constant, en résumé, que l'art. 800
du Code de procédure civile ne déroge pas à l'art.
2070 du Code Napoléon ; que, par conséquent,
le titre 2 de la loi du 15 germinal an 6 est encore
la loi de la matière pour la contrainte par corps,
en fait de dettes commerciales.

Sur ces débats, est intervenu l'arrêt suivant :

« Considérant que la loi du 15 germinal an 6,
» qui remet en vigueur les principes de la con-
» trainte par corps, détermine les cas auxquels
» ces principes sont applicables, soit en matière
» civile, soit en matière de commerce ; que ces
» matières sont néanmoins distinctes et distribuées
» en titres séparés, dont chacun porte en tête l'ins-
» cription de la matière qui lui est propre.

» Qu'en effet, le titre 1er. accorde l'exemption
» de la contrainte par corps, tant à raison de l'âge
» que du sexe, mais, à l'égard des débiteurs pour
» dettes purement civiles, tandis que le titre 2 ad-
» met généralement à cette voie d'exemption tous
» négociants ou marchands, et toutes personnes
» signataires de lettres ou billets de change, sans
» prononcer d'exemption en faveur des septuagé-
» naires ou des femmes, des filles. ou des mineurs,
» sauf lorsque les femmes, les filles ou les mineurs
» non commerçants auroient signé des lettres ou
» billets de change.

» Qu'il est donc évident que les matières civiles

» loin d'embrasser les matières commerciales, leur
» sont au contraire opposées, comme elles le sont
» aux matières criminelles; que par l'article 19
» sont abrogés tous réglemens, lois et ordonnances
» précédemment rendues sur l'exercice de la con-
» trainte par corps en matière civile et de com-
» merce.

» Considérant que le Code Napoléon dispose
» sur la contrainte par corps en matière civile seu-
» lement, et que l'article 2070 déclare formelle-
» ment qu'il n'est point dérogé aux lois particu-
» lières qui autorisent la contrainte par corps dans
» les matières de commerce, ni aux lois de police
» correctionnelle, ni à celles qui sont d'adminis-
» tion publique; que de-là il suit que, sous l'em-
» pire de ce Code, les septuagénaires sont demeu-
» rés passibles de la contrainte par corps, qui
» avoit été autorisée à leur égard, d'après le titre 2
» de la loi du 15 germinal an 6.

» Considérant que le Code Napoléon se com-
» pose de décisions et de principes, dont la mise
» en activité forme le seul objet du Code de pro-
» cédure, qu'il faut par conséquent entendre ce
» second Code dans ses rapports avec le premier,
» en telle sorte que l'article 800, § 5 du Code de
» procedure civile, se rattache évidemment à l'ar-
» ticle 2066 du Code Napoléon, modifié par l'ar-
» ticle 2070, en ce qui concerne les septuagé-
» naires soumis à la contrainte par corps pour
» dettes de commerce et lettres de change, en vertu
» du titre 2 de la loi du 15 germinal an 6, qu'au
» surplus, l'article 800, § 5 s'occupe spécialement
» à prévenir la diversité d'opinions qui avoient par-
» tagé les Tribunaux sur ces deux questions: 1°. si
» le débiteur qui est devenu septuagénaire étant

» constitué en prison, peut obtenir son élargisse-
» ment. 2°. S'il suffit que le débiteur incarcéré ait
» commencé sa soixante-dixième année. Que la so-
» lution de ces doutes, sur la durée et le terme de
» l'emprisonnement n'emporte point une déroga-
» tion nécessaire à l'article 2070 du Code Napo-
» léon, puisqu'elle trouve son application sans dé-
» roger à ce Code, en faisant cesser la contrainte
» par corps exercée sur des personnes détenues
» pour dettes civiles avant les soixante-dix années.
» *La Cour met l'appellation au néant, etc.* »

----

### *Point de fait.*

Par acte sous signature privée, du 17 janvier 1796,
N. se reconnut débiteur envers M. d'une somme
de 12,000 fr., dont il promit faire le remboursement au 20 avril 1802.

Pour sûreté de cette créance, le sieur T. se porta
caution solidaire et fidéjusseur de N.

En 1800, deux ans avant l'échéance de l'obligation, N. fit faillite et remit son bilan. Cette remise
fut particulièrement connue de M. créancier, qui
ne prit pas la précaution de notifier au fidéjusseur,
à T., la remise du bilan.

La remise du bilan, qui opéroit l'exigibilité de la
dette, n'a point engagé M. à solliciter et exiger son
payement ; il a laissé le débiteur tranquille : il y a
plus, à l'échéance il n'a point poursuivi le payement, et il paroît même qu'il lui a accordé de nouveaux termes.

En l'an 10, dans les premiers mois, le régime
hypothécaire a été introduit dans le Piémont. A
cette époque, l'obligation du 17 janvier 1796 étoit

exigible. M. avoit encore négligé, moyennant des
arrangemens pris avec le débiteur, d'obtenir jugement de condamnation, et d'acquérir par-là une
hypothèque sur les biens du débiteur principal. Par
suite, il a été dans l'impossibilité de prendre inscription. Cette négligence l'a mis dans le cas de ne
pouvoir recouvrer sur le débiteur le montant de sa
créance.

Aujourd'hui, il s'adresse à la caution pour demander le payement des 12,000 fr. portés en l'acte
sous signature privée du 17 janvier 1796.

T. soutient qu'il est dégagé du cautionnement, et
fonde son exception, 1.º sur la négligence que M. a
apportée à demander la reconnoissance de sa créance,
à acquérir une hypothèque qui eût assuré son payement sur le débiteur principal, en lui accordant
successivement de nouveaux délais.

2.º Sur son silence envers la caution, qui par-là
a été hors d'état de veiller à ses intérêts, en assu-
rant le remboursement de la créance sur le débiteur principal.

### QUESTION.

Le fidéjusseur est-il dégagé de son obligation
par la circonstance de la négligence du créancier,
d'avoir exigé son payement, 1.º lorsque par l'effet
du bilan la créance a été exigible avant l'échéance
du terme stipulé; 2.º lorsque le créancier a négligé
de demander son payement au jour stipulé, et
d'obtenir hypothèque en poursuivant la condamnation; 3.º enfin lorsque le créancier a négligé d'assurer le remboursement de sa créance, en se mettant
à même de prendre inscription sur les biens du
débiteur principal.

## SOLUTION.

La négligence qu'on reproche au sieur **M.** ne peut anéantir l'obligation du sieur **T.** puisqu'on ne peut lui opposer que cette négligence est la suite d'un dol, d'une fraude concertée entre lui et le débiteur, pour rejeter sur la caution l'obligation du payement, circonstance seule qui pourroit légitimer l'exception proposée par le sieur **T.**

Le fidéjusseur a intérêt que le créancier se fasse payer par le débiteur, et c'est en raison de cet intérêt que la loi lui accorde le droit de poursuivre lui-même le débiteur pour l'obliger à acquitter la dette, quoique le créancier ne demande rien, si le terme est échu, ou si le débiteur dissipe ses biens qui sont le gage de la créance.

*Fidejussor an et priús quam solvat, agere possit, ut liberetur. Nec tamen semper expectandum est, ut solvat, aut judicio accepto condemnetur, si diu in solutione reus cessabit, aut certa bona sua dissipabit.* Mandati actione conveniat., L. 58, §. un., ff. mand.

L'autorisation accordée au fidéjusseur, de poursuivre lui-même le débiteur pour le forcer à acquitter son créancier, dans les deux cas de l'échéance du payement ou de la dissipation de ses biens, étoit la conséquence de la décision de la loi 62, ff. *de fidejussoribus*, qui porte que le fidéjusseur n'est pas libéré par la négligence du créancier de poursuivre son payement, même après réquisition faite par le fidéjusseur au créancier de poursuivre le recouvrement de sa créance.

*Si fidejussor creditori denunciaverit ut debitorem ad solvendam pecuniam compelleret, vel pignus distraheret, isque cessaverit : an possit eum fidejusso doli mali exceptione summovere? Respondit non posse.* L. 62, ff. *de fidejuss.*

Ainsi la caution n'est point déchargée par la négligence du créancier de poursuivre le débiteur, même ensuite des requisitions à lui faites, ni par un nouveau délai accordé par le créancier ; telle est l'opinion de Faber, *Cod. liv.* 8, *tit.* 27, *des.* 25; de Despesse, *tom.* 1, *pag.* 608, *n.°* 8; de Carondas, *liv.* 7, *Rep.* 74, *et liv.* 12, *Rep.* 41.

Le sieur T. ne peut donc opposer le défaut de poursuites de la part du créancier à l'échéance du terme, ni les délais qui auroient été accordés au débiteur, pour se soustraire à l'exécution de l'obligation qu'il a contractée, du cautionnement qu'il a fourni. Il avoit le droit de se pourvoir pour faire condamner le débiteur à satisfaire au payement, ou lui rapporter décharge du cautionnement ; il ne l'a pas fait ; il doit donc s'imputer à lui seul cette négligence, et il ne peut opposer au créancier aucun défaut de poursuite ; son obligation subsistant, l'intérêt du créancier étoit à couvert, et il ne peut lui reprocher un silence qui a peut-être été nécessité par la difficulté de poursuivre le payement contre le débiteur principal.

La remise du bilan, en 1800, rendoit la créance exigible du moment même, et devoit éveiller la sollicitude du sieur T. sur le danger auquel il étoit exposé. La remise de ce bilan étoit publique ; il lui annonçoit que le débiteur avoit distrait les sûretés de la créance ; il devoit donc presser lui-même le remboursement, ou se faire décharger de son cautionnement ; il ne l'a pas fait, il doit se l'imputer.

Ces principes sont consacrés par le Code Napoléon, loi du 24 pluviose an 12.

2.                                        18

« La simple prorogation de terme, accordée
» par le créancier au débiteur principal, ne dé-
» charge point la caution, qui peut en ce cas pour-
» suivre le débiteur pour le forcer au payement. »
(Art. 2039.)

Ainsi, du moment où le créancier a pu proroger
le terme, sauf à la caution à rendre cette promesse
illusoire, en forçant le débiteur au payement, le
créancier a pu, sans s'exposer à perdre son action
contre la caution, négliger les poursuites nécessaires
pour obtenir hypothèque sur les biens du débiteur,
hypothèque qu'il ne pouvoit acquérir que par un
jugement, en exécution duquel il auroit pris inscription, et se seroit assuré la date et l'ordre de son
hypothèque.

L'acte étant sous signature privée, et le débiteur
n'ayant fourni aucun immeuble pour hypothèque
de la créance par lui constituée, l'hypothèque conventionnelle manquant, ne pouvoit s'acquérir que
par un jugement ou par un acte authentique pos-
térieur (art. 2127 et 2129); hypothèque qui ne
pouvoit plus être accordée postérieurement à la
remise du bilan qui avoit eu lieu en 1800, avant
l'échéance du terme pour le payement : « Elles ne
» produisent aucun effet, si elles sont prises dans
» le délai pendant lequel les actes faits avant l'ou-
» verture des faillites, sont déclarés nuls (art. 2146)
» dans les dix jours antérieurs. »

Tout jugement obtenu postérieurement à la
faillite annoncée n'auroit donc pu conférer aucune
hypothèque au créancier. En n'obtenant pas le jugement, en ne prenant pas inscription, le créancier
n'a donc pas blessé les droits du fidéjusseur ; c'étoit
à lui à veiller si le débiteur dissipoit ses biens, à
juger de son intérêt, à forcer le remboursement,

ou à exiger du débiteur de lui fournir une hypothèque pour sûreté de la créance et la décharge du cautionnement. Du moment où la loi lui en laissoit le droit, il ne peut pas se plaindre s'il s'est exposé volontairement à être recherché en vertu du cautionnement par lui fourni.

---

## QUESTION.

Une femme qui ne fait pas un commerce séparé de celui de son mari oblige-t-elle celui-ci par les effets de commerce qu'elle signe ?

## SOLUTION.

Le Code de commerce a déterminé les cas où les actes de la femme obligent son mari négociant.

L'article 4 déclare que la femme ne peut être marchande publique sans le consentement de son mari.

L'article 5, dont les dispositions étoient déjà consacrées par l'article 220 du Code Napoléon, porte : « Si la femme est marchande publique, elle
» peut, sans l'autorisation de son mari, s'obliger
» pour ce qui concerne son négoce ; et, audit cas,
» elle oblige aussi son mari, s'il y a communauté
» entre eux. Elle n'est pas réputée marchande pu
» blique, si elle ne fait que détailler les marchan
» dises du commerce de son mari : elle n'est ré
» putée telle que lorsqu'elle fait un commerce sé
» paré. »

Or, sur l'espèce soumise au Conseil de jurisprudence, Pothier admet une distinction qui, loin de blesser l'harmonie des principes avoués par les articles précités, la confirme et la soutient.

La femme du négociant débiteur étoit et est encore aujourd'hui dans l'usage de signer les actes du commerce de son mari. Elle souscrit des effets pour raison de ce commerce, d'après l'aveu, le mandat tacite du mari. Ainsi elle n'est pas obligée personnellement à leur payement. Ils sont valables, *propter bonam fidem*, disent les jurisconsultes, comme effets souscrits par le mari lui-même, et virtuellement obligatoires pour lui : les condamnations qu'ils peuvent entraîner les soumettent seuls à la contrainte par corps, attendu que l'article 113 affranchit de cette peine les femmes qui n'exercent pas la profession de marchandes publiques.

D'après cette doctrine, qui est celle de tous les auteurs, le Conseil estime que les juges appelés à prononcer sur ce litige s'empresseront de rendre hommage à sa sagesse, sans s'arrêter à l'autorité de l'arrêt de la Cour d'appel de Bruxelles, rendu le 27 février 1809, par lequel cette Cour a déclaré nuls des effets de commerce souscrits par une femme qui, de notoriété publique, faisoit tous les jours des achats et des débits pour le commerce de son mari, et signoit en conséquence des effets ou billets.

---

## Point de fait.

Le sieur B. est poursuivi par ses créanciers : il est bientôt sous le poids de la contrainte par corps attachée aux condamnations qu'ils obtiennent contre lui.

Incarcéré pour dettes, le sieur B. fait dépôt de son bilan, et forme une demande afin d'être admis au bénéfice de cession.

D'un autre côté, sa femme provoque sa séparation de biens.

Les créanciers défendent à la demande en cession, et interviennent dans l'instance en séparation.
Ils articulent que la femme B. a spolié la communauté avant et depuis qu'elle y avoit renoncé, et
que cette renonciation étant frauduleuse, elle devoit être déclarée commune. Ils soutiennent le mari
non recevable dans sa demande, attendu la non
exhibition de ses livres de commerce et les spoliations commises.

Les premiers juges se refusent de joindre les
deux instances.

Arrêt infirmatif de leur jugement, et qui déclare le sieur B. non recevable dans sa demande à
fin de cession.

Les créanciers veulent appeler du jugement de
première instance, prononcé sur la demande en séparation de biens dirigée par la femme.

Ce jugement est ainsi conçu : « Attendu que
» l'article 1460 du Code Napoléon ne parle que
» de la veuve qui a diverti ou recelé quelques ef-
» fets de la communauté, qu'il n'est pas applicable
» à la dame B. , qui étoit en puissance de mari.

» Le tribunal, sans s'arrêter à la demande des
» créanciers, déclare la dame B. séparée quant aux
» biens, l'autorise à reprendre ses biens mobiliers
» et immobiliers pour en jouir à part et divis, et
» condamne le sieur B. à lui restituer les biens par
» elle apportés en dot, et à la garantie de toutes
» obligations qu'elle auroit pu souscrire, etc.;

» Mais, attendu qu'il résulte des enquêtes et
» contr'enquêtes auxquelles les parties ont fait pro-
» céder, que la dame B. a diverti des effets de la
» communauté, et que, de son aveu, elle a fait
» des recouvremens de sommes dues à son mari
» pour raison de son commerce,

» Le tribunal condamne ladite dame B. à rappor-
» ter à la communauté, et au profit seulement des
» créanciers, une somme équivalente à la valeur
» des effets par elle divertis; valeur qui sera fixée
» par experts choisis par les parties ou à défaut
» d'office, et condamne ladite dame B. aux dé-
» pens. »

### QUESTION.

L'article 1460 est-il applicable seulement *à la veuve* qui a diverti les effets de la communauté?

### SOLUTION.

Les créanciers trouvent dans les articles 1447, 1454 et 1460 du Code Napoléon des moyens puissans pour justifier leur appel.

La femme, dans l'espèce, ne s'est pas bornée à des actes de pure administration, elle a fait des actes probatifs de son immixtion, et par conséquent elle s'est constituée dans le cas d'être déchue de tout bénéfice à la renonciation de la communauté. La preuve de cette immixtion et celle des spoliations qu'elle a commises est acquise par le jugement même dont les consultans veulent appeler : par conséquent la femme B. est de mauvaise foi. La conduite qu'elle a observée avant et après sa renonciation s'élève contre elle, et découvre la connivence qui a existé entre elle et son mari pour frustrer les créanciers.

Vainement diroit-elle, pour excuser son délit, qu'elle étoit en puissance de mari, et que l'article 1460, ne parlant que de la veuve, la soustrait aux peines qu'il n'a décernées que contre celle-ci : l'ancienne jurisprudence et l'article 1454, en har-

monie avec ses dispositions, repoussent cette distinction consacrée par les premiers juges.

Ces motifs puissans, susceptibles d'un plus grand
développement que les bornes de cette feuille ne
permettent pas de faire, suffiront sans doute pour
déterminer l'infirmation du jugement dont le consultant veut appeler.

----

### *Point de Fait.*

Au mois d'août 1809, epoque à laquelle une
levée de gardes nationales fut ordonnée pour la défense des côtes, le sieur Felledier, demeurant à
Montargis, craignant que son fils ne fût appelé,
voulut se pourvoir pour lui d'un remplaçant.

Le sieur Fortin, ancien militaire, lui est présenté. Ils font ensemble, le 21 août 1809, un contrat
notarié par lequel le sieur Fortin s'engage à partir
pour le fils du sieur Felledier moyennant 1200 fr.
payés comptant, et une rente perpétuelle de 400 fr.
au principal de 8000 fr.

Les craintes du sieur Felledier avoient été chi-
mériques; d'après les mesures prises par M. le préfet de Montargis, son fils ne fut point appelé, et
au contraire, Fortin, en sa qualité d'ancien militaire, fut obligé de partir pour son propre compte.

Les dangers qui menaçoient les côtes ayant
cessé, les bataillons de gardes nationales ont été li-
cenciés; mais Fortin, profitant d'un décret ulté-
rieur de S. M. à ce sujet, s'est fait incorporer dans
la garde impériale.

Aujourd'hui, indépendamment des 1200 fr.
qu'il a déjà reçus, il demande les arrérages de la
rente de 400 fr. stipulée dans l'acte de remplacement.

Le sieur Felledier prétend qu'il n'y est pas fondé.

En conséquence les questions suivantes ont été soumises au Conseil :

### QUESTIONS.

1°. Lorsqu'un acte de remplacement a été fait dans la prévoyance d'un appel sous les drapeaux, et que cet appel n'a pas eu lieu, le prix stipulé doit-il néanmoins être payé ?

En d'autres termes, l'acte du 21 août 1809 doit-il recevoir son exécution ?

2°. Dans le cas de la négative les 1200 fr. payés comptant ne doivent-ils pas être restitués ?

### SOLUTIONS.

De quelque façon que l'on considère l'engagement du 21 août, il est nul.

1°. Il est sans cause, car le motif qui a seul déterminé Felledier père, a été d'empêcher son fils de partir comme garde national. Celui-ci n'ayant point été désigné par le maire de Montargis, n'ayant pas même été appelé à concourir au tirage qui a eu lieu, le remplacement contracté antérieurement devient sans objet.

Or, d'après les lois romaines et les principes actuellement en vigueur, toute obligation sans cause est nulle : il faut qu'un motif évident ait porté les parties à contracter ; et comme on va le voir, il faut que ce motif existe jusqu'à l'accomplissement de l'obligation.

(*V. L.* 7 § 4. *ff. De pactis-tot-tit. de cond. sine causâ.* — art. 1131 du Code Napoléon ).

2°. L'obligation de Fortin est une obligation de faire, *do ut facias*, qui devient nulle lorsque le fait ne peut avoir lieu. ( *L. 5 ff. de præscriptis verbis* ).

3°. Cette obligation est, en outre, évidemment *conditionnelle* et subordonnée à un événement *futur* et *incertain* : le remplacement n'aura lieu que si Felledier est désigné pour partir comme garde national, voilà la condition : ensuite cet événement est futur par rapport à la date du contrat ; et il est incertain puisque aucune mesure n'ayant encore été prise par le préfet de Montargis, on ne pouvoit savoir si Felledier fils seroit obligé de partir.

Or, ces sortes d'obligations sont réglées par les titres du Digeste déjà cités et par les articles 1168, 1169, 1175 et 1176 du Code Napoléon ; et il en résulte que lorsque la condition n'est pas accomplie, ou que l'événement n'est pas arrivé dans le temps prescrit, l'obligation est caduque : un fait devoit lui donner toute sa force ; ce fait n'arrivant pas il n'existe plus d'obligation.

Il est vrai qu'il n'a pas dépendu de Fortin de faire ce à quoi il s'étoit obligé ; mais il en résulte seulement qu'il n'est pas passible des dommages et intérêts prononcés par l'article 1142 du Code Napoléon.

Toutefois doit-il restituer les 1200 fr. qu'il a reçus ?

Sur cette seconde question, le Conseil a prononcé l'affirmative.

Il n'est pas douteux que si l'obligation du 21 août est nulle elle ne peut produire aucun effet, *quod nullum nullum producit effectum* ( article 1131 ) et ce seroit lui en donner un que de ne pas obliger Fortin à la restitution de ce qu'il a reçu.

Mais ne peut-il pas au moins demander à garder

les 1200 fr. à titre d'indemnité pour avoir été empêché de contracter avec un autre qui auroit été obligé de partir ?

Non; car pour pouvoir réclamer une indemnité il faut avoir souffert un préjudice (Pothier, n°. 159. article 1149 du Code) et Fortin n'en a souffert aucun, puisque ayant été obligé de partir pour son propre compte, il n'auroit pu remplacer personne.

Une dernière réflexion a frappé le Conseil de jurisprudencese; elle tire de l'analogie qui existe entre l'espèce présente et le cas où un conscrit de l'armée de réserve, qui s'est donné pour remplaçant, vient ensuite à être appelé pour son propre compte. Ne pouvant plus servir pour celui qu'il remplaçoit, l'acte de remplacement devient nul : ce point a été mainte-fois jugé. Dans l'espèce soumise au Conseil, il y a parité de raison, avec cette différence, cependant, que le conscrit de réserve peut demander un dédomagement en raison du service qu'il a fait pour le compte du remplacé, tandis que Fortin ne peut rien réclamer.

## *Point de fait.*

Sous l'empire de la Coutume de Normandie, deux frères ont fait, par acte du 23 février 1789, le partage des biens qu'avoit laissés leur père : chacun a été chargé de parties de rentes dues par la succession.

L'aîné, à cause de la solidarité entre cohéritiers, a formé sur son frère une opposition au sceau des lettres de ratification, pour sûreté de l'acquittement des dettes à la charge de ce dernier.

Différentes aliénations ont néanmoins été faites

par le puîné en 1791, l'an 3 et l'an 5; mais les acquéreurs se sont contentés de faire transcrire leurs contrats : ils ne les ont point fait notifier aux créanciers opposans, ils n'ont pas non plus offert de payer le prix de leurs acquisitions; de sorte qu'aucune purge légale n'a eu lieu.

Cependant, l'aîné a été poursuivi par les rentiers de la succession; et, suivant la Coutume, l'action de ces rentiers étoit régulièrement intentée contre lui. Il a été obligé de payer 13,850 fr. pour le compte de son frère. Alors il a exercé son recours vis-à-vis de celui-ci. Un jugement du 12 floréal an 7, a condamné le puîné au remboursement de ces 13,850 fr., et, en cas de non payement, a autorisé l'aîné à prendre possession des biens compris dans le lot de son frère, jusqu'à concurrence, à dire d'experts, du montant de la condamnation.

Le payement n'a point eu lieu, l'estimation a été faite, et, par procès-verbal du 16 geminal an 8, l'aîné a été mis en possession.

Il est bien essentiel de remarquer que jusqu'ici les acquéreurs de 1791, de l'an 3 et de l'an 5, ne se sont point fait connoître à cet aîné, créancier opposant.

Les motifs qui avoient amené l'envoi en possession se renouvellèrent : le puîné ne paya pas les rentes à sa charge ; l'aîné fut poursuivi une seconde fois et obligé de payer : il se pourvut encore contre son frère; et le jugement qu'il obtint, au mois de fructidor an 12, l'envoya en possession d'autres biens, non seulement pour les arrérages payés, mais encore pour les capitaux des rentes, afin de ne pas donner lieu chaque année à un nouveau procès.

Les biens vendus en 1791, l'an 3 et l'an 5, se

trouvant compris dans l'envoi en possession ordonné par ce jugement de fructidor an 12, les
acquéreurs, menacés d'expulsion, se sont enfin dé-
terminés à paroître.

Ils ont fait signifier copie de leurs contrats, et
ont attaqué, par la voie de la tierce-opposition,
les jugemens de l'an 7 et de l'an 12. Ils prétendent qu'aucun envoi en possession ne doit avoir
lieu, qu'ils ne peuvent être troublés, qu'ils sont
propriétaires incommutables.

De-là sont nés les questions suivantes, soumises
à la décision du Conseil de Jurisprudence.

### QUESTIONS.

1.° D'après la Coutume de Normandie, l'héritier obligé de payer, depuis le partage, des dettes
à la charge de son cohéritier, peut-il se faire envoyer en possession des biens compris dans le lot
de celui-ci, jusqu'à concurrence de ce qu'il a payé,
ou bien n'a-t-il que la voie de l'expropriation,
comme créancier hypothécaire ?

2.° Dans le premier cas, l'envoi en possession
peut-il avoir lieu pour les capitaux ?

3.° Lors de la demande en envoi en possession,
les acquéreurs devroient-ils être appelés ?

4.° Leur tierce-opposition est-elle fondée ?

### SOLUTIONS.

Avant d'examiner si, dans l'espèce, l'aîné doit
ou non être envoyé en possession d'une partie des
biens de son frère, il faut voir si c'est régulièrement
qu'il a payé les dettes de celui-ci, s'il ne lui étoit
pas possible de s'en dispenser, enfin si, pour raison
des payemens qu'il a faits, il a incontestablement

une action immobilière. Ce premier point ne peut être douteux.

L'héritier représente la personne du défunt, *hœres personam defuncti sustinet*, il doit acquitter toutes ses dettes ; et l'on tenoit pour maxime en Normandie que, comme la personne du défunt ne peut être divisée, l'héritier ne pouvoit le représenter en partie, *quoniam individua non recipiunt sectionem :* de-là, la solidarité entre les cohéritiers. (Voyez *Berrault, Godefroy, sur l'art. 546 de la Coutume de Normandie.*)

Ainsi, malgré le partage, chacun des cohéritiers pouvoit être poursuivi pour la totalité des créances. « Tous les héritiers d'un obligé, et chacun d'eux » sont tenus personnellement et hypothécairement, » l'un seul et pour le tout, sans que les créanciers » soient tenus de discuter tous les cohéritiers en- » semble ou séparément, et chacun d'eux pour » leurs portions héréditaires ». ( *Godefroy, page* 450. )

Seulement, lorsque l'un des cohéritiers se voyant poursuivi payoit, il étoit subrogé aux droits du créancier qu'il avoit payé.

C'est aussi à ce titre de subrogé que, dans l'espèce, l'aîné est créancier de son frère ; et l'on se rappelle que son droit a été conservé par l'opposition qu'il a formée au sceau des lettres de ratification.

Voyons maintenant de quelle manière il devoit poursuivre son remboursement.

On connoissoit autrefois en Normandie et dans plusieurs autres provinces du royaume, régies par le droit écrit, l'usage de l'envoi en possession de tout ou partie des biens du débiteur, après une estimation préalable. Ce moyen, comme plus prompt et moins dispendieux, avoit été introduit dans l'intérêt du débiteur et du créancier. Celui-ci n'étoit tenu, avant de former sa demande en envoi en possession, que de faire une sommation au débiteur de payer le montant de la créance. Il suivoit d'ailleurs l'immeuble affecté au payement de la dette, en quelques mains qu'il passât.

Ces principes sont consacrés par l'article 546 de la Coutume de Normandie, relatif au Décret, mais applicable, d'après la jurisprudence, à l'envoi en possession.

« En vertu d'obligation reconnue, sentence de
» justice........, dit cet article, les héritages, rentes
» et choses immeubles, appartenant *ou ayant ap-*
» *partenu au débiteur,* peuvent être saisis en la
» main de justice pour être décrétés, après som-
» mation faite à la personne ou domicile de
» l'obligé....., sans qu'il soit besoin de faire som-
» mer le tiers possesseur ».

Ces mots *ou ayant appartenu au débiteur* supposent évidemment une transmission de l'immeuble, un changement de détenteur; et néanmoins la coutume admet le créancier, ou ce qui est la même chose, l'héritier qui lui est subrogé, à saisir cet immeuble, à en demander la possession, sans qu'il soit même besoin de faire sommer le tiers possesseur.

D'après la coutume de Normandie, le créancier hypothécaire n'a donc pas une simple action tendante à l'expropriation du débiteur; il n'est donc pas obligé de suivre les formes de cette voie d'exécution; il peut se faire envoyer en possession de l'immeuble lui-même jusqu'à concurrence du montant de sa dette.

Dans l'espèce, la dette de l'aîné ne consiste pas

seulement dans les arrérages qu'il a payés; il a pu encore réclamer le montant des capitaux nécessaires pour le service des rentes à la charge du puîné.

S'il est vrai que, d'après la coutume, un cohéritier peut être contraint à payer seul la totalité d'une dette, nonobstant tout partage; il faut bien qu'à son tour il ait une action en garantie contre ses autres cohéritiers, et cette action est une suite du partage : d'un autre côté, si, comme dans l'espèce, il a été déjà poursuivi deux fois par des rentiers, il y a nécessité de le mettre en possession des capitaux pour le délivrer d'une inquiétude continuelle, et pour éviter en outre les frais qu'occasionnent les demandes récursoires qu'il a le droit de former.

Il est d'ailleurs de principe que le débiteur, qui détruit le gage de la rente, peut être contraint au remboursement du capital. Or, par l'envoi en possession de l'aîné, le puîné n'a plus d'immeubles : donc l'aîné, subrogé aux droits des rentiers, peut demander à son frère le remboursement des capitaux.

Enfin l'envoi en possession est assimilé au décret; et il est encore de principe, qu'en cas de décret, les capitaux devenoient exigibles.

Les acquéreurs insistent et prétendent qu'ils devoient être appelés lors de la demande en envoi en possession formé par l'aîné.

Leur prétention, sous ce rapport, est combattu par l'art. 546 de la coutume, lui-même, qui porte que pour faire décréter l'immeuble ayant appartenu au débiteur, il n'est pas nécessaire de sommer le tiers possesseur.

Le tiers possesseur a seulement le droit d'intervenir dans l'instance pour la conservation de ses droits; et alors, dit Bérault, il jouit d'une faculté, c'est celle de conserver l'immeuble, en offrant l'intégralité de la somme demandée.

Les acquéreurs ont donc dû prévoir, en contractant, qu'ils pourroient être dépossédés à leur insçu. Ils ne peuvent alléguer leur ignorance de la coutume, lorsque d'ailleurs elle dispose conformément aux principes généraux qui veulent qu'un immeuble ne puisse être transmis que grevé de ses charges.

Ces charges, ils les ont connues ou dû connoître, puisque, outre l'opposition des créanciers, il existoit celle de l'aîné antérieurement à leurs acquisitions.

Ils pouvoient intervenir, ils ne l'ont pas fait; ils sont déchus.

En conséquence, le Conseil a pensé que la tierce-opposition, formée par les acquéreurs à l'exécution des jugemens de l'an 7 et de l'an 12, n'étoit pas fondée, et qu'ils devoient en être déboutés (1).

---

### QUESTIONS.

1°. Un mariage contracté au mépris de l'article 288 du Code Napoléon doit-il être déclaré nul ?

2°. Des héritiers collatéraux sont-ils recevables à demander la nullité d'un tel mariage ?

### SOLUTIONS.

Le Conseil de jurisprudence a décidé l'affirma-

---

(1) On peut consulter sur cette matière un arrêt de la Cour de Cassation, en date du 12 fructidor an 9.

tive d'après l'opinion des docteurs et les lois prohibitives.

*Sur la première question.*

*Principes.* Les docteurs rangent les lois civiles
en trois classes différentes :

1°. Celles qui défendent.—*Quæ vetant* (1).

2°. Celles qui ordonnent.—*Quæ jubent.*

3°. Celles qui permettent ou qui conseillent.—
*Quæ permittunt vel suadent.*

Tel seroit aujourd'hui l'article 228, qui *défend*
aux veuves de se remarier avant dix mois.

Tel seroit l'article 214, qui impose des *devoirs*
respectifs aux époux.

Tel l'article 229, qui *permet* à l'époux maltraité
de demander son divorce ; ou l'article 2134, qui
*conseille* aux créanciers de prendre inscription
pour conserver leurs droits.

Dans l'intérêt de la question, il suffit de connoître les effets résultant de la violation des lois
*prohibitives.*

Ces effets ont été décrits d'une manière aussi
solide que lumineuse par *Vinnius, Quæst. select.,*
*cap.* 1.

Voici sa théorie :

Ou la loi défend purement et simplement de
faire telle convention, de souscrire tel acte, etc.,
sans prononcer de peine (2).

Ou à la peine de nullité elle ajoute une autre
peine (3).

---

(1) Voët. ff. 1, 3, 14.
(2) Tel encore aujourd'hui l'art. 228
(3) Tel l'art. 156.

Ou seulement elle inflige une peine déterminée, sans prononcer la nullité de l'acte (1).

I. *Au premier cas*, l'acte fait au mépris de la prohibition de la loi est frappé de nullité.

*Et si quidem lex simpliciter aliquid fieri vetet, nec ullam nominatim adjiciat pœnam, rectè colligimus et statuimus ea quæ contrá legem fiunt pro infectis haberi et ipso jure esse nulla.*

La nullité de l'acte est regardée avec raison comme la peine de la violation commise par les contractans; ils sont réduits au même état que s'ils ne s'étoient pas engagés.

*Tunc enim hanc esse pœnam legis et hoc velle legem intelligimus, ut quod factum est, infectum sit, id est, cassum et irritum.*

II. Au second cas, lorsque la loi ajoute une peine à la peine de nullité, il faut les infliger l'une et l'autre aux contrevenans.

*Sed etsi lex ulteriùs procedat et pœnam adjiciat, idem adhuc dicendum, modò pœna adjiciatur annullationi actùs ut loquuntur: nam et tunc nullum est ipso jure, quod factum est, et prætereà pœna adjecta annullationi præstanda est.*

III. Au troisième cas, lorsque le législateur établit une peine en cas de contravention, et qu'il ne prononce pas en même temps la nullité de l'acte, on ne peut infliger que la peine prescrite, et l'acte doit être maintenu.

*At enim verò cum lex aliquid fieri vetat et pœnam si contrà factum erit, nominatim constituit, non actum annullando, sed ità ut quod*

---

(1) Tel les articles 50 et 192.

*factum est, valere aliquo modo et subsistere patiatur, pœna aliqua facienti irrogetur quod factum est ipso jure subsistet, ut lex vult, eritque ea pœna quam lex constituit.*

Il est un quatrième cas : c'est lorsque les parties violent indirectement et par des actes simulés la prohibition d'une loi : ces actes sont également nuls.

*Non totum actum in quo quid contrà legem aut in fraudem legis factum est, etc.*

Telle est la doctrine de Vinnius, et il la fonde sur l'autorité d'un grand nombre de lois romaines, et la développe par une foule d'exemples.

Cette doctrine est celle des meilleurs auteurs :

— De Voët *ff. lib.* 1. *tit.* 3, n°. 16.

— De Perèze, *Cod. lib.* 1, *tit.* 14, n°. 11.

— De Zoëze, *ff. lib.* 1, *tit.* 3, n°. 48.

— De tous les jurisconsultes qui ont écrit sur la loi 5 *Cod. de legibus.*

— De Vantius, auteur qui a composé un traité particulier sur les nullités. ( Vantius *de nullitatibus*, p. 115 ).

*Actus reputatur ipso jure nullus*; dit-il,... *Si lex simpliciter aliquid fieri prohiberet: quamvis lex ipsa ulteriùs annullando non procederet; quia si causa prohibendi fuerit perpetua etiam quod lex ulteriùs non procedat, ob resistentiam ipsius legis à principio, actus in contrarium factus erit ipso jure nullus.*

Dumoulin sur la loi 1 *ff. de verborum obligationibus* n°. 2 , *tit.* 3 p. 18, a enseigné les mêmes principes.

*Item negativa præposita verbo* POTEST *tollit potentiam juris et facti et inducit necessitatem præcisam, designans actum impossibilem.*

Et Dumoulin explique lui - même la maxime qu'il pose :

.... *Intellige quando hoc respicit formam quœ dat esse rei ; — vel quando lex absolutè prohibet ; secùs quando ultrà procedit providendo de remedio ,* etc.

On voit que l'opinion de Dumoulin est en harmonie parfaite avec celle de Vinnius exposée plus haut : aussi a-t-elle été suivie par tous les auteurs français. Voy. le Répertoire au mot *nullité,* §. 1.

Telle est donc la doctrine des auteurs les plus profonds, doctrine qui a été embrassée par tous les commentateurs de coutumes, contenant des dispositions prohibitives (1), et a été adoptée par tous les tribunaux.

### *Jurisprudence. — Lois nouvelles.*

La loi du 20 septembre 1792 sur le divorce avoit prononcé semblable prohibition, sans y attacher la peine de nullité.

« Les époux divorcés, disoit-elle, ne pourront
» contracter avec d'autres un nouveau mariage
» qu'un an après le divorce, lorsqu'il a été pro-
» noncé sur consentement mutuel, ou pour simple
» cause d'incompatibilité d'humeur et de carac-
» tère, art. 2, §. 3 ».

Or, sous l'empire de cette loi, les tribunaux déclaroient nuls les mariages contractés avant l'expiration de l'année du divorce. *Voyez* tome 2, page 284 de *la Jurisprudence du Code Napoléon.*

---

(1) Voy. Tyraqueau, sur le mot: *La femme ne peut.* Coutume de Poitou.

Chaque fois que la Cour suprême a prononcé sur la violation d'un article de la loi du 20 septembre, elle a toujours distingué si cet article étoit ou non prohibitif.

Dans la célèbre affaire Penicaud, M. Merlin disoit :

« Observons encore que la loi a ajouté une dis-
» position prohibitive, c'est-à-dire, une disposi-
» tion qui, d'après la loi 5 *Cod. de legibus*,
» suffit pour annuller tout ce qu'on pourroit faire
» contre la défense qu'elle contient, etc.

» Ainsi tout acte de mariage qui seroit reçu par
» un autre que l'officier de l'état civil, seroit par
» cela seul en opposition avec une loi prohibitive;
» il seroit, par conséquent, nul de plein droit ».
Voyez *Questions de droit*, tome 6, page 75.

Et ces conclusions ont été adoptées par arrêt du 13 fructidor an 10.

Le second motif de l'arrêt également célèbre du 12 pluviose an 10 ( cause du sieur Spiess ) consacre la même doctrine sur la violation de cette loi.

Suivant la loi du 11 brumaire an 7, art. 11,
« les biens des mineurs ne peuvent être hypothé-
» qués que pour les causes et dans les formes éta-
» blies par les lois, ou en vertu de jugement ».

On demande si les obligations souscrites par un mineur, au mépris de cet article, sont capables de produire hypothèque?

« Le conservateur des hypothèques, répond
» M. Merlin, *ib.* tome 5, page 160, ne pourroit
» pas inscrire ces obligations, et s'il les inscrivoit
» de fait, il ne pourroit pas en naître d'hypo-
» thèque. Cela résulte des termes de la loi ne peu-
» vent; termes qui sont prohibitifs et emportent
» de plein droit la peine de nullité ».

Ainsi il n'est pas en droit une théorie plus solidement établie et plus généralement suivie que celle que nous venons de retracer.

Appliquons-la aux dispositions du Code Napoléon relatives aux actes de l'état civil, et particulièrement au mariage.

### *Application de ces Principes aux dispositions prohibitives du Code Napoléon.*

D'après les principes que nous avons retracés, il faut distinguer trois cas :

1.º Ou la loi prononce une peine pécuniaire, inflige une punition quelconque, sans annuller l'acte ;

Il faut maintenir l'acte et appliquer la peine prononcée.

2.º Ou cette loi, indépendamment de la peine de nullité, inflige une amende ou une autre punition ;

Il faut, en cas de contravention, appliquer cette double peine.

3.º Ou enfin la loi prohibitive ne prononce aucune peine :

La peine de nullité est encourue de plein droit.

I<sup>er</sup>. CAS.—*Simple peine pécuniaire.*

L'art. 35 du Code Napoléon porte :

« Les officiers de l'état civil ne pourront rien
» insérer dans les actes qu'ils recevront, soit par
» note, soit par énonciation quelconque que ce
» qui doit être déclaré par les comparans ».

Or un maire, contre cette prohibition formelle, insère, dans un acte de mariage, une note étrangère aux époux ; que s'ensuivra-t-il de cette violation ?

Certainement personne n'osera soutenir que ce mariage est nul pour contenir une énonciation étrangère : chacun conviendra que la seule peine applicable est l'amende pécuniaire encourue par l'art 50 du Code.

C'est par cette raison que la loi romaine prononçant des peines contre la veuve qui se marioit dans l'année du deuil, les tribunaux, en cas de contravention, infligeoient ces peines, et maintenoient le mariage prohibé de la veuve. Voy. *Novelle* 22, chap. 22 (1).

## II^e. CAS. — *Double peine.*

D'après l'art. 148 du Code,

« Le fils qui n'a pas atteint l'âge de vingt-cinq
» ans accomplis; la fille qui n'a pas atteint vingt-
» un ans accomplis, ne peuvent contracter ma-
» riage sans le consentement de leurs père et
» mère ».....

Au mépris de cette prohibition, une fille se marie sans le consentement de ses parens ; faudra-t-il annuller son mariage? faudra-t-il punir l'officier de l'état civil?

Il faudra appliquer cette double peine, puisque, d'une part, l'art. 182 du Code présuppose la nul-

---

(1) *Mulieribus autem solummodò imminebit metus ut non ante annale tempus ad secundum veniat matrimonium, aut sciant quia si quid tale gesserint et immaturatas contraxerint nuptias subibunt pœnas.* Novelle 22, chap. 22.

Cette Novelle énumère ensuite les différentes peines encourues par la veuve; peines qui consistoient principalement dans l'infamie et la privation des avantages matrimoniaux.

lité d'un tel mariage, et que l'art. 156 prononce en outre, et l'amende et un emprisonnement contre l'officier de l'état civil.

### III<sup>e</sup>. CAS. — *Simple prohibition de la loi.*

Le Code Napoléon renferme onze dispositions prohibitives de mariage, qu'il importe de rassembler dans le même cadre (1).

Il fonde ces prohibitions,

1.° Sur la foiblesse de l'âge;

2.° Sur la parenté ou l'alliance des époux;

5.° Sur l'existence d'un premier mariage.

### I. *Empêchement pour défaut d'âge.*

1.° L'homme avant dix-huit ans révolus, la femme avant quinze ans révolus, ne peuvent contracter mariage. (Art. 144).

2.° Le fils, qui n'a pas atteint l'âge de vingt-cinq ans, et la fille vingt-un, ne peuvent contracter mariage sans le consentement de leurs père et mère. (148).

### II. *Empêchement pour parenté ou alliance.*

5.° En ligne directe, le mariage est prohibé entre tous les ascendans et descendans. (161).

4.° En ligne collatérale, le mariage est prohibé entre le frère et la sœur. (162).

5.° Le mariage est encore prohibé entre l'oncle et la nièce. (163).

---

(1) Dans tous ces cas, le Code ne prononce pas la peine de nullité; seulement le chap. 4 la suppose encourue.

### III. *Empêchement pour mariage subsistant ou antérieur.*

6.º On ne peut contracter un second mariage avant la dissolution du premier. (147).

7.º La femme ne peut contracter un nouveau mariage qu'après dix mois révolus depuis la dissolution du mariage précédent. (228).

8.º Les époux qui divorceront pour quelque cause que ce soit, ne pourront plus se réunir. (295).

9º....... Pour cause déterminée, la femme divorcée ne pourra se remarier que dix mois après le divorce prononcé. (296).

10º...... Par consentement mutuel, aucun des deux époux ne pourra contracter mariage avant trois ans. (297).

11º....... Pour cause d'adultère, l'époux coupable ne pourra jamais se marier avec son complice. (298).

Or, quelle est la sanction légale de ces trois espèces de prohibitions?

Puisque le Code ne prononce aucune peine pour réprimer l'infraction à la loi, il est évident, d'après les principes retracés, qu'il faut, par forme de peine, annuller l'acte contracté au mépris de la prohibition légale.

C'est le cas d'appliquer, dans toute sa rigueur, la maxime :

*Si adversus (leges) aliqui coierint : nec vir, nec uxor, nec nuptiæ, nec matrimonium, nec dos intelligitur. §. 12, Instit. de nuptiis.*

Chacun sent combien cette maxime est fondée en raison, car s'il en étoit autrement, si les tribunaux, par une coupable condescendance, maintenoient les mariages prohibés, que deviendroit l'autorité salutaire du législateur ? à quoi aboutiroit sa tendre sollicitude pour prévenir le scandale et réprimer les abus ? à quoi aboutiroit le saint zèle qui l'anime, quand il s'agit de mettre un frein aux jouissances dangéreuses, aux jouissances précoces, aux transports désordonnés, à toutes les fureurs de l'amour ?

Qu'on retranche à la loi sa force coactive, et libres de la suivre ou de la transgresser impunément, les citoyens ne la regarderont bientôt plus que comme un vain épouvantail ; le livre de la justice et de la raison sera bientôt foulé aux pieds ! et tout ce que la société a de plus imposant, de plus auguste et de plus sacré, n'inspirant plus que la dérision, le lien de la société se trouveroit entièrement dissous.

Non, nous n'arracherons pas à la loi son premier caractère et sa première vertu, nous aurons pour elle le même respect, la même soumission que les Romains, nous reconnoîtrons avec eux qu'elle est essentiellement obligatoire.

*Leges sacratissimæ quæ constringunt hominum vitas.* ( L. 9, Code de leg. ). Nous publierons avec le prince des jurisconsultes, « qu'un acte » consenti, qu'un sacrement célébré, que tout ce » qui est fait au mépris de la prohibition légale, » est nul ». *Quæ contrà leges, vel in fraudem legum ipso jure nulla sint, etiam sacramenta.* CUJAS *ad tit. Code de leg.*

### Conséquences.

D'après ce principe, tous les mariages contractés au mépris des trois espèces d'empêchemens ci-dessus retracés, doivent indistinctement être déclarés nuls.

Tout comme on annulleroit,

Une reconnoissance d'enfant incestueux ou adultérin faite en fraude de l'art. 335;

Une adoption faite par plusieurs contre le vœu
de l'art. 344;

Une aliénation d'immeubles d'un mineur, consentie au mépris des art. 447, 467, 482 et suivans
du Code;

Une substitution faite contre la prohibition de
l'art. 896 (1);

Une donation consentie par un mineur au-dessous de seize ans. Art. 903;

Une donation quelconque écrite au mépris des
prohibitions portées par les art. 907 et suiv. du Code;

Une donation contraire à l'art. 1098, qui reproduit la prohibition de l'édit des secondes noces.

Dans tous ces cas, la peine de nullité n'est pas
formellement prononcée, mais où est la sanction
légale? Elle est dans la force ou dans la vertu de
la loi prohibitive; elle est dans la volonté souveraine du législateur, dans cette volonté tellement
absolue, tellement inflexible, qu'elle paralyse toute
volonté contraire de l'homme, et frappe tous les
actes prohibés d'une nullité radicale.

C'est par cette raison que l'article 920 présuppose la nullité de tout don qui est contraire à la
loi prohibitive, puisqu'il ordonne la réduction de
la libéralité qui dépasse les bornes prescrites dans
la disponibilité des biens.

---

(1) Cet article ne prononce pas la nullité de l'acte,
mais la Cour suprême a fait résulter cette nullité de la
violation d'une simple disposition prohibitive. — Arrêt
du 18 janvier 1808. *Jurisprudence du Code Napoléon*,
tome 10, p. 295.

Ces principes, incontestables en matière de contrats s'appliquent d'autant mieux aux mariages, que
le Code proclame en termes formels la nullité des
unions prohibées.

« Tout mariage, porte cet article, contracté en
» contravention aux dispositions contenues aux
» articles 144, 147, 161, 162 et 163, peut être
» attaqué par les époux eux-mêmes; soit par
» tous ceux qui y ont intérêt, soit par le minis-
» tère public. »

Or si, dans ces cas, un mariage prohibé est
nul, comment est-il possible que les mêmes mots,
le même verbe, précédés de la même négation,
que la même défense n'emporte pas la même peine?
Pourquoi ces mots auroient-ils un autre sens dans
un cas que dans l'autre? N'ont-ils pas le même
objet, le même but, le maintient des bonnes mœurs,
de l'ordre public?

Il faut donc l'avouer, soit qu'il s'agisse de la disponibilité des biens, ou de la capacité de se marier ou remarier, le Code a consacré, de la manière la plus absolue, les principes retracés par les
auteurs de tous les pays et de tous les temps, sur
les nullités.

Ainsi, d'après le Code, comme d'après ces au-
auteurs, un mariage contracté par une veuve, en
fraude de l'art. 228, doit être déclaré nul.

### Sur la seconde question.

« S'il est important pour l'Etat, dit M. le chan-
» celier d'Aguesseau (1), de ne pas troubler le
» repos des familles, en annullant trop facilement

---

(1) Tome 3, p. 156 de ses Œuvres.

» un mariage qui a été regardé comme légitime,
» quoiqu'il eût quelque défaut.

» Il est encore plus important pour l'Etat de
» ne pas autoriser, par une indulgence dange-
» reuse, un mariage qui ne peut être regardé que
» comme un engagement criminel, dès qu'il ren-
» ferme une infraction aux lois; elles n'auroient
» plus de force, si l'on n'en assuroit l'exécution
» par des exemples nécessaires. »

Si cet illustre chancelier s'exprimoit alors en termes aussi énergiques, avec quels traits de feu peindroit-il la nécessité d'annuller un mariage contracté au mépris de l'article 228 du Code.

Le premier, le plus grand intérêt de la société est la soumission des citoyens à l'autorité législative; et de tous les abus, le plus dangereux est la tolérance des mariages prohibés.

Qu'on discute tant que l'on voudra sur les fâcheuses conséquences attachées à l'annullation de ces mariages; que l'on oppose la longue cohabitation des époux, le nombre des enfans, leur légitimité, leurs droits successifs enlevés, tous ces motifs sont graves sans doute, mais peuvent ils l'emporter sur les dangers de maintenir des unions scandaleuses, prématurées, honteuses et prohibées par la loi?

Et si, à l'exemple fatal de l'impunité, si, à l'atteinte portée aux mœurs, on ajoute des conséquences encore plus désastreuses, les biens du mari enlevés à sa famille, la validité des libéralités matrimoniales faites à la femme, l'enfant qu'elle donne au défunt, quoiqu'il soit procréé des œuvres du second mari; qui osera maintenir encore ces mariages prématurés?

Nous avons vu que, dans l'ancienne jurisprudence, si l'on n'annulloit pas le mariage de la veuve célébré dans l'année du deuil, du moins on lui infligeoit des peines corporelles et pécuniaires ; du moins étoit-elle privée des libéralités à elle faites par le mari qu'elle avoit déshonoré ; du moins étoit-elle vouée à l'infamie : *erit omnino mulier propter nuptiarum festinationem infamis*, nov. 22. C. 22.

Mais aujourd'hui toutes ces peines sont anéanties, la déchéance des avantages matrimoniaux, ce frein puissant des veuves peu sensibles à l'honneur, n'existe plus : tout a changé de face ; sous le Code Napoléon, il faut ou que les veuves obtiennent leurs avantages du premier mariage, ( *Voyez* arrêt de la Cour de Colmar, du 7 juin 1808. *Sirey*, an 9, page 168. S.) au mépris des droits légitimes des héritiers, où il faut prononcer la nullité du second mariage.

De-là il résulte que les collatéraux qui étoient autrefois sans intérêt pour demander la nullité du mariage prématuré de la veuve, puisqu'ils rentroient dans leurs droits sans le secours de cette nullité, sont aujourd'hui dans la nécessité la plus urgente de recourir à cette voie ; ils y ont le plus grand intérêt, et s'ils y ont un grand intérêt, on ne peut leur refuser le droit d'agir, le droit de faire annuller promptement un mariage qui leur enlevoit une succession légitime, un mariage qui entraînoit à leur égard un véritable vol.

En résultat, les veuves qui contractent un mariage prohibé, entendent mettre leur volonté au-dessus de celle du législateur, elles entendent lutter avec le souverain, elles se déclarent rebelles aux ordres de la puissance suprême.

Or comment, après avoir ainsi outragé et méprisé sa défense, après avoir encouru sa juste animadversion, osent-elles invoquer encore son autorité pour faire respecter l'acte même qu'il a défendu?.... En maintenant cet acte, ne tomberoit-il pas dans la plus étrange contradiction?

Proclamer la validité d'un tel mariage, c'est enlever à l'article 228 toute son énergie, c'est le réduire à une nullité absolue ; c'est rendre absolument vaine la sage prévoyance du législateur; c'est paralyser par contre-coup les articles 296, 297 et 298, qui prohibent le mariage entre époux divorcés ou adultères; c'est assurer l'impunité des contraventions les plus graves ; c'est encourager la dissolution des femmes; c'est livrer les officiers de l'état civil à la plus complette corruption ; c'est, en un mot, de conséquences en conséquences, ouvrir le champ le plus vaste aux abus les plus nombreux et les plus funestes.

Non, tant que l'article 228 existera, tant qu'il ne sera pas rayé du Code, il faudra l'exécuter, et l'on ne pourra jamais obtenir cette exécution sans infliger une peine aux contrevenans; or nulle peine pécuniaire ou corporelle n'étant déterminée par la loi contre la femme ni contre l'officier de l'état civil en cas de contravention, les tribunaux ne peuvent se dispenser de prononcer la nullité du mariage, par forme de peine.

----

*Opinion du Conseil de Jurisprudence sur le mariage des Prêtres.*

### PREMIÈRE QUESTION.

Dans l'état actuel de notre législation, un prêtre peut-il se marier sans être relevé de ses vœux.

### SOLUTION.

Sans doute, dans le temps de la primitive église, le mariage n'étoit point défendu aux prêtres ; on sait que plusieurs apôtres étoient mariés ; que notamment Saint-Pierre avoit une fille appelée Pétronelle (1).

La raison en est simple, c'est que lors de l'établissement du christianisme on ne pouvoit opposer aux pasteurs de l'église un mariage qu'ils avoient précédemment contracté ; que d'ailleurs la simplicité de leurs mœurs, leur zèle sans bornes, leur piété, les préservoient du danger auquel leurs successeurs eussent été exposés en prenant des femmes.

Quoi qu'il en soit, par la suite il fut reconnu qu'un prêtre devoit rester dans le célibat ; que la même main qui offroit des sacrifices à Dieu ne devoit pas être souillée par des attouchemens charnels ; que le même cœur ne pouvoit être tout à-la-fois et le temple du saint-esprit et le siége des passions humaines : *ad munus sacerdotis obeundum requiritur ex parte corporis puritas actionis.*

A ces raisons, inspirées par la piété et la religion des premiers prélats, l'empereur Justinien ajouta des considérations politiques d'un intérêt majeur ; il défendit le mariage des ecclésiastiques par le motif que, étant constamment occupés des soins du ménage et de l'éducation de leurs enfans, il est impossible que ces ecclésiastiques se livrent avec le même zèle et avec le même désintéressement au

_______________

(1) Voyez Math. 8, vers. 14. — Marc. 1, vers. 3o. — Baron, ann. tom. 1, ann. 69, n°. 3o.

service divin; qu'il est difficile que le chef d'une nombreuse famille veille avec la même sollicitude à la garde du troupeau dont il est le pasteur, et qu'il convient que les occupations temporelles ne causent aucune distraction dans la direction des affaires spirituelles. *L.* 42, *§.* 1, *Cod. de Episcopis et Clericis.*

Depuis la promulgation de cette loi, sanctionnée d'ailleurs par le concile de Trente, il a été défendu aux prêtres de se marier; et le droit civil, d'accord en ce point avec le droit canon, a maintenu cette prohibition avec la plus grande sévérité.

Il n'a rien moins fallu que la révolution française et les erreurs qu'elle a enfantées pour abolir une aussi sage prohibition, pour oser déclarer que la loi civile ne reconnoît aucuns vœux religieux, et que les prêtres peuvent impunément se marier.

Mais le génie qui a rétabli l'ordre en France, qui a redressé les autels, qui a environné d'un nouvel éclat la religion catholique, ne pouvoit permettre à ses ministres de la profaner par des alliances qu'elle réprouve.

On se rappelle avec quelle indignation il a condamné le projet du prêtre Beausset, et avec quelle énergie il s'est prononcé contre le mariage des ecclésiastiques.

Paris, 14 janvier 1806.

## Monseigneur l'Archevêque,

« J'ai la satisfaction de vous annoncer que
» S. M. I. et R., en considération du bien de
» la religion et des mœurs, vient d'ordonner qu'il
» seroit défendu à tous les officiers de l'état civil
» de recevoir l'acte de mariage du prêtre B.

2.                                        20

» **S. M. I.** et **R.** considère le projet formé par
» cet ecclésiastique comme un délit contre la reli-
» gion et la morale, dont il importe d'arrêter les
» funestes effets dans leur principe.

» Vous vous applaudirez sans doute, Monsei-
» gneur l'Archevêque, d'avoir prévu, autant qu'il
» étoit en vous, les intentions de notre auguste
» Empereur, en vous opposant à la consomma-
» tion d'un scandale dont le spectacle auroit affligé
» les bons et encouragé les méchans.

» J'écris à **M.** le préfet de la Gironde, pour qu'il
» fasse exécuter les ordres de **S. M. I.** et **R.** J'en
» fais part à **LL. EEx.** les ministres de la justice et
» de l'intérieur. La sagesse d'une telle mesure ser-
» vira à diriger l'esprit des administrations civiles
» dans une matière que nos lois n'avoient point
» prévue. »

SECONDE QUESTION.

Quelle est la compétence des tribunaux par rapport aux mariages des prêtres ?

SOLUTION.

Les tribunaux sont institués pour appliquer les
lois civiles.

D'après le décret de Sa Majesté l'Empereur, il
est défendu aux officiers de l'état civil de recevoir
le mariage d'un prêtre.

Or, les officiers de l'état civil sont placés par la
loi dans le domaine de l'autorité judiciaire (1).

Donc c'est à l'autorité judiciaire à connoître du

------

(1) Voyez Esprit du Code Napoléon, t. 1, p. 390.

mérite d'une opposition au mariage d'un prêtre, lorsqu'elle est formée dans les mains d'un officier de l'état civil.

Pour convaincre de l'exactitude de ce syllogisme, le Conseil de Jurisprudence suppose que le prêtre Bausset ait voulu se marier malgré l'opposition de Monseigneur l'Archevêque de Bordeaux, qu'auroit-il fait pour parvenir à ce mariage? Il auroit traduit Son Eminence devant les tribunaux, pour être déclarée non-recevable dans son opposition, attendu qu'aucune disposition du Code Napoléon ne défend à un ministre du culte de se marier; et il auroit conclu en même temps à ce qu'il fût fait injonction à l'officier de l'état civil de passer outre à la célébration du mariage convenu. C'est une simple question d'État dont la connoissance n'appartient qu'aux tribunaux.

### TROISIÈME QUESTION.

Le ministère public a-t-il le droit de former opposition au mariage d'un prêtre?

Ce mariage peut-il être empêché uniquement parce qu'il seroit scandaleux, qu'il blesseroit la morale et l'ordre public?

Le ministère public doit-il agir en cette matière par voie d'action, ou seulement par voie de réquisition?

### SOLUTION.

Ces questions sont, comme on voit, très-importantes; chacune d'elles mérite un examen particulier.

### §. I.

Le ministère public a-t-il le droit de former opposition au mariage d'un prêtre?

L'affirmative est incontestable.

Dès l'instant que Sa Majesté a défendu aux officiers de l'état civil de recevoir le mariage d'un prêtre, elle a, par une conséquence nécessaire, chargé ses procureurs impériaux de faire dissoudre toute union contractée au mépris de cette défense; autrement la rebellion de ce prêtre resteroit impunie, et cette impunité seroit pour le crime un véritable triomphe.

Si donc le ministère public ne peut se dispenser de provoquer l'annulation de tout mariage contracté par un prêtre, à plus forte raison doit-il s'y opposer de tout son pouvoir quand il en est instruit avant la célébration.

Le Conseil va raisonner par analogie.

Lorsqu'un mariage a été inscrit au préjudice de l'empêchement prononcé par les articles 144, 147, 161, 162 et 163 du Code Napoléon, il faut convenir qu'il peut être attaqué par le ministère public (art. 184).

Il faut convenir aussi que le ministère public doit attaquer et faire dissoudre tout mariage célébré devant un officier de l'état civil incompétent (art. 191).

Or, si dans tous ces cas la loi impose au ministère public l'obligation de requérir l'annulation de ces mariages prohibés, à plus forte raison peut-il, doit-il s'opposer à ces mariages avant leur célébration, chaque fois qu'il a connoissance en temps utile de l'empêchement légal.

Pour se convaincre de cette vérité, il suffit d'examiner quel est le but du législateur, lorsqu'il ordonne d'annuler les mariages par lui prohibés, et de considérer les effets épouvantables qu'entraîne cette annulation.

Quel est le but de la loi ? C'est de faire prédo-
miner son pouvoir, son autorité suprême ; c'est de
montrer, par des exemples frappans, que les citoyens doivent se soumettre à son empire ; que, soit
qu'elle commande, soit qu'elle défende, il faut lui
obéir ; que sa volonté étant au-dessus de celle des
citoyens, tout ce qui est fait contre cette volonté
souveraine est censé ne pas exister ; qu'ainsi un mariage célébré au mépris de sa défense expresse, n'est
point un mariage, comme elle le prononce elle-
même : *Si adversus leges aliqui coierunt, nec
vir, nec uxor, nec nuptiæ, nec matrimonium,
nec dos intelligitur. §. 12. Just. de Nuptiis.*

Quelles sont cependant les conséquences de l'annulation d'un mariage ? Une fille flétrie, un mari
déshonoré, un concubinage proclamé, des époux
arrachés l'un à l'autre, leurs enfans voués à l'infamie, une famille naissante dispersée ; les liens de
la paternité, de la filiation civile et légitime entièrement brisés ; les inspirations du cœur, les élans
de la tendresse et de l'amour, tous les sentimens
les plus délicieux impitoyablement étouffés..... Tel
est l'affreux tableau des inconvéniens qu'entraîne
l'annulation d'un mariage. Et cependant tous ces
inconvéniens sont moins graves aux yeux du législateur que l'existence d'une union contractée au
mépris de sa prohibition formelle.

Pourroit-on vouloir que le ministère public,
qui est spécialement chargé de demander l'annullation de ces mariages, ne puisse s'opposer à leur
célébration ? Pourroit-on vouloir qu'il garde le
silence, qu'il soit temoin muet d'une infraction à
la loi, pour se procurer le plaisir barbare de faire
punir les contrevenans, pour requérir une disso-

lution qui produit d'aussi terribles ravages ? Ce seroit vouloir qu'il ne cherche que le désordre, que le scandale, que les châtimens, lorsque au contraire sa première mission est de maintenir la paix et le bon ordre, en même temps qu'il veille à l'exécution des lois ! Dans quel Code puisera-t-on un système aussi bizarre, aussi contraire à la félicité publique ! !

Ainsi, le ministère public, loin d'être empêché d'agir avant la prononciation d'un mariage prohibé, doit au contraire redoubler de vigilance, de soins et d'efforts pour s'opposer à sa célébration. C'est aussi la doctrine de M. Proudhon, doyen de la faculté de droit de Dijon, dans l'ouvrage qu'il a publié sous le titre de *Cours de Droit civil*, ouvrage qui est le plus profond de tous ceux qui ont paru sur le Code Napoléon.

## §. I I.

Le ministère public peut-il former une opposition à des mariages projetés, sur le fondement qu'ils blesseroient la morale et l'ordre social ?

Il faut écouter M. Garat, dans un passage où cet auteur peignoit avec tant d'énergie et d'éloquence les devoirs du ministère public : « Ce ma-
» gistrat, dit-il, doit réprimer dans la société les
» mauvaises mœurs qui vont jusqu'au scandale,
» parce qu'elles sont un genre de délit....
» Les mœurs publiques sont le résultat de toute
» la constitution politique ; on ne les réforme ni
» avec des remontrances, ni avec des punitions,
» ni même avec de bons exemples. Les mœurs
» publiques ne peuvent se régénérer que dans un
» nouvel ordre social. Mais il est un débordement,

» un effronterie dans les vices, un désordre en
» toutes choses, qui sont contre la nature des
» Gouvernemens les moins fondés sur les mœurs,
» qui sont des excès dans la corruption même et
» qu'on peut combattre comme tous les excès.
» Voilà pourquoi nous osons encore parler des
» mœurs, et pourquoi nous comptons encore la
» censure parmi les devoirs du magistrat public ».
( Répertoire, au mot *Ministère public*, §. 5 ). Le
Conseil de jurisprudence qui partage l'opinion de
ce célèbre jurisconsulte se décide pour l'affirmative.

## §. III.

Le ministère public peut-il agir en cette matière par voie d'action ou seulement par voie de réquisition ?

Que le ministère public mette empêchement à un mariage par voie d'action ou de réquisition, la chose est absolument indifférente ; on ne peut, on ne doit s'attacher qu'au fait.

Mais veut-on absolument distinguer l'action de la réquisition ? Alors on est forcé de convenir que le ministère public peut prendre celle de ces deux voies qui lui paroît préférable pour empêcher un mariage prohibé ; il procédera par voie d'action quand il prendra l'initiative et qu'il formera lui-même opposition à ce mariage ; il agira, au contraire, par voie de réquisition quand ses conclusions viendront appuyer une opposition préexistante et validement formée ; alors il requerra que cette opposition soit maintenue.

On suppose que deux futurs époux colludent pour dissimuler un mariage existant entre l'un d'eux et une autre personne ; qu'ils veuillent le dérober entièrement aux regards de l'officier de l'état civil : assurément la loi qui impose au ministère public l'obligation de faire annuller ce second mariage, article 189, lui donne une action pour y parvenir, d'après l'adage : qui veut la fin, veut les moyens.

Or, si le ministère public a une action pour faire annuller ce second mariage, quand malheureusement il est célébré ; il a, à plus forte raison, une action pour s'opposer à sa célébration, quand sa vigilance lui a révélé en temps utile l'existence d'un premier mariage.

On pourroit objecter que l'article 2, titre 8, de la loi du 24 août 1790, ne permet point au ministère public de procéder par voie d'action.

Cette objection est réfutée par une autorité bien respectable, par M. Merlin, par ce magistrat dans les mains duquel le Gouvernement a placé le premier ressort moteur de l'action publique.

« La première proposition, a-t-il dit, n'est étayée que sur une équivoque. Qu'est-ce qu'entend l'article 2 du titre 8 de la loi du 24 août 1790, quand il dit : qu'au civil les commissaires du Roi, ( aujourd'hui procureurs - généraux ), exerceront leur ministère, non par voie d'action, mais seulement par celle de réquisition dans les procès dont les juges auront été saisis ?

» Sans contredit, le sens de cet article est que dans les matières qui ne sont relatives qu'à des intérêts privés, les procureurs impériaux ne peuvent point agir d'office ; qu'ils ne peuvent y figurer qu'en donnant leur avis par forme de réquisition sur les questions qu'elles présentent, et que si, dans ces sortes d'affaires, ils prenoient sur eux de donner des assignations, d'interjeter des appels, de former des oppositions à des jugemens par défaut, ils devroient être déclarés non recevables.

» Mais conclure de cet article que les procureurs impériaux ne peuvent pas, au civil, agir d'office pour l'ordre public, et qu'ils ne le peuvent pas dans les affaires où il n'existe aucune partie privée qui puisse agir; c'est de quoi l'on ne s'est jamais avisé; c'est même à quoi s'opposent formellement les lois les plus précises.

» Ainsi les articles 184 et 191 du Code Napoléon donnent au ministère public une action directe pour attaquer et faire déclarer nuls les mariages célébrés, ou avant l'âge fixé par la loi, ou par des personnes déjà liées par des mariages précédemment contractés, ou entre parens ou alliés au degré prohibé, ou clandestinement, ou devant un officier public incompétent.

» Ainsi tous les jours on voit le ministère public requérir, soit la censure, soit la suspension d'un avoué ou d'un huissier qui, dans l'exercice de ses fonctions, a manqué gravement à ses devoirs ».

La même objection à été faite devant la Cour d'appel de Bruxelles, et cette Cour a décidé avec raison ; « que le Code Napoléon, en plaçant dans » les attributions du ministère public, la vindicte » de la loi, quant aux mariages qu'elle reprouve, » a dérogé à l'article 2, titre 8, de la loi du 24 » août 1790 ».

Le Conseil de jurisprudence pense donc que le ministère public peut également agir par voie d'action, ou par voie de réquisition selon l'importance des cas ou leur gravité.

RÉFLEXIONS *sur le mariage, d'après les lois romaines, par un Membre agrégé du Conseil.*

Les lois, dit très-bien l'immortel Montesquieu (1), ne sont que les rapports qui existent entre tous les êtres de l'univers. Dans ce sens, tout ce qui est a des lois, parce que tout ce qui est a des rapports, soit avec la nature elle-même, soit avec le reste des êtres dont il se trouve entouré.

Le premier des rapports qui existent entre les individus de notre espèce; celui que j'examinerai sous tous les points de vue, en commençant par en parcourir le principe dans l'état naturel, est celui qui naît de ce sentiment doux et puissant qui existe dans le fond de nos cœurs; qui seul sait nous faire oublier tous les malheurs, et aimer encore une vie remplie d'infortunes; celui que tous les mortels se font une gloire d'éprouver, et dont les seuls scélérats n'ont jamais goûté les charmes: l'amour, dis-je, qui nous entraîne avec une violence irrésistible envers un sexe différent du nôtre, est la première des lois naturelles dans l'ordre de celles qui lient entre eux les individus de la même espèce. C'est elle qui est la base de toutes les autres, la cause de notre existence, le lien inébranlable qui unira à jamais les hommes, et qui les rassembleroit encore si, par un nouveau prodige de la nature, ils étoient dispersés dans des déserts éloignés, et séparés par des mers, des montagnes, ou par des espaces

_______________

(1) Espr. des lois, liv. 1, chap. 1.

presqu'immenses, et remplis de tous les périls.

Les philosophes qui ont cherché quelle avoit été l'origine de la société, ceux qui ont mis en question si l'homme étoit né pour elle, ne se sont pas aperçus qu'ils ne cherchoient que l'origine de l'homme lui-même; et que chercher à connoître quel motif avoit déterminé l'homme à cesser de vivre isolé au milieu de toute la nature, étoit demander s'il étoit né pour exister. Que l'on imagine un seul couple d'hommes, sorti des mains de l'auteur de l'univers, que l'on en imagine un grand nombre, ces êtres, dans les deux hypothèses, entraînés par l'attrait de cette force existante dans leurs ames, et dont le but étant la propagation de l'espèce, a dû être né avec elle, se seront d'abord approchés l'un de l'autre; et avant que des besoins communs ne les eussent réunis, ils l'étoient déjà par le plaisir mutuel.

Supposer, avec Hobbes (1), que l'état de nature a été un état de guerre pour l'homme, c'est supposer une absurdité qui n'a même pas besoin d'être réfutée.

Mais admettre, avec le président de Montesquieu (1), que le sentiment de timidité ou de crainte a été le premier des sentimens naturels, c'est donner aux hommes de la nature les sensations qui ne peuvent être que le produit de la société. Il suffit, pour se convaincre de la méprise de ce grand homme, de réfléchir que nous ne pouvons naturellement avoir d'autres sentimens que ceux qui naissent des aiguillons de nos besoins. La

---

(1) Hobb. de civ. lib. 1.
(2) Esprit des lois, livre 2, chap....

crainte ne peut entrer dans nos ames avant que des objets extérieurs ne nous ayent avertis de les fuir par quelque dommage qu'ils nous ont causé, et que nous cherchons à éviter en nous soustrayant à leur influence : ainsi l'homme ne pouvoit jamais craindre son semblable, avant que les maux qu'il a eu à souffrir de sa part ne lui eussent appris à s'en garantir (1).

Ainsi donc l'amour seul a dû être le premier des rapports, et par conséquent la première des lois qui a réuni les hommes. La plus belle des mythologies de l'antiquité, en nous présentant l'amour débrouillant le cahos (1), nous apprend que ce n'est que par lui que tous les êtres vivent et se conservent.

La première société est donc née avec l'homme : le mariage en a été le fondement et le soutien : et la seule des lois naturelles que cet être n'a pas encore enfreinte, et que toutes les convulsions sociales ne viendront jamais à bout d'étouffer dans son cœur, est celle qui l'enchaîne à un sexe

---

(1) Ce sauvage trouvé dans les forêts d'Hannover, que l'auteur cite à son appui, et que tout faisoit trembler, ne peut pas être regardé comme un homme dans l'état naturel ; car on ignore quelles furent ses premières sensations, les événemens qui l'avoient isolé du reste des hommes, s'il avoit ou s'il n'avoit pas à s'en plaindre, et enfin il ne voyoit pas des êtres semblables à lui, lorsqu'il craignoit d'approcher des hommes ; car il y a une différence bien frappante entre un sauvage et un habitant de Londres ou de Paris, coiffé, habillé, armé, et portant sur sa physionomie toutes les marques des passions sociales.

(2) Voyez Hésiode. — Théogonie.

différent du sien par les doux rapports du plaisir.

L'homme, une fois uni à la femme, ayant une fois éprouvé les sensations agréables que cette union lui a procurées, n'a plus dû quitter celle qui charmoit son existence. Le sauvage qui découvrit une fois des fruits d'un arbre plus doux que les autres, remarqua cet abre, et y retourna, jusqu'à ce qu'il en eût consommé le produit. Comment donc ce sauvage, dirigeant son affection vers un objet plus attrayant pour lui, et qui en partageoit le charme, auroit-il pu se décider à l'abandonner ?

L'instabilité et le changement ne sont que les passions de l'homme de la société, de l'homme qui ayant émoussé tous les organes de ses plaisirs à force de vouloir les exciter, a fini par ne plus sentir, ou par ne sentir que foiblement. Il a été alors obligé de chercher dans la variété des objets, la satisfaction de ces désirs que les mêmes degrés d'irritation renouveloient sans cesse, et que les mêmes objets ne pouvoient plus éteindre.

Mais nous sommes habitués à prêter toutes nos passions aux hommes de la nature ; et peu s'en faut qu'il ne nous paroisse impossible encore qu'ils ne se soient pas égorgés entre eux, pour se partager des terres inconnues, ou pour savoir la place qu'ils auroient occupée dans un autre monde, après leur courte existence sur ce globe.

Guidés par les seules lois de l'amour, constans dans leurs passions, les hommes ont été liés par d'autres rapports en se voyant reproduire dans leurs enfans. De-là tous les droits et tous les devoirs de parenté, que la nature elle-même donnoit à ceux qui devoient veiller à la conservation de l'espèce, et sans lesquels elle auroit été bientôt anéantie.

L'on doit supposer que la vie de nos premiers pères, moins attaquée par les passions, dont, graces à nos fureurs et à nos folies, nous sommes les victimes, devoit être d'une plus longue durée. Ainsi le même homme a pu probablement voir ses petits-fils et ses arrière-petits-fils, naître et se multiplier sous ses yeux. Ainsi une société, presque complette, est déjà formée dès l'origine de l'espèce humaine.

Les premiers mariages, les mariages de la nature, n'ont dû être que ceux que l'on a contractés entre frères et sœurs. Il est si naturel que par-tout où une femme et un homme se trouvent réunis, ils s'aiment, et cherchent à être heureux ensemble, que l'on ne peut guère se refuser à croire qu'un frère et une sœur, élevés dans la même famille, sous la même cabane, et environnés des mêmes objets, ne se soient aimés et unis, aussitôt que le développement de leurs facultés leur en eût inspiré le désir.

En effet, si l'on vouloit s'appuyer du témoignage de l'histoire des peuples les plus anciens que nous connoissons, nous trouverions constamment adoptés parmi eux, non-seulement les mariages entre frères et sœurs, mais même, ce qui nous frappera sans doute davantage, entre pères et filles, mères et enfans. Les Perses, les Parthes, les Egyptiens, les Assyriens, et une infinité d'autres peuples, ne se doutoient même pas que l'on eût pu défendre de pareilles unions. Les deux premières nations regardoient en outre comme honorables ces mariages, et entre eux, comme au-dessus de tous les autres, ceux entre père et fille, mère et enfant (1). Les Egyptiens et les Assyriens, qui en adoptèrent les mœurs, regardoient les mariages entre frères et sœurs, comme les plus propres à la fécondité, en suivant en cela l'exemple de leurs premières divinités Isis et Osiris, qui s'étoient unis par les liens du mariage, étant déjà frère et sœur (2).

Mais je suis trop loin de croire que l'histoire de ces peuples soit celle des hommes de la nature, pour prétendre en faire le fondement de mon hypothèse. Peut-être ces peuples s'étoient-ils autant, ou plus que nous, éloignés des institutions naturelles; et leur ancienneté n'est-elle pas d'un calcul infinitésimal dans l'époque de notre existence.

Cependant des usages généralement reçus chez toutes les nations les plus policées de l'antiquité, doivent être au moins regardés comme une très-forte preuve contre ceux qui, s'étayant de quelques faits particuliers, voudroient les faire servir de base à une opinion contraire à tant de lois, et plus contraire encore aux règles d'une raison naturelle.

Je ne veux point faire ce tort à la nature, de penser qu'elle n'a pas imprimé dans nos cœurs des sentimens d'une reconnoissance respectueuse envers nos parens. Je ne veux pas croire non plus que l'idée de l'affranchissement de toutes les gênes

______

(1) Phil. Jud. de spec. leg. — Strab. lib. 5, in fin. — Curt. lib. 7, etc.

(2) Phil. 16. — Hérod. lib. 1. — Lucien, in lib. de sacrif.—On peut voir une quantité d'exemples pareils chez presque tous les peuples de l'antiquité. Voyez Hérod. lib. 3 et 4. — Agath. de bello Goth. lib. 2. — August. de civit. Dei, lib. 18, cap. 2. Strab. lib. 4 et 16, etc.

des devoirs dans les mystères de l'amour ne soit aussi bien gravée en nous par ses lois mêmes : aussi paroît-il que les unions entre parens, en ligne directe, soient en quelque sorte contraires aux vœux de la nature elle-même. D'ailleurs, la disparité d'âge, et par conséquent de goûts et de manières de sentir et de voir entre un père et une fille, et plus encore entre une mère et un fils, paroissent concourir encore à rendre de telles unions contraires aux lois primitives de notre espèce ; mais comme il faut aussi considérer que le rapport d'un père à sa fille, ou d'une mère à son enfant, n'empêche pas l'existence d'un rapport d'homme à femme, et que partout où ce dernier se trouve, il peut y avoir une union pour la propagation ; aussi ne sauroit-on dire avec beaucoup de certitude que les mariages entre les personnes dont il est question, soient vraiment défendus par les lois naturelles ; aussi plusieurs philosophes ont-ils soutenu que ces lois, au lieu de s'y opposer, les favorisent : telle a été l'opinion de Diogène, de Zénon, de Chrysippe, et du plus profond des philosophes grecs, Aristote (1).

Il seroit tout-à-fait inutile de chercher les traces du pouvoir paternel, par rapport à son influence sur les mariages, dans l'état de nature. Il ne peut y avoir que de misérables sophistes, malheureusement doués du don de la parole, aux yeux desquels cette proposition puisse passer pour une question : aussi me garderois-je bien d'en occuper mes lecteurs.

Il n'est pas également inutile de chercher parmi

_______________

(1) Voyez Xenoph. — Sex. emp. Pyrr. Hypoth. lib. 3 , cap. 24. — Arist. Polit. lib. 11 , etc.

les premières lois de l'homme, les fondemens du divorce; mais aussi ne faudra-t-il pas s'engager dans une bien longue discussion pour les y découvrir. Le sentiment de l'indépendance est, de l'aveu de tous ceux qui raisonnent, le premier des sentimens naturels; ou, si l'on veut, le premier des rapports ou la première des lois, qui découlent nécessairement de l'essence de notre constitution. Ils est dans l'ordre des choses que, même toutes les causes des passions sociales à part, l'homme a dû, selon les différentes circonstances, se plaire ou s'ennuyer à la longue avec le même objet. Celui qui a trouvé les inclinations de sa compagne contraires aux siennes, qui a remarqué qu'elle ne se plaisoit plus avec lui, ou qui enfin n'a pas vu naître de l'union conjugale les doux fruits qu'il en espéroit, a brisé les liens qui l'attachoient à cette épouse, et a cherché auprès d'une autre la satisfaction de ses désirs (1).

L'examen des différentes lois de la nature sur le mariage, ne nous offre qu'une liberté illimitée, et que des sentimens dirigés par le seul attrait tout-puissant du plaisir. Le tableau des lois sociales va nous ouvrir une scène bien différente. Des rapports de convenance, substitués à ceux de la nature; des entraves aux penchans du cœur; des bornes trop limitées au désirs de la volonté; la plus chère, la plus innocente, la plus voluptueuse

_____

(1) Ce que je dis ici des hommes, doit s'entendre également des femmes; car cette injuste prééminence que nous avons usurpée sur elles dans l'état social, ne pouvoit et ne devoit pas être la même aux yeux de la nature, et de ces gens qui ne connoissoient guère d'autres règles que celles qu'elle prescrivoit à leurs cœurs.

des passions, devenue souvent la source empoi-
sonnée de nos infortunes. Malheureusement la plus
grande partie de ces institutions étoient nécessaires
aux sociétés: et l'homme, une fois écarté de son
état primitif, n'auroit pas pu en conserver encore
les rapports, sans s'exposer à des maux plus grands
que ceux que d'autres lois alloient nécessairement
lui procurer.

J'ai considéré le mariage, dans l'état naturel,
comme un rapport entre deux êtres d'un sexe différent, que les liens du sang n'arrêtent pas ; comme
un penchant du cœur, qu'aucune gêne ne trouble ;
et comme une union libre, que la seule volonté des
contractans rend ou ne rend pas durable. Je vais
l'examiner sous ces mêmes rapports, et voir quels
sont les entraves et les changemens que les conventions humaines y ont apportés.

Des pages sans nombre et des détails longs et en-
nuyeux devroient succéder à l'esquisse que je viens
de tracer, si je voulois aller chercher parmi les annales de toutes les nations, dont nous avons l'histoire, les différentes institutions que l'esprit humain
a su imaginer pour se singulariser, ou pour éviter
quelques inconvéniens, qui se présentoient à sa
foible vue, sans pénétrer dans l'abîme qu'il alloit
creuser sous ses pas, pour s'en affranchir. Croiroit-
on que des peuples soient parvenus à se figurer qu'il
étoit déshonorant d'approcher une vierge, et n'ayent
eu de commerce avec elle que, lorsqu'exposée aux
désirs des voyageurs, ou des derniers des hommes,
elle n'eut plus eu ce prix qui atteste parmi nous la
pudeur, et qui est la dot la plus recherchée d'une
fille ? (1)

_________________________

(1) C'est un fait que je me rappelle d'avoir lu dans Dio-

Croiroit-on.... Mais pourquoi chercher des exemples étrangers à mon sujet ? Je me suis proposé d'examiner les lois romaines et les lois françaises, relatives au mariage, comme celles qui, étant en vigueur parmi des nations modernes, doivent être connues préférablement à toutes les autres ; et j'aurai des occasions de remarquer en elles-mêmes, au milieu de beaucoup de sages institutions, des règles souvent absurdes, et souvent encore destinées à nous rendre gratuitement malheureux.

Trois espèces de mariages étoient en usage chez les Romains. Les effets des deux premières ne différoient en rien. On pourroit donc les réduire à une seule. Les nombreuses cérémonies qui accompagnoient ces noces, et le peu de précision que nous avons trouvée dans les auteurs qui nous en ont transmis les détails, ont probablement servi à cette distinction, qui n'a point de fondement solide. La troisième espèce de mariage étoit, et par les rites qu'on y pratiquoit, et par la liberté illimitée qu'elle laissoit aux contractans, bien différente des deux autres ; cependant, une fois dépourvue des conditions que les lois exigeoient pour l'en distinguer, elle devenoit, par ses effets, tout-à-fait semblable à celles dont on l'avoit d'abord séparée. (1).

---

dore de Sicile ou dans Raynal ; mais comme ma mémoire ne me sert pas trop bien, je ne saurois indiquer au juste ni l'auteur, ni le lieu, ni l'époque de ce fait ; tout ce que je puis assurer, c'est que c'est une institution qui a sans doute existée chez quelque peuple, et sur laquelle je me ressouviens d'avoir bien réfléchi lorsque j'en ai lu le détail.

(1) J'entrerai dans un détail plus exact par rapport à ces distinctions, après avoir parlé de tout ce qui précédoit les mariages.

Les deux premières espèces de mariage étoient la confarréation et la coemption : la troisième, l'usage. (1)

Avant de parler des effets particuliers de ces trois sortes de noces, il ne sera pas hors de propos de nous occuper de tout ce qui les précédoit et l'accompagnoit.

Une fille qui avoit été simplement demandée en mariage, ou qui avoit été promise par le parent, sous la puissance duquel elle étoit, soit par testament, soit par actes entre-vifs, s'appeloit fille *espérée* ou *destinée* (2). Celle pour les noces de laquelle on avoit déjà fixé les conditions, mais sans en signer le contrat, s'appeloit *accordée* (3). Celle pour le mariage de laquelle on avoit fixé par des contrats légitimes toutes les conventions, prenoit le titre d'épouse (4).

---

(1) Confarreatio. — Coemptio. — Usus.

(2) *Sperata aut destinata.*

(3) *Pacta.*

(4) Sponsa. — Voyez l. 36 et 66. D. de nupt. — l. 7, § 1, D. de jur. dot. — l'ult. § ult. D. de divort. — l. 101, D. de cond. et dem. — l. 134, D. de verb. obbl. — l. 7, D. ad leg. Jul. de adult. — l. 7, § 1, D. de jur. dot. — Dyon. Halic. lib. 11. — Gron. ad Gell. Noct. att. lib. IV. 4. — Brower de jur. connub. — Cujac. observ. lib. XVI, cap. 34. — Remarquez cependant, que ces distinctions, fondées en raison, sont néanmoins souvent confondues dans le droit romain. — Voyez l. 5, C. de Spons. où l'on appelle *speratæ nuptiæ* les noces pour lesquelles on a déjà donné les arres des fiançailles; ce qui ne pourroit se dire que des *sponsalia;* car on ne donnoit ces présens que lorsqu'on étoit convenu des conditions du mariage, et qu'on avoit signé le contrat. — Voyez aussi l. 6, D. eod. — l. 13, §... D. ad leg. gul. de adult. — l. 16, C. de episcop. aud. etc. On ne doit cependant pas être étonné

C'est alors que l'on se faisoit de part et d'autre des dons que l'on appeloit arrhes, et qui étoient des gages du contrat de mariage que l'on alloit cé-lébrer.

Quelquefois cependant, malgré toutes ces dé-marches, le mariage n'étoit point célébré ; et celui par la faute duquel cela arrivoit, étoit obligé de rendre d'abord le quadruple, et ensuite le duple de ce qu'il avoit reçu de l'autre.

Un fragment des *Responsa* du jurisconsulte Pa-pinien, nous apprend que si cette faute venoit des parens de la fiancée, ils étoient obligés de payer de leurs propres biens le quadruple de ce qu'ils avoient reçu ; et que si au contraire la faute en eût été à la future, elle l'auroit payé des siens, et il lui étoit cependant donné une action pour le ré-péter contre celui qui l'auroit reçu sans la consulter. Si cependant celui qui avoit donné les arrhes eût

---

de cette confusion. Les mots, dans toutes les langues, ont d'abord servi à exprimer nettement et précisément une seule idée. Dans la suite, les orateurs, les écrivains et tous ceux qui se piquoient d'élégance, pour employer un terme qui leur paroissoit plus élevé ou plus noble qu'un autre, et rendre ainsi une phrase plus sonore, ont commencé à se servir indistinctement de quelques expressions qu'ils croyoient synonymes, et ont fini par donner à des paroles, d'abord bien distinctes, un sens souvent contraire à celui qu'elles étoient destinées à ex-primer : de-là la confusion et la plupart des questions qui embarrassent les savans dans toutes les sciences, et qui les embarrasseront toujours inutilement, jusqu'à ce qu'ils n'ayent pas compris cette raison de différence qui doit nécessairement exister, tant que les mots ne seront pas assignés précisément à un chacun des objets que l'on examine. — Voyez Locke, Essai sur l'entend. hum. liv. 3 , chap...

retardé pendant deux ans à célébrer le mariage, la fille pouvoit se marier sans être obligée à aucun remboursement vis-à vis de l'époux donateur (1). De l'autre côté, si le mariage n'eût pas été contracté par la faute de l'époux, il perdoit ses arrhes, et étoit obligé de rendre ce qu'il avoit reçu de la part de la fiancée (2).

Les dispositions du code théodosien ne sont pas différentes de celles que je viens de citer (3).

Cette jurisprudence fut cependant innovée par les empereurs Léon et Anthémius; et les rédacteurs du code de Justinien nous ont transmis la loi qui limite les dispositions anciennes. Cette loi réduit la peine du quadruple à celle du double, avec les conditions suivantes : Une femme qui n'est pas soumise à la puissance paternelle, et qui a atteint l'âge de majorité, ou qui a obtenu une permission de dispense d'âge (4), est obligée de rendre à son époux le double de ce qu'elle a reçu, si elle ne veut plus se marier avec lui. Si elle est mineure, sans être

______

(1) Si l'époux étoit absent par cause publique, ou si le mariage étoit retardé par une cause qui ne lui eût pas pu être imputée, la fiancée étoit obligée de l'attendre, ou elle devoit lui payer le quadruple, et ensuite le double fixé par les lois. — Voyez l. 2, C. de repud. — l. 17, D. de Spons. — Cujac, observal. 16, 36.

(2) Papian. respons. Tit. 27, ap. Schult. in jurispr. antejust.

(3) L. 6, C. Theod. de Spons. — l. un. C. Theod. si provinc. Rector. — l. un. C. Theod. si nuptiæ.

(4) L'âge de majorité est fixé à 25 ans, tant pour les hommes que pour les femmes. Celles-ci cependant peuvent obtenir d'être regardées comme majeures à 18 ans, tandis que les hommes ne peuvent l'être par le moyen, de la même permission, qu'à 20. Voyez l. 2, C. de his qui veniam ætat. impetr.

cependant soumise à la puissance paternelle, elle n'est obligée qu'à rendre la même valeur des objets reçus, lorsqu'elle ne veut plus contracter le mariage. Les parens paternels en ligne directe, et la mère, sont tenus de rendre le double, lorsqu'ils ont reçu les arrhes pour leur fille, et que le mariage ne soit pas accompli. Si cependant la cause qui l'empêche vient de la part de la loi, qui ait mis quelque obstacle à une pareille union, les parens ou la fille ne sont obligés qu'à la restitution du simple. La même disposition a lieu, lorsque ceux-ci veulent dissoudre des nœuds pour une cause qui, quoique non défendue par la loi, soit cependant de nature à former obstacle à un contrat qui doit être à l'abri, non-seulement de ceux que les lois y mettent, mais même de tous ceux que les mœurs ou l'objet du mariage peuvent y apporter. Il faut cependant faire une distinction à ce sujet : c'est que si la cause qui a donné occasion à la dissolution des fiançailles, étoit connue par les parens de la fille à l'époque que l'on a reçu les arrhes nuptiales, on n'est pas pour cela exempt de la peine du double ; et si on l'ignoroit, on n'est obligé qu'à rendre simplement ce que l'époux avoit donné sous cette condition. La loi fixe les mêmes règles relativement à l'époux ; mais elle laisse à la fin la liberté aux contractans d'établir, à leur volonté, la peine du quadruple dans l'acte des fiançailles, et veut qu'elle soit exécutée lorsqu'on en est ainsi convenu (1).

Si l'on pouvoit adapter à nos mœurs de semblables dispositions, celles de cette loi seroient sans doute préférables aux autres ; et des législateurs,

---

(1) L. 5, C. de Spons.

qui voudroient s'en servir, n'auroient qu'à les copier mot à mot dans leurs édits : mais comment oserions-nous être de si mauvais calculateurs, et tellement ennemis de la liberté d'une union, que nous avons déjà assujétie à tant d'entraves, pour penser d'y en ajouter des nouvelles ? Il y avoit bien loin, aux temps de ces lois, que nous ne saurions faire qu'admirer, du moment de la simple promesse, ou demande de mariage, à l'acte de la conclusion finale de ce contrat. Des convenances absurdes, et pourtant devenues nécessaires de nos jours, n'enchaînoient ni la volonté des époux, ni la détermination de leurs parens : les premiers avoient le temps de se voir, de se connoître et de s'aimer, avant qu'ils ne fussent liés par des nœuds plus sacrés ; les seconds ne forçoient pas la volonté de leurs enfans, et ne faisoient pas un objet de spéculation ou de commerce d'un contrat qui devoit former le bonheur de ceux qui en étoient liés. Après avoir laissé toute la liberté possible aux contractans, on voulut mettre un frein à l'instabilité, et fixer une amende pour l'inconstance. Cette amende n'étoit même pas considérable.

Mais aujourd'hui on est marié presqu'avant de s'être vu : on a au moins ordinairement signé l'acte du mariage, sans avoir aucune connoissance, ni du caractère, ni des goûts de la personne à laquelle on va être lié. Si on vouloit obliger encore par des lois pénales les fiancées à tenir leur parole, le contrat le plus respectable et le plus aimable de la nature et de la société, deviendroit le plus détestable et le plus odieux de tous les autres.

Il est temps d'examiner quelles sont les causes que les lois romaines avoient établies comme suffisantes pour dissoudre le contrat des fiançailles et par conséquent le mariage, et quelles sont les autres causes que les mœurs y ajoutoient de leur part.

Le mariage est donc défendu par les lois de Rome pour cause de parenté, d'alliance, d'honnêteté publique, de considération de pouvoir, d'inégalité de condition, de différence de religion.

Les lois romaines distinguoient trois sortes de parentés : la parenté naturelle, qui est définie par soi-même; la parenté légitime, qui est celle que les lois civiles ont établie; la parenté mixte, qui se forme par les liens de la première et de la seconde (1).

L'alliance ou affinité est la parenté que les lois considèrent comme existante entre chacun des époux et les parens de l'autre (2).

On divise les degrés de parenté en ligne directe et collatérale. Le père, la mère, et tous leurs ascendans et descendans, sont parens en ligne directe; le reste, en collatérale (3). On fait la même distinction par rapport aux affins ou alliés (4).

Le mariage est défendu en ligne directe, tant pour les uns que pour les autres, à l'infini, aussi bien que pour les parens adoptifs en même ligne (5).

Les anciennes lois romaines défendoient les mariages entre collatéraux jusqu'au quatrième degré (6). Un Romain voulut épouser la fille de son

_______________

(1) L. 4, § 2, D. de grad. et adfin.
(2) D. l. § 3.
(3) L. 1. — l. 10. § 8, D. cod.
(4) L. 14, D. de R. N.
(5) D. l. — l. 53, D. cod. § 1, inst. de nupt. — Voyez Ulp. Fragm. tit. 5. — Paul Rept. sentent. lib. 2, tit. 19. — ap. Schult. in jurispr. antejust.
(6) Ulp. loc. cit. etc.

frère : ce Romain étoit un empereur, et l'on fit une loi qui permit de tels mariages (1). Il est honteux pour l'humanité de voir la jurisprudence d'un peuple maître du monde entier changer si souvent de principes au gré de ses gouvernans. Le bon Nerva abolit cette loi, et rétablit l'ancien droit (2); mais il ne fut pas long-temps en vigueur. Nous avons deux autres exemples d'empereurs qui épousèrent les filles de leurs frères (3). Cependant les empereurs Constantin et Constant, par une suite de leur intolérance, non-seulement défendirent ces mariages, mais ils établirent la peine de mort pour ceux qui les auroient contractés (4). Pendant la domination du tyran (5) Basilisque, cette peine fut abolie et ces mariages autorisés (6); mais enfin l'empereur Zénon les défendit nouvellement, et sa loi est rapportée au Code comme celle qui doit être observée par préférence aux autres (7).

Malgré ces changemens continuels entre les oncles et les nièces du côté du frère, nous n'en voyons aucun entre les parens du même degré du côté de

---

(1) Ce fut l'empereur Claude. Voyez Suet. cap. 26. — Tacit. ann. lib. 12.

(2) Xiphilin. in Nerva.

(3) Voyez Capitolin. Zonar, Ann. III.

(4) Voyez cette loi ap. Caj. observ. lib. 8, cap. 28, qui a été le premier à la tirer de l'oubli.

(5) Je me sers de ce mot tyran, que j'ai emprunté de la loi de Zénon, au C. de incest. nupt., à cause que l'empereur Basilisque est désigné comme tel par son successeur dans cette même loi.

(6) Voyez Caj. loc. cit.

(7) Gd. *ibid.* — l. ult. C. de incest. nupt. — Cette loi, dans le Code, est attribuée à l'empereur Anastase. Je me sers de la correction de Cajus, et je la crois de Zénon.

la sœur (1). Où en chercher la cause? c'est qu'aucun législateur n'a aimé la fille de sa sœur. On auroit autorisé ce mariage comme l'autre, si ce cas étoit arrivé. En effet, malgré toutes les lois qui défendoient les mariages des belles-mères avec leurs beaux-fils, ne vit-on pas Caracalla épouser la sienne, et cela d'après le conseil qu'elle lui en donnoit : *Si libet, licet : an nescis te imperatorem esse, et leges dare, non accipere* (2)? Mais détournons les yeux de ces tableaux affligeans.

Le jurisconsulte Cajus, dont les œuvres conservés par Anien, ont été par Anien même altérés, paroît nous rapporter que les mariages entre cousins étoient défendus par les lois romaines; mais le savant Aléandre prouve avec beaucoup de fondement que ce passage est tronqué par cet Anien; et que ces noces, au temps du jurisconsulte Cajus, n'étoient pas défendues par les lois de Rome (3). Ce ne fut qu'au temps de Théodose qu'elles furent prohibées (4); et la constitution même de cet empereur, confirmée par ses enfans, Arcadius et Honorius, dans la première année de son règne, fut ensuite abolie par eux-mêmes huit ans après (5). C'est cette dernière loi qui est rapportée dans le Code; et les rescrits des législateurs romains consignés dans ces livres ne sont que conformes à ces dispositions (6).

---

(1) Ulp. Fragm. dit. 5, § 6. — Caj. instit. lib. 1, tit. 4, ap. Schult. in jurispr. antejust. — Instit. de nupt.

(2) Spartian.

(3) Aleand. ap. Schult. in not. ad Caj. instit. lib. 1, tit. 4, § 6, n. 27.

(4) Cassiod. Var. lib. 7, epist. 46. — l. un. C. Theod. si nupt. ex rescript. pet.

(5) Voyez l. 19, C. de nupt.

(6) Voy. l. 3, D. de rit. nupt. instit. de nupt. § duorum.

( 332 )

Je trouve qu'il n'est pas hors de propos d'observer ici que le passage d'Ulpien, rapporté ci-
dessus, et d'où il résulte que les mariages étoient
défendus par les lois anciennes jusqu'au quatrième
degré, ne doit s'entendre qu'entre les personnes
qui, étant en ligne collatérale, sont néanmoins
considérées comme se tenant lieu de parens et de
fils, *quæ loco parentium aut filiorum sunt* (1).

Un passage des sentences de Paul nous apprend
que même les mariages dont il est question n'étoient
défendus que jusqu'au quatrième degré, et que la
seule différence d'âge les faisoit prohiber jusqu'au
quatrième (2) : comme cependant ce n'étoient que
des convenances sociales qui tenoient lieu de lois,
la cause qui défendoit les mariages entre les parens
les plus éloignés, comme ceux du quatrième degré,
étoit à coup sûr plus conséquente et plus juste que
celle qui ne les permettoit pas entre les plus proches. Aucun motif puisé dans la raison naturelle
ou sociale ne peut se trouver dans les lois relatives
à ces derniers ; une apparence de cette raison qui
a fait naître l'attrait de la propagation dans des
cœurs que l'âge rapproche, et que des penchans
égaux doivent déterminer, peut autoriser les premiers.

On peut, par une conséquence bien juste, inférer du passage que je viens de citer, que les mariages entre tous les parens en ligne collatérale, qui
sont *loco parentium aut filiorum*, étoient par les
lois romaines implicitement défendus.

---

(1) Voyez l. 17, § 2, D. de rit. nupt. l. 39. — l. 53,
D. eod. — § 1, instit. de nupt., etc.
(2) Jul. Paul recept. sentent. lib. 2, tit. 19, § 3, ap.
Schult. loc. cit.

Les mariages entre alliés sont défendus à l'infini en ligne directe (1); les lois du Code qui défendent ceux entre les affins en ligne collatérale, savoir entre beau-frère et belle-sœur, nous apprennent que cette prohibition n'a pas été toujours en vigueur à Rome. Une constitution des empereurs Valentinien, Constant et Arcadius, ordonne que ces mariages seront défendus, de quelque manière que le lien qui formoit l'affinité eût été dissous (2); cependant un de leurs successeurs n'eut aucune répugnance d'enfreindre cette disposition, et épousa deux sœurs l'une après l'autre (3). Zénon renouvela les anciennes lois; mais celles qu'il fit pour les remettre en vigueur nous indiquent que l'on s'en étoit beaucoup écarté; que l'habitude des Égyptions d'épouser les veuves de leurs frères s'étoit déjà glissée parmi les Romains, et que sous le règne de Basilisque de tels mariages étoient même autorisés par les lois de l'État (4).

Il faut ici observer que comme toutes les prohibitions de noces entre collatéraux étoient reconnues, comme tirant leur origine des dispositions particulières des législateurs de Rome, et que celles entre parens en ligne directe étoient considérées comme dérivant du droit des gens : le mariage entre beau-frère et belle-sœur étoit impuni pour la femme, et entraînoit pour l'homme la peine de l'adul-

---

(1) Voyez Caj. instit. lib. 1, tit. 4. — Ulp. Fragm. lib. 6. — Paul, recept. sentent. lib. 2, tit. 19, Ap. Schult. loc. cit. — l. 17, C. de nupt. — l. 14, § ult. D. de rit. nupt. — Instit. de nupt. § adfin, etc.

(2) L. 5, C. de incest. Nupt.

(3) Ce fut l'empereur Honorius qui se maria successivement avec les deux filles de Stilicon. — Zonar. Ann. III.

(4) Voyez l. 8 et 9, C. de incest. nupt.

tère (1) : étrange jurisprudence qui regardoit si dif-
féremment la même action chez deux individus qui
ont les mêmes motifs, les mêmes passions et les
mêmes intérêts pour se soumettre aux dispositions
des lois, ou pour les violer. Cependant cette erreur
est une de celles qui ont frappé les empereurs romains. Arcadius et Honorius, dans une de leurs
constitutions, réformant les lois anciennes sur cet
article, punissent des mêmes peines les hommes et
les femmes qui pourroient y contrevenir (2).

La parenté légitime n'existe qu'entre l'adopté et
les parens de celui qui adopte du côté paternel (3).
On ne peut épouser aucun des parens qui, par ce
côté, sont *loco parentium aut filiorum* vis-à-vis de
l'adopté (4) : on ne peut non plus épouser sa sœur
adoptive, savoir la fille du père adoptif (5).

Cependant comme la parenté d'adoption est dissoute par l'émancipation, ces prohibitions cessent
dès que celle-ci a lieu (6). Il y a pourtant deux exceptions à faire à cet égard : la première, qu'il n'est
pas permis à l'adopté d'épouser la femme du père
adoptif, quoique celui-ci l'eût par la suite émancipé ; et l'autre, qu'il est également défendu au père

---

(1) L. 38, D. de adult. — Paul recept. sentent. lib. 2,
tit. 19, §. 5.

(2) L. 6, C. de incest. nupt.

(3) L. 12. — L. 17, D. de rit. nupt. — L. 23, D. de
adopt. l. ult. D. de gradib.

(4) L. 17, § 2, D. de rit. nupt.

(5) D. l. pp. et § 1. — Caj. instit. lib. 1, tit. 4, ap.
Schult. loc. cit.

(6) L. 23, D. de adopt. — l. ult. § 1, D. de gradib. et
adfin. — l. 55, § 1, D. de rit. nupt. — Voyez Schult. in
Caj. instit. lib. 1, tit. 4, § 2, n. 18.

adoptif d'épouser la femme de celui qu'il avoit adopté, même après l'émancipation (1).

Voilà toutes les dispositions des lois romaines, relatives aux obstacles qu'elles crurent devoir mettre aux mariages entre parens.

Je vais présenter le reste de celles que d'autres considérations y avoient fait ajouter.

Les Romains, dans leurs beaux jours, ont été un peuple comme il n'y en a pas eu dans les annales des autres nations, et comme probablement il n'y en aura pas d'autre. Ils avoient eux-mêmes senti cette vérité; ils l'avoient peut-être trop sentie. De là cette idée si orgueilleuse et si bizarre, qu'il n'y avoit qu'eux qui méritassent d'être appelés des hommes et des citoyens sur la terre, et que le reste des habitans de cette partie du globe qu'ils connoissoient, n'étoit peuplé que de barbares et d'esclaves; de-là la défense à leurs concitoyens de se marier avec des étrangères : de-là un nouveau nom donné à ce lien, qu'ils regardoient plutôt comme une simple union naturelle, que comme un contrat qui méritoit d'être garanti par les lois de l'Etat.

Il n'y avoit de droit de mariage, *jus connubii* proprement dit, qu'entre un citoyen romain et une romaine : toute autre union étoit considérée comme une simple liaison physique, et on l'appeloit *contubernium* (2). Le mariage entre un citoyen romain et une étrangère, ou celui d'un étranger avec une romaine, n'étoit désigné que par ce dernier nom. Les principes des législateurs de Rome étoient si sévères à cet égard, que quoique les enfans nés

---

(1) L. 14, D. de rit. nupt.
(2) Voyez Ulp. fragm. tit. V. — L. 3, C. de incest. nupt. — Instit. de nupt.

de l'union d'un Romain avec une étrangère sui-
vissent la condition de leur mère, et que cette disposition basât, selon les règles de leur droit public,
sur les lois naturelles (1) ; lorsqu'une Romaine s'u-
nissoit à un étranger, les fils qu'elle en avoit ne
jouissoient d'aucun des droits qu'elle étoit censée
avoir comme Romaine, et ils étoient regardés
comme le reste des enfans qui étoient issus des
unions défendues par les lois (2).

Quand les héros du Tibre connurent la nécessité, dans laquelle l'étendue de leur puissance les
avoit mis, de ne pas resserrer le nombre de ceux
qui avoient des droits à cette souveraineté qu'ils
usurpoient sur le reste des nations, ils accordèrent
le titre de citoyen romain à tous ceux que des
vertus éclatantes et un mérite distingué faisoient
briller au milieu des peuples qui se montroient dans
l'espace de leur empire. Ce titre ne fut d'abord
accordé que par le peuple, dans ses assemblées (3).
Les gouvernans de Rome l'usurpèrent sur le peuple,
lorsque celui-ci, devenu géant, fut réduit au point
de ne pouvoirr plus agir, par l'excès même de sa
force (4). La politique des Antonins fit de l'univers

----

(1) Voyez l. 24, D. de statu homin.

(2) Ulp. fragm. tit. V, § 8. — Voyez le comment. de
Schult. à ce titre, n°. 17 et 18. — Sen. lib. IV, de benef.
cap. 36. — Macrob. Saturn. lib. 1, cap. 6. — Plutarque
dans le parallèle de la vie d'Antoine et de Démétrius.

(3) Voyez Liv. lib. 38, cap. 36, lib. 43, cap. 3.

(4) Voyez Boeth. in Cic. Top. lib. 11. Voyez des ins-
cript. rapportées par Gruter, p. DLXXIII, 2, DLXXIV,
5, DLXXV, 1. — Bellor. fragm. vestig. vet. rom. in
thes. antiq. roman. tome IV, ad fin. p. 7. — Spanhem.
orb. rom. exercit. 11, cap. 22. Voyez le titre III des
fragm. d'Ulpien, ap. Schult. On y trouve les différentes

entier une seule ville (1). Les bornes de l'empire romain n'étoient circonscrites que par des mers, des déserts ou des peuples que l'on croyoit sauvages, et plus approchant des bêtes farouches que des hommes. Tout ce qui étoit connu devint romain : un Gaulois, un Germain, un Sarmate, un Tyrien, un Africain, un Egyptien n'étoit qu'un Romain; toutes les anciennes lois disparurent; et il n'y eut plus de défense à garder pour les mariages entre un Romain et un habitant des glaces du Nord ou des sables brûlans de l'Afrique.

Les décemvirs crurent profiter de l'occasion que les besoins du temps mettoient entre leurs mains, pour séparer à jamais leur classe de celle du peuple. Les nobles ont, dans tous les gouvernemens et dans tous les temps, imaginé qu'ils étoient une espèce particulière d'êtres que la nature même avoit formés au-dessus du vulgaire. De-là ces fiers patriciens de Rome, malgré les leçons que le peuple leur donnoit de temps en temps pour les remettre en équilibre, saisirent avec avidité un moment où la puissance législative et exécutive étoit entièrement entre leurs mains, et ils défendirent toute alliance

---

manières par lesquelles les étrangers acquéroient le droit de citoyen romain.

(1) Lisez Gibbon, hist. de la décad. de l'empire rom. vol. 1, chap...

*Reddisti patriam diversis gentibus unam.*
*Urbem fecisti quod priùs orbem erat.*

C'est une disticon d'un auteur latin, dont j'ai oublié le nom, et qui rend très-bien cette idée. Il est adressé à Antonin. Voyez aussi de beaux vers de Prudentius contre Symm. lib. 11, v. 612 et seq.

entre un patricien et une plébéienne, un plébéien et une patricienne (1).

Le génie de Rome écrasa bientôt la puissance décemvirale : les barrières que celle-ci avoit posées entre les nobles et le peuple furent brisées, et la loi qui défendoit les mariages entre ces deux ordres fut abolie sept ans après qu'elle avoit été proclamée : l'honneur en fut dû au plébéien Canuléius, qui fit abroger, pendant qu'il étoit revêtu de la dignité tribunitienne, une loi si outrageante pour ses concitoyens (2).

Il paroît qu'avant l'époque d'Auguste les mariages entre les citoyens romains, de quelque classe qu'ils fussent, et leurs affranchies, aussi bien que ceux entre les premiers et des femmes dont l'honneur n'étoit point sans taches, n'étoient pas défendus, ou au moins qu'ils étoient tolérés dans la république.

Les législateurs ne proclament leurs lois que pour défendre ce qui est en usage, ou faire commencer ou revivre des choses dont on ne se soucieroit pas sans les obligations qu'ils y imposent. Ainsi, lorsque nous lisons les dispositions de la loi *Papia poppaea*, qui porte, que ni un sénateur, ni ses enfans, tant mâles que femelles, jusqu'à la quatrième génération, ne pourront se marier avec un affranchi ou affranchie, ni avec une personne déclarée infâme par les lois ; et que nous voyons ces mêmes défenses étendues au reste des citoyens romains, si nous voulons en excepter celle qui est

____

(1) Voyez les lois des 12 tables. Table XI, loi 2 ou supplém. aux cinq premières tables ap. Terass. — Godfr. — Dion. Halicarn. antiq. lib. X. — Liv. lib. IV. cap. I.
(2) Voyez Tit. Liv. lib. IV, cap. 5.

relative aux affranchis, nous devons en conclure que ces mariages, ou n'avoient pas été défendus par les lois anciennes, ou que celles-ci étoient tout-à-fait tombées en désuétude à cet égard (1).

Les personnes que les lois déclaroient infâmes, étoient les femmes qui se prostituoient publiquement, celles qui montoient sur le théâtre, celles qui prostituoient l'honneur des autres, celles qui avoient été surprises en adultère, celles qui avoient été condamnées pour un crime public, savoir pour un crime qui appartenoit à la classe des jugemens publics, et celles qui avoient été condamnées par un décret du sénat (2).

La prostitution des parens en premier degré et en ligne directe, étoit censée passer sur la tête de leurs enfans : de-là, la loi défendoit à un citoyen ou à une citoyenne romaine, d'épouser une jeune personne, ou un jeune homme dont les parens ou l'un des deux eût exercé un art auquel la prostitution étoit attaché (3). La prostitution de l'aïeul ou de l'aïeule, n'étoit pas nuisible aux petits-fils (4).

Il est beau de voir ce que les romains entendoient par prostitution publique d'une femme à laquelle *Venus toto sanguine hærebat*. Je n'oserai pas donner le commentaire de cette loi en français ; mais je rapporterai bien ses propres paroles.

______

(1) Voyez l. 44, ff. de Rit. nupt. et tot. tit. ff. — Ulp. fragm. tit. XIII, Schult. comment. ibid.

(2) Voyez tit. D. de his qui not. infam. — Ulp. fragm. loc. cit. ccc.

(3) L. 44, D. de R. N.

(4) Voyez d. l. § 2.

*Palàm quæstum facere dicemus non tantùm eam quæ in lupanario se prostituit, verùm etiam si qua ( ut adsolet) in taberna cauponia, vel qua alia pudori suo non parcit.*

*Palàm autem sic accipimus, passim, hoc est, sinè delectu : non si qua adulteris vel stupratoribus se committit, sed quæ vicem prostitutæ sustinet.*

*Item, quòd cum uno et altero, pecuniá acceptá, commiscuit, non videtur palàm corpore quæstum facere.*

*Octavienus tamen rectissimè ait, etiam ea, quæ sinè questu palàm se prostituerit, debuisse his connumerari* (1).

Ne diroit-on pas que le jurisconsulte qui dicta cette loi, étoit bien galant et bien imbu des mystères de la volupté? Il n'y a que l'opinion de cet Octavienus qui paroisse un peu dure dans cette loi. Au reste, elle est très-accommodante, et je crois que les dames romaines ne pouvoient pas s'en plaindre. Il paroît que la manière de penser des gens, qu'on appelle du bon ton, ait été puisée mot à mot dans le passage que je viens de rapporter. Mais il faut faire attention que Ulpien, qui en est l'auteur, vivoit à la cour d'une grande ville, qui déjà n'étoit plus Rome que de nom; et que les mœurs et les manières de toutes les grandes villes ne diffèrent pas de beaucoup.

Quoique les Romains fussent très-sévères pour les mariages entre personnes appartenantes à des familles sénatoriennes et des affranchis, néanmoins elles crurent pouvoir bien accorder à ces derniers la

_______________

(1) L. 43, D. de R. N.

faveur d'épouser la fille d'un sénateur qui auroit été
déclarée publiquement infâme(1). L'honnête homme
que des institutions barbares avoient fait gémir pendant quelque temps dans l'esclavage, étoit réduit à
se voir comparé à une fille publiquement prostituée,
surprise en adultère, ou condamnée par délit infa-
mant, seulement parce que cette même personne
étoit née dans le sein d'une famille qu'elle avoit si
lâchement déshonorée. Il faut convenir que les Romains étoient, à plusieurs égards, le peuple le plus
sage de l'antiquité; mais il faut convenir aussi que
leurs erreurs étoient les plus absurdes et les plus
grossières des erreurs.

Par un raisonnement que l'on peut regarder du
même œil, l'union entre un sénateur et une femme
que sa dignité l'empêchoit d'épouser, n'étoit point
considérée comme mariage; mais si cependant le
sénateur venoit à déchoir de sa dignité, la femme à
qui il s'étoit d'abord uni, commençoit à être regardée comme son épouse légitime (2).

On remarque avec satisfaction, au milieu de ces
institutions, que la condition des affranchies n'étoit
pas toujours défavorisée par les lois : aussi un maître
qui avoit affranchi son esclave, à moins qu'il ne l'eût
fait à condition expresse de devoir en faire sa femme,
ne pouvoit pas l'épouser, sans qu'elle n'y eût donné
son consentement (3).

Il y avoit même un cas où un sénateur pouvoit
épouser son affranchie : c'étoit lorsqu'il en avoit
d'abord obtenu la permission du prince (4). Les

_____

(1) Voyez l. 47, D. de R. Nupt.
(2) L. 27, D. cod,
(3) Voyez l. 28 et 29, D. de R. N.
(4) L. 31, de eod.

princes ont eu, de tous les temps, le pouvoir de légitimer ce que les lois avoient déclaré illégitime.

Les dispositions des lois avoient cependant été si rigoureuses sous ce rapport, qu'un affranchi adopté par un ingénu, quoique mis en possession par cet acte de tous les droits appartenants à la famille de l'ingénu, qui l'avoit adopté, ne pouvoit jamais épouser la fille d'un sénateur (1). La tache que son ancien état lui avoit imprimée disparoissoit pour tout, hors que pour devenir l'heureux parent d'un citoyen revêtu de la toge sénatorienne.

Aujourd'hui il n'y a point, parmi les peuples modernes, de lois positives qui défendent directement les mariages entre personnes de classes différentes; mais les mœurs, plus fortes encore que les lois, ont établi des barrières insurmontables entre le riche et le pauvre, le noble et le roturier, le bourgeois et l'artisan. Graces à nos institutions, nous ne connoissons pas d'ingénus et d'affranchis, de citoyens et d'esclaves (2); mais que nous sommes encore loin de cette liberté qui devroit être la seule base d'une union que des préjugés de société ne devroient nullement enchaîner! Combien de familles heureuses, combien de citoyens à l'état, de laboureurs aux campagnes, d'hommes à la société, si un riche épousoit une femme peu fortunée, une héritière, un honnête indigent qui manque de pain; et ainsi du reste! Mais les exclamations restent en partage aux amis de l'humanité, et les gens du monde n'en vont pas moins leur train. Aussi occupons-nous des Romains.

---

(1) L. 32, de eod.
(2) Au moins dans le sein de l'Europe.

La défense faite aux sénateurs d'épouser des af-franchies ne fut pas étendue aux autres classes de citoyens (1).

Il paroît même par les dispositions des lois qu'elles encourageoient ce mariage pour le reste des individus (2). Aussi reconnoît-on justement par-tout la main de l'Empereur qui les dicta. Auguste vouloit changer le gouvernement de la république : son prédécesseur y avoit donné plusieurs secousses; peut-être l'auroit-il tout-à-fait ébranlé, s'il se fût contenté de marcher un peu plus lentement. Mais son fils adoptif, averti par l'exemple terrible qui venoit de se passer sous ses yeux, changea de con-duite, et n'avança dans ses desseins qu'en feignant toujours de reculer. Il savoit cependant que le plus sûr soutien d'un trône est la noblesse : il la vit dans le sénat, et il fit des lois qui tendoient à séparer ce corps du reste de la nation, à l'attacher au prince de qui il tenoit son lustre, et à le rendre le plus res-pectable aux yeux d'un peuple qui ne pouvoit plus soutenir *le poids de son indépendance*, ou que ses mœurs avoient absolument mis hors d'état d'être libre.

Cette foule de soldats intrépides et de tyrans fé-roces, que les armées romaines placèrent sur le trône du monde, dès qu'elles s'aperçurent de leur force et commencèrent à la vendre, devoit natu-rellement porter des coups bien terribles à toutes les lois que la politique des premiers empereurs avoit proclamées.

Des hommes dignes de guider leurs semblables,

---

(1) L. 49, D. cod. Ulp. Frag. tit. 13, ccc.
(2) Voyez Dion. Cass. lib. 54, p. 531. — l. 23, D. de R. N. etc.

ou des chefs adroits, quoique cruels, que le hasard faisoit de temps en temps succéder à des monstres nourris de sang humain, cherchoient-ils à faire revivre les institutions anciennes? Un nouveau tyran les avoit bientôt renversées. Marcus-Antonin renouvelle-t-il les dispositions de la loi Papia, qui avoient été oubliées (1)? Bientôt le pontife d'Émèse, le grand-prêtre du soleil, l'efféminé et féroce Héliogabale monte sur le trône, appelle un comédien à la place de préfet du prétoire, remplit le sénat d'infâmes, et les lois d'Antonin disparoissent (2).

Les empereurs Constantin et Marcien firent tous leurs efforts pour remettre en vigueur les lois anciennes relatives à cet article.

Nous avons dans le Code leurs constitutions (3). Cependant il est bien étrange de les y voir, lorsque le prince qui fit rédiger le corps entier du droit, avoit lui-même fait abolir par l'empereur Justin qui l'avoit adopté, ces lois; et que, parvenu à l'Empire, il confirma les dispositions de ce dernier, par une constitution qui laissoit une liberté complète aux mariages des personnes de toutes les classes de l'État, sans aucune autre prohibition que celle de ne devoir pas épouser une femme qui ne fût point libre.

Que l'on n'honore pas la mémoire de ce prince que Procope peint si bien dans son histoire secrète; que l'on ne croye pas qu'il eût aboli ces défenses, parce qu'il les voyoit contraires à la liberté civile

_______________

(1) Voyez l. 16, D. de R. N. etc.
(2) Voyez Dion. Cass. lib. 78. — Hérod. lib. V. — Hist. aug. etc.
(3) L. 1, C. de natural. lib. l. 7, C. de incest. Nupt.

des citoyens ; on n'a qu'à se rappeler qu'il avoit eu la lâche brutalité d'épouser une prostituée qui s'étoit montrée sur le théâtre, et l'on verra le motif de ces constitutions qu'il a ornées de tout le style emphatique, dont il étoit habitué de revêtir ses ordonnances.

Les peuples modernes ont préféré les lois de Justinien à celles de ses prédécesseurs. En vérité, il paroît que les édits de l'amant et époux de Théodore soient plus analogues à la raison et aux mœurs de nos siècles, que ceux qu'ils avoient abolis. Un Etat, basé sur des principes d'une morale austère, peut admettre des défenses et des règles bien rigides pour conserver le respect dû aux mœurs, sur un article qui en est le fondement. Mais la *galanterie* du vice, qui a pris la place de la *grossièreté* de la vertu parmi les peuples modernes, ne leur permet pas, sans les exposer à être ouvertement inconséquens, de faire un crime d'un état ou d'un fait qu'eux-mêmes ont tantôt indirectement, et tantôt directement autorisé par leurs institutions, leurs habitudes et leurs mœurs. D'ailleurs il faut convenir que l'œil calme et sévère de la philosophie ne voit lui-même dans ces usages que des traits, il est vrai, propres à porter isolément par eux-mêmes de très-grands coups à la morale publique ; mais devenus cependant, par les circonstances auxquelles ils se trouvent liés, des freins très-puissans contre des maux bien plus graves, et des moyens sûrs et efficaces d'éviter une partie même des malheurs que mille causes étrangères ont, par une terrible fatalité, introduits parmi les hommes. On voit une quantité de ces victimes infortunées de l'impudicité, de la débauche, et de la dépravation de nos goûts, traîner une vie malheureuse dans tous les temps, et de laquelle chaque jour qui s'écoule est un pas de plus vers le dernier des maux qui les attende, une mort triste, douloureuse, en proie à la misère, aux tourmens, aux angoisses de la pauvreté et des maladies...... Grand dieu ! quelle ame assez inhumaine voudroit les séparer, par des lois si cruelles, du reste de la société, dont elles sont déjà, sans leur faute, le rebut ? Quel homme voudroit les priver du droit de devenir épouses, ou au moins de l'espérance de pouvoir s'en flatter? Quel homme voudroit défendre aux citoyens de les tirer de cet état, pour les rendre à celui dont elles devroient jouir aussi bien que le reste des autres femmes ? Non, grace à notre humanité, nous sommes moins cruels que les empereurs romains sur cet article ; et l'adroite facilité de Justinien nous accommode bien mieux que la rigueur injuste d'Auguste ou d'Antonin.

On doutoit, c'est Justinien lui-même qui nous l'apprend, on doutoit parmi les anciens si un homme qui avoit élevé une fille près de lui pouvoit par la suite devenir son époux. On avoit remarqué que cet homme ne devoit être considéré que comme père vis-à-vis de la personne qu'il avoit élevée. On avoit considéré que la disparité d'âge, le respect que cette femme devoit avoir pour son bienfaiteur, et d'autres causes pareilles auroient produit des mariages mal assortis entre ces gens ; mais Justinien ne vit rien de tout cela, et ordonna que ces unions n'auroient été regardées par la suite que comme légitimes. Il s'en rapporte à la foi de celui qui auroit élevé la demoiselle, pour savoir s'il avoit ou s'il n'avoit pas eu l'intention de l'élever en qualité de sa fille ; comme si un homme qui voudroit épouser une personne, pour laquelle une passion quelconque doit le déterminer , pût être si franc et si ingénu d'avouer la vérité de ses intentions , pour se voir déchu dans les projets qu'il a conçus au milieu du tumulte d'une passion toujours orageuse. C'est dans cette même loi que l'Empereur défend d'épouser la personne que l'on a élevée, dans le cas qu'on lui ait servi de parrain aux fonts du baptême (1). Je ne me permets pas d'ultérieures réflexions sur cette loi, mais je prie de vouloir bien l'examiner. On y reconnoîtra l'étendue de l'esprit de ce Justinien , que des personnes trop peu versées dans l'histoire se plaisent à honorer encore des .titres de législateur , d'homme de génie , et de tels autres.

On reconnoît la sagesse du sénatus-consulte, proclamé à la suite du projet de loi proposé par l'empereur Marcus Antonin, aux dispositions qui défendent le mariage entre la pupille et son tuteur, ou curateur, et les enfans et petits-fils de ceux-ci avec la première (2). Les législateurs virent que celui qui administroit les biens d'une personne ne devoit lui être attaché par aucun des liens qui l'eussent pu rendre respectable , même dans ses malversations, aux yeux de celle à qui il devoit un compte exact de la gestion de ses affaires. Une pupille riche seroit aussitôt devenue la proie de son tuteur ou d'un de ses enfans, si les lois n'y avoient pas mis obstacle. La volonté d'une jeune personne, sans expérience et sans connoissance des hommes et des moyens qu'ils employent pour réussir dans

_______________

(1) Voyez l. 26 , C. de Nupt.
(2) Voyez au D. tit. de R. N. et les titres de nupt. et de interd. matrim. au C. — Voyez les lois citées dans les numéros suivans.

leurs odieux desseins, auroit été aisément trompée par les ruses de celui dont elle dépendoit, et qui par conséquent auroit toujours eu une espèce d'empire sur son esprit. De-là toutes ces défenses qui opposoient entre le fort et le foible autant de barrières qu'il en faut pour empêcher la collision des forces inégales, et pour mettre le second à l'abri des coups du premier.

Il fut donc défendu à un tuteur d'épouser sa pupille (1). Il fut défendu au curateur (2), aux fils et aux petits-fils de l'un et de l'autre (3), à ceux qui n'étant même pas tuteurs, sont néanmoins tenus à tous les engagemens auxquels la tutelle oblige (4). Il fut défendu aux héritiers des tuteurs, quoique n'étant pas dans le nombre de leurs parens, comme étant obligés de rendre les comptes de la gestion de la tutelle de celui auquel ils succédoient (5).

On peut inférer de cette loi, pour règle générale, que cette défense s'étend à tous ceux qui sont ou peuvent être héritiers du tuteur ou curateur, en quelque ligne de parenté qu'ils soient avec lui. En effet, la loi 60, au D. au même titre, dit, en termes très-précis, que l'héritier de celui qui a été donné pour tuteur ou curateur, et qui a provoqué pour ne pas accepter cette charge, est compris dans les termes du sénatus-consulte; savoir, parmi la classe de ceux dont le mariage avec la pupille est défendu, si, après la mort du tuteur ou curateur, on a jugé contre la provocation; et cela, à cause qu'il

____

(1) L. 59, D. de R. N.
(2) L. 64, 65, D. eod. l. 7, C. de interd. matrim.
(3) L. 59, D. eod.
(4) L. 60, D. de rit. nupt. l. 14, § 1, D. de solution.
(5) L. 64, § 1, D. de R. N.

est obligé, dans ce cas, de rendre compte du dommage que la pupille auroit souffert pendant le temps de l'injuste provocation (1).

Aussi voyons-nous que la loi défend, pour le même motif, au tuteur, de donner sa pupille en mariage à son fils, qu'il soit ou qu'il ne soit pas sous sa puissance; qu'il soit dans la famille, ou qu'il soit passé par l'adoption dans celle d'une autre (2), et cela par la même raison que je viens de faire remarquer. Aussi est-il défendu au fils du tuteur ou curateur (3) d'épouser la pupille de son père, même après la mort de celui-ci, et même s'il en eût été déshérité, émancipé, ou s'il se fût abstenu de l'hérédité paternelle : cela, pour prévenir toutes les fraudes qui pourroient aisément se commettre entre père et enfant, contre les droits d'une pupille que les lois prennent sous leur protection immédiate (4).

Un tuteur, fils de famille, ne peut marier sa pupille, ni à son père ni à ceux de sa famille qui sont sous la puissance de la même personne de laquelle il dépend (5) : la raison de cette loi se trouve en ce que les individus dont il est question, sont regardés comme étant la même personne, à cause du lien commun qui les attache (6).

Les enfans adoptifs ne peuvent être mariés à la

----

(1) L. 60, § 8, D. eod.
(2) L. 66, D. eod. — l. 60, § 5 et § 7.
(3) Cette loi ne parle pas du curateur, mais je crois qu'il faut l'y joindre, à cause que leur condition est tout-à-fait égalée par les lois pour tout ce qui concerne cet article.
(4) L. 67, pp. D. eod.
(5) D. l. § 2.
(6) L. 38, D. de condict. indeb.

pupille de leur père d'adoption, tant que l'adoption existe. Lorsqu'ils sont émancipés, cet acte bri-
sant tous les liens qui les attachoient au père adoptif, les motifs qui défendoient ces mariages, cessent
avec ceux qui les avoient fait naître (1).

Il faut remarquer ici que les lois ont prohibé,
non-seulement le mariage entre les personnes dont
il est question, mais aussi les promesses de mariage
même, ou tout autre acte qui le précède (2). Sans
cette sage précaution, elles n'auroient empêché le
mal qu'à moitié.

Il y a des exceptions aux règles que nous venons
de parcourir. L'aïeul tuteur de sa petite-fille, née
d'un de ses fils émancipés, peut, par une disposition
particulière, marier cette pupille à un de ses petits-
fils né d'un autre de ses enfans. Les jurisconsultes
ont vu dans les motifs qui pouvoient déterminer
l'aïeul à une pareille union, des causes égales pour
le déterminer à ne pas agir contre les intérêts d'une
personne qu'il est censé devoir aimer aussi bien que
l'autre, et lui ont accordé la faculté de décider de
son sort (3).

La pupille destinée par le père lui-même au tuteur ou à l'un des fils, par acte entre-vifs ou par
testament, peut légitimement devenir l'épouse de
celui à qui elle a été promise (4). Les lois ont vu
dans cette disposition paternelle, la liberté d'un
choix qui fermoit le chemin à tous les soupçons,

_______________

(1) Arg. l. 55, § 1, D. cod. l. 13, D. de adopt. R. N.
(2) Voyez l. 60, § 5, D. de R. N.
(3) L. 67, § 1, D. de rit. nupt.
(4) L. 6, C. de interd. matrim. l. 66, § de R. N. l. 7,
D. ad leg. Jul. de adulter.

et ont cru juste de la sceller aussi de leur autorité.

Un tuteur, qui a rendu les comptes de son administration, peut épouser la pupille, lorsqu'elle a atteint l'âge au-delà duquel il ne lui est plus permis de se faire restituer en entier (1) : la cause qui avoit fait naître la prohibition d'un tel mariage, cessant dans ce cas, la défense devoit aussi ne plus exister. L'âge que les lois demandent dans la pupille, est de 29 ans accomplis. La constitution de l'empereur Justinien accorde quatre ans continus à ceux qui peuvent se faire restituer en entier, et ces quatre ans commençant à courir depuis l'âge de 25 ans révolus ; il s'ensuit que la pupille ne peut devenir l'épouse légitime de son tuteur qu'à l'âge de 29 ans (2). Cette disposition de Justinien abolit les établissemens antérieurs du droit romain, par lesquels on n'accordoit qu'une seule année pour se faire restituer en entier, et par le moyen desquels il étoit libre au tuteur d'épouser sa pupille à l'âge de 26 ans (3).

L'édit de l'empereur Justinien est trop rigoureux. Ce prince outroit la sévérité par-tout où elle n'étoit pas en contradiction avec ses passions.

Un tuteur peut épouser ou donner en mariage à son fils, la fille de sa pupille morte avant qu'il lui eût rendu compte de son administration (4). Les lois ont sagement vu que cette fille ne pouvoit être regardée que comme une simple créancière du tuteur, et elles n'ont pas voulu mettre des liens à un

---

(1) L. 62, § 2, D. de R. N.
(2) L. 7, C. de tempor. in integr. restitut.
(3) Voyez l. 7, § ad leg. Jul. de adult. — l. 28 § 3, D. de lib. et posth. — l. 6, C. de interd. matrim.
(4) L. 67; § 5, D. de R. N.

contrat qui, dans des cas pareils, étoit permis à tout le monde.

La mère de la pupille peut se marier avec le tuteur de sa fille, ou avec le fils de ce tuteur même (1).

Les tuteurs ou curateurs peuvent donner leurs filles ou nièces en mariage à leurs pupilles, ou à ceux qui sont sous leur curatelle (2). Les lois n'ont pas vu pour les hommes les mêmes inconvéniens qu'il y avoit pour les femmes à cet égard. Il est vrai que la foiblesse de ces dernières exigeoit plus de ménagemens ; mais l'autorité qu'un supérieur a toujours sur l'esprit de son inférieur, ne méritoit-elle pas aussi d'être prise en considération par les législateurs ? Les précautions qu'on avoit adoptées pour le premier cas, étoient peut-être trop étendues, si on avoit voulu les appliquer au second ; mais si on en avoit établi d'autres moins fortes pour celui-ci, on auroit sans doute beaucoup mieux fait. Ce n'est pas en étant trop prudent, que l'on donne de mauvaises lois ; mais c'est bien en ne prévenant pas tous les dangers, que l'on s'expose à des abus qui minent insensiblement les mœurs et les conventions sociales.

Un homme qui a été donné pour tuteur ou curateur à la femme qu'il avoit déjà épousée, ne peut pas être puni d'un fait antérieur à la cause qui l'en empêchoit : il est cependant obligé de substituer un autre à la place à laquelle il se trouvoit appelé (3).

---

(1) L. 2, C. de interd. matrim.
(2) L. 64, D. de R. N. — l. 5, C. de interd. matrim.
(3) L. 4, 6, de excus. tut. Voyez l. 2, C. qui dare tut. — l. 14, D. de curat. furios. — l. 3, 6, de interd. matrim. l. 17, 6, de excus. tut.

La seconde partie de cet édit est très-sensée ; mais pourquoi faire une loi, de ce que l'on ne pouvoit jamais naturellement entendre d'une manière différente de celle que la loi même prononçoit ? Faut-il que les lois se mêlent de sanctionner ce que le simple bon sens dicte à tout le monde ? Faut-il qu'il y ait une loi qui établisse que l'on peut manger ce pain que l'on n'a pas volé ; ou qu'on peut se promener sur tous les grands chemins, à la pluie et au soleil ? Il faut que le législateur s'occupe de tout ce qui peut être un point de controverse. Il faut qu'il ne se charge que de tout ce qui est indispensablement nécessaire pour le maintien de l'ordre social. Une loi inutile fait mépriser toutes celles que la même main a formées ; comme une loi cruelle ou pernicieuse fait détester toutes celles que le même législateur a dictées.

Un tuteur, qui a contracté des noces défendues par les lois, est assujéti à la peine de l'infamie (1). Il est en outre obligé à une peine corporelle et pécuniaire, selon la qualité de la pupille (2). Il peut aussi être poursuivi criminellement comme adultère (3). Un affranchi, qui étant tuteur de sa patrone, l'a épousée, ou l'a donnée en mariage à son fils ou à son neveu, est puni par la relégation (4).

Ces peines ne peuvent pas être remises à cause d'ignorance ; car dans ce qui tient aux mœurs et à l'exemple public, l'ignorance n'est point excusable (5).

---

(1) L. 4, C. de excus. tut. — l. 66, D. de R. N.
(2) L. 7, C. de interd. matrim.
(3) L. 7, D. ad leg. Jul. de adult.
(4) L. 64, D. de R. N.
(5) L. 1, C. de interd. matrim. l. 2, C. de in jus. vocand.

2.

23

Une des plus belles lois de Rome, concernant le mariage, est sans doute celle qui le défend entre le magistrat revêtu de l'exercice du pouvoir exécutif dans une province, et l'habitante de naissance ou de domicile de cette province même (1). Par cette sage disposition, l'abus de la force est privé du plus grand danger que son exercice pourroit lui donner: c'est par cette loi que l'on prête un bouclier impénétrable à la foiblesse d'une famille ou d'une femme que mille circonstances mettant dans la dépendance d'un homme bien au-dessus de la résistance particulière, finiroient par en faire, bon gré, malgré, la victime.

La prohibition que cette loi avoit décrétée pour les fonctionnaires publics, dans les provinces, fut sagement étendue par un édit des empereurs Gratien, Valentinien et Théodosien aux fils de ces magistrats, à leurs parens, compagnons, conseillers et domestiques (2).

Celui qui auroit pu abuser de son pouvoir pour lui-même, l'auroit autant pu pour les individus auxquels des liens plus particuliers que ceux qui l'attachoient aux provinciaux, qu'il devoit gouverner, le tenoient réuni; les lois prévinrent ce cas, et lui en ôtèrent les moyens.

On laissa cependant la faculté, tant aux magistrats des provinces, qu'aux personnes de leur dépendance, de donner les pas, qui précédant le mariage, n'en étoient qu'une simple et pure promesse, et l'on permit d'en remplir ensuite les cérémonies lorsque le magistrat, qui s'y étoit engagé, ayant fini ses fonctions, se trouvoit rentré dans la

--------

(1) L. 58. — l. 63, D. de R. N.
(2) L. un. C. si rect. provinc.

classe des simples citoyens, et que la fiancée eût cependant donné librement son consentement à cet acte à la même époque (1).

On permit aussi, à ces mêmes magistrats de se marier avec celles à qui ils étoient fiancés avant que d'être nommés à la place, où ce contrat, par les dispositions des lois, venoit à être défendu (2). La raison de cette loi est si claire, que ce seroit faire un outrage à mes lecteurs que de la leur expliquer.

Par cette même considération, on regarda comme mariage non défendu par les lois, celui que l'on avoit contracté dans une province contre les dispositions des lois que nous venons d'examiner, pourvu que lorsque le magistrat auroit cessé l'exercice de ses fonctions, on eût déclaré de part et d'autre que l'on entendoit d'être légitimement mariés (3). A la vérité ici les législateurs ont été trop indulgens; ils auroient dû prévoir combien de difficultés auroient arrêté une femme, déjà regardée comme l'épouse d'un citoyen, et ayant vécu comme telle avec lui, de se décider à le quitter; ils auroient dû prévoir combien il étoit facile au magistrat de séduire, par ces motifs, la femme qu'il auroit voulu épouser, et combien cela étoit fait pour éluder les défenses des lois. Mais voilà encore une preuve que toutes les vérités ne se présentent pas au premier abord à tout le monde, et qu'il ne suffit ni d'un mois, ni d'un an pour perfectionner le Code d'une nation.

---

(1) Voyez l. 38, D. de R. N. et l. un. C. si rect. provinc.
(2) L. 38, § 1, D. de R. N.
(3) L. 65, § 1, D. cod. tit. l. 6, C. de nupt.

Les magistrats pouvoient marier leurs filles dans les provinces (1), quoiqu'ils ne pussent même pas donner leur consentement aux mariages de leurs fils (2). Cela est encore dans l'ordre. On peut bien séduire une femme; on peut bien dominer un être que les lois sociales ont rendu trop sujet au plus fort : mais il n'est pas si aisé de séduire un homme; et il y a en général plus d'intérêt à faire entrer une femme, dont on convoite les biens, dans sa famille, que de donner sa fille à un autre qui, si riche qu'on puisse le supposer, ne partagera jamais par cette union, ses biens avec le père de son épouse.

La polygamie, aussi bien que la bigamie étoit défendues chez les Romains (3); celui qui auroit eu deux femmes, étoit flétrie de l'infamie (4). Il est même établi par les lois de Constantin, que l'infracteur de cette disposition fût condamné à la peine capitale. Une de ses lois porte, que la femme d'un soldat qui, n'ayant pas reçu de nouvelles de son mari pendant quatre années consécutives, se seroit mariée à un autre citoyen, n'auroit pas été punie de la peine de mort (5). Donc celle qui, hors ce cas, auroit eu dans le même temps deux maris, étoit assujétie à la peine capitale. Ajoutez à cela que ce second mariage ne pouvant être regardé que comme un stupre ou un adultère, ces crimes étant, par les mêmes lois de Constantin,

____

(1) L. 38, § ult D. de R. N.
(2) L. 57, D. eod.
(3) Voyez l. 1, in fin. — l. 13, § 1, D. de his qui not. infam. — l. 18, C. ad leg. Jul. de adult. — l. 2, C. de incest. nupt.
(4) Voyez les lois citées dans les numéros précédens.
(5) L. 7, C. de repud.

punis de mort (1), les personnes qui s'en rendoient coupables devoient être, par une juste conséquence, soumises à cette même peine.

Marc-Antoine fut le premier à donner à Rome l'exemple d'avoir deux femmes à la fois. C'est le bon Plutarque qui nous a transmis ce fait (2). On ne fit pas un crime au triumvir de son action : la force étoit de son côté ; cependant le délit d'Antoine ne resta pas impuni. Cette même Cléopâtre, qui l'avoit séduit, lui coûta sa part à l'empire de l'univers, et la vie.

L'empereur Valentinien suivit, le second, l'exemple du triumvir. Il eut à la fois deux femmes ; il fit même une loi pour légitimer son action, en la permettant aux autres (3). Bientôt ses successeurs défendirent plus sévèrement de telles unions (4).

Il étoit même défendu, par les anciennes lois de la république, d'avoir, dans le même temps, une femme et une concubine.

Les anciennes lois de Rome défendirent aux veuves de se marier dans l'année du deuil ; cette année n'étoit que de dix mois (5). Les empereurs Gratien, Valentinien et Théodosius la prolongèrent, les premiers, de deux mois, et il fut défendu de se marier avant une année complette de douze mois (6).

_______________

(1) Voyez tit. ad leg. Jul. de adult. au code et au dig.
(2) Plut. dans le parallèle de Démètre et d'Antoine.
(3) Voyez Socrat. lib. IV, hist. ecclesiast. — Paul diacon. l. XI, append. ad Eutrob.
(4) L. 7, C. de Jud. — Novell. 79.
(5) Voyez Plut. in Num. — Ovid. Fast. lib. 1.
(6) L. 2, C. de secund. nupt. l. 1, C. Theod. eod. tit. cet.

Une femme devenue libre par divorce provoqué par elle, et par juste cause, aussi bien qu'une femme divorcée de consentement mutuel avec son époux, ne pouvoit pas se marier de nouveau, avant le laps d'une année (1). Celle qui se séparoit de son mari sans cause légitime, ne pouvoit pas se marier avant cinq ans révolus depuis la séparation (2).

Les mariages avec les vestales étoient sévèrement défendus.

Cependant, malgré ces beaux réglemens et malgré toutes ces sages dispositions, des tyrans de Rome ne rougirent pas de violer ouvertement les plus sacrées des lois de leurs aïeux. Auguste épouse Livie, qu'il a presque enlevée à Néron, tandis qu'elle est enceinte de six mois (3) ; il donne sa sœur Octavie à Antoine avant que les dix mois du deuil, que celle-ci porte pour la mort de son premier mari Marcellus, soient écoulés (4) : Héliogabale arrache Aquilia-sévère à l'autel de Vesta, et en fait sa femme (5) : Caligula (6)..... Je ne finirais jamais, si je voulois citer des exemples.

------

## QUESTION.

A défaut de notification de la renonciation faite à la société, la société continue-t-elle d'exister ?

------


(1) L. 8, § 4, et l. 9, C. de repud.
(2) L. 8, § 4, C. eod.
(3) Tacit. ann. lib. 1, Suet. in August.
(4) Plut. in Anton.
(5) Xiphilin. et Lamprid. in Heliogab.
(6) Voyez Dion. Cass. lib. 59, ccc.

## SOLUTION.

La loi 17, §. 1, ff. *pro socio*, est ainsi conçue : *Si absenti renonciata societas sit, qui ad is scierit, quid is acquisivit, qui renonciavit, in commune redigi ; detrimentum autem solius ejus esse, qui renonciaverit ; sed quod absens acquisiit, ad solum eum pertinere ; detrimentum ab eo factum, commune esse.*

Le texte de cette loi doit fixer la difficulté dont la solution est déférée au Conseil de jurisprudence.

Chez les Romains, l'absence de la notification d'une renonciation faite à la société, en opéroit la continuation ; en ce sens que l'associé auquel la notification n'avoit pas été faite, partageoit dans le bénéfice, et étoit affranchi de toute contribution aux pertes qui pouvoient se rencontrer.

Le Code Napoléon n'a pas rappelé cette disposition législative. L'article 1869 se borne à déclarer que la renonciation de l'un des associés n'opère la dissolution des sociétés même illimitées, qu'autant qu'elle est notifiée à tous les associés, et qu'elle est en outre faite de bonne foi et non intempestivement.

Dans le silence du Code, la décision du droit romain précitée doit faire loi sur cette matière, avec d'autant plus de raison qu'elle n'est que le corollaire des principes généraux qui régissent les conventions des sociétaires.

Et d'ailleurs l'équité, base essentielle de tous les partis, ne se refuse-t-elle pas à ce que l'on puisse profiter d'une faute pour s'attribuer un droit dont l'existence se rattacheroit même à cette faute ?

Le droit de provoquer la continuation de la

société est un droit purement personnel et exclusivement facultatif à l'associé auquel la renonciation n'a pas été notifiée. S'il n'acquiesce pas à
l'exercice de ce droit, le renonçant qui n'a pas notifié, les autres associés qui ont reçu la notification, sont non recevables et mal fondés dans la demande en continuation de société qu'ils voudroient
élever.

De ces principes, il faut donc conclure que si
les opérations de la société avoient donné naissance à un bénéfice quelconque, la continuation
de la société pourroit avoir lieu. L'associé à qui
la notification n'a pas été faite, acquéroit alors le
droit d'en demander la continuation.

Mais, dans l'espèce, la société n'ayant fait que
des pertes, le consultant (auquel il n'a pas été
signifié d'acte de renonciation) n'a pas intérêt à
demander la continuation. Etant sans intérêt, il
ne dérigera pas d'action à cette fin.

Le Conseil de jurisprudence a démontré que
cette demande ne pouvoit être exercée par d'autres
que par lui. Il y a donc lieu de déclarer la dissolution de la société à compter du jour où la notification de renonciation a été faite aux autres sociétaires.


*Fin du second Volume.*

# TABLE

## DES

## MATIÈRES

*Contenues dans les Tomes I et II.*

### A.

## I.

## N.



## O.

## S.

*Fin de la Table.*

---

*Errata du Tome premier.*

**Page** 4, ligne 23, esprits et autorités dispersées, *lisez :* dispersés.
— 29, lig. 3, précipité, *lisez :* précité.
— 132, lig. 3, capital plus des intérêts usuraires, *lisez :* plus que des intérêts usuraires.
— 163, lig. dernière, hoierie, *lisez :* hoirie.
— 178, lig. 16, *manifestum*, lisez: *manifestam.*
— 223, avant dernier alinéa, *resolvitus*, lisez: *resolvitur*, et, *revertitur*, au lieu de *res revertitus.*
— 224, lig. 30, *ere*, lisez: *œre.*
— 227, lig. 27, *natura*, lisez: *naturæ.*
— 251, lig. 5, *scripturam*, lisez: *scripturæ.*
— 311, lig. 10, *hic et nunc*, lisez: *hic et nunc.*
— 346, lig. 18, *si pendente*, lisez: *pendentes.*

*Errata du Tome second.*

**Page** 2, lig. 16, *lisez* où, *au lieu de* ou.
— 47, lig. 9, *lisez* mette, *au lieu de* met.
— 73, lig. 1, lisez *salvo*, au lieu de *solvo.*
— 78, lig. 5, *lisez* elle, *au lieu de* il.
— 192, lig. 33, *lisez* prescription.